职业教育课程改革规划新教材
首届全国机械行业职业教育精品教材

金属材料与热处理

主　编　黄武全　符　旭
副主编　计新科　覃　聪　杨金平　李浩生
参　编　谭武明　李　萍　王　伟　马　瑞
　　　　许迎莹　宋金妮　陈卫青　潘小莉

机械工业出版社

本书为职业教育课程改革规划新教材，共分为五大单元，包括金属材料的基础知识、钢的热处理、钢铁材料、非铁金属及其合金和机械零件的选材。为了便于教师组织教学和学生自学，在每个模块开头都设有"任务描述"及"学习目标"等学习指导内容，在每个模块末都设有"模块小结"及"思考与练习"等复习指点内容。全书采用最新国家标准，反映新知识、新技术、新工艺和新方法。

本书可作为各类职业技术院校、技工院校等机械类专业的教学用书，也可作为中高级技工的培训教材以及机械行业专业技术人员的自学用书和参考书。

为便于教学，本书配备了电子课件，选择本书作为教材的教师可来电索取（010-88379197），或登录 www.cmpedu.com 网站注册、免费下载。

图书在版编目（CIP）数据

金属材料与热处理/黄武全，符旭主编．—北京：机械工业出版社，2012.8（2025.6 重印）

职业教育课程改革规划新教材

ISBN 978-7-111-39162-3

Ⅰ．①金… Ⅱ．①黄…②符… Ⅲ．①金属材料－职业教育－教材②热处理－职业教育－教材 Ⅳ．①TG14②TG15

中国版本图书馆 CIP 数据核字（2012）第 160437 号

机械工业出版社（北京市百万庄大街 22 号　邮政编码 100037）
策划编辑：齐志刚　责任编辑：王莉娜　齐志刚　韩　冰
版式设计：纪　敬　责任校对：张　薇
封面设计：马精明　责任印制：张　博
固安县铭成印刷有限公司印刷
2025 年 6 月第 1 版第 8 次印刷
184mm×260mm・14 印张・346 千字
标准书号：ISBN 978-7-111-39162-3
定价：47.00 元

电话服务　　　　　　　　　　网络服务
客服电话：010-88361066　　　机　工　官　网：www.cmpbook.com
　　　　　010-88379833　　　机　工　官　博：weibo.com/cmp1952
　　　　　010-68326294　　　金　书　网：www.golden-book.com
封底无防伪标均为盗版　　　　机工教育服务网：www.cmpedu.com

编审委员会

（按姓氏笔画排序）

主　任　李亚平

副主任　马　宏　任忠宽　李存荣　李作良　李超旗　张秋怀
　　　　　张锦凰　袁　汉　雷力斌

委　员　于淑燕　王乃俊　王　进　王桐昆　仇苏永　毛　斐
　　　　　白军会　代凯飞　艾绍生　叶耀民　刘培义　关军伟
　　　　　杨志超　杨　杰　杨喜亮　吴安民　陈启明　张百勤
　　　　　张　员　陈金炆　陈国庆　李思静　范永刚　范永康
　　　　　周永科　赵　彦　超哲峰　胡承波　侯润生　郭玉安
　　　　　高西峰　高小利　唐政平　聂鹏霄　黄建民　黄庚春
　　　　　曹永顺　韩路朝　雷希锋　蔡立新　管安全　薛海鱼
　　　　　蹇　瑜　魏　静

主　审　雷虎成　蔺红漫

前　言

"金属材料与热处理"课程是机械类专业的一门专业基础课。作为从事机械制造、维修和使用的技术工人，在实际工作中常常会遇到有关材料的选用以及加工的问题。如果材料选用不当，或加工方法不合理，不仅不能满足使用要求，使机械产品过早损坏，造成经济损失，甚至还会引起重大的人身事故。通过对本课程的学习，学生在获得金属材料一般知识的基础上，能够掌握常用材料的种类、成分、性能、用途和加工工艺之间的关系，并运用这些知识去解决生产中遇到的具体问题，从而具备合理选材的基本能力。

本书是按照机械类专业对材料知识的要求，根据职业院校机械类专业教学大纲编写的。在编写顺序上，采用由浅入深、循序渐进、便于教学的思路，首先介绍金属材料的力学性能，随后引申到材料的微观组织结构和材料在热处理过程中的组织结构转变，使学生逐步了解材料的本质，掌握材料组织结构转变的机理和对材料性能的影响。通过对金属材料有关知识的讲述，使学生对工程材料有一个较为全面的了解和认识；通过对典型机械产品零件选材的介绍，使学生懂得零件的失效形式和选材原则，逐步培养学生分析问题和解决问题的能力。书中还穿插对新材料的介绍，以拓宽学生的知识面，让学生了解当前国内外新材料的发展动向。

本书采用了国家最新标准、法定计量单位、最新名词及术语，突出了理论和实践的结合，在内容上努力把握教材的准确性和实用性，并及时反映机械行业的新材料、新技术和新成果，以够用为度、实用为本、应用为主，努力体现创新精神和实践能力的培养。

本书由黄武全、符旭任主编并统稿，计新科、李浩生、覃聪、杨金平任副主编。参加本书编写工作的还有谭武明、李萍、王伟、马瑞、许迎莹、宋金妮、陈卫青和潘小莉。

在本书的编写过程中，作者参阅了许多文献资料，在此向所有提供文献资料者表示最衷心的感谢。由于编者水平有限，书中难免存在疏漏和不妥之处，恳请读者批评指正。

编　者

目 录

前言
第一单元 金属材料的基础知识 …………… 1
模块一 金属材料的性能 …………………… 1
内容一 金属材料的物理性能和化学性能 …………………………… 2
内容二 金属材料的力学性能 ……… 4
内容三 金属材料的工艺性能 ……… 13
内容四 金属材料的力学性能试验 … 15
模块小结 …………………………………… 21
思考与练习 ………………………………… 22
模块二 金属的晶体结构与结晶 …………… 23
内容一 纯金属的晶体结构 ………… 23
内容二 合金的晶体结构 …………… 28
内容三 金属的结晶 ………………… 31
模块小结 …………………………………… 41
思考与练习 ………………………………… 41
模块三 铁碳合金 …………………………… 42
内容一 铁碳合金的基础知识 ……… 42
内容二 铁碳合金相图 ……………… 45
内容三 铁碳合金平衡组织的观察和识别实验 ……………………… 56
模块小结 …………………………………… 58
思考与练习 ………………………………… 59
第二单元 钢的热处理 ………………………… 60
模块四 热处理的基础知识 ………………… 60
内容一 热处理的特点及分类 ……… 60
内容二 钢在加热和冷却时的组织转变 ……………………………… 61
模块小结 …………………………………… 71
思考与练习 ………………………………… 71
模块五 热处理方法 ………………………… 72
内容一 整体热处理 ………………… 72
内容二 表面热处理 ………………… 82

内容三 化学热处理 ………………… 84
内容四 热处理新工艺简介 ………… 89
内容五 碳钢热处理实验 …………… 92
模块小结 …………………………………… 94
思考与练习 ………………………………… 94
模块六 热处理的质量控制 ………………… 96
内容一 影响工件热处理的质量因素 ……………………………… 96
内容二 热处理质量的控制方法 …… 98
模块小结 …………………………………… 103
思考与练习 ………………………………… 103
第三单元 钢铁材料 …………………………… 104
模块七 碳素钢 ……………………………… 104
内容一 碳素钢的基础知识 ………… 104
内容二 碳素钢的牌号和用途 ……… 106
模块小结 …………………………………… 113
思考与练习 ………………………………… 113
模块八 合金钢 ……………………………… 114
内容一 合金钢的基础知识 ………… 114
内容二 合金结构钢 ………………… 118
内容三 工具钢 ……………………… 130
内容四 特殊性能钢 ………………… 136
模块小结 …………………………………… 143
思考与练习 ………………………………… 143
模块九 铸铁 ………………………………… 145
内容一 铸铁的基础知识 …………… 145
内容二 铸铁的牌号、性能及用途 … 148
内容三 铸铁显微组织认识实验 …… 159
模块小结 …………………………………… 160
思考与练习 ………………………………… 160
第四单元 非铁金属及其合金 ………………… 161
模块十 非铁金属 …………………………… 161
内容一 铝及铝合金 ………………… 161
内容二 铜及铜合金 ………………… 169

内容三　钛及钛合金 …………… 175
　　内容四　镁及镁合金 …………… 179
　模块小结 ……………………………… 181
　思考与练习 …………………………… 182
　模块十一　其他合金 ………………… 183
　　内容一　滑动轴承合金 …………… 183
　　内容二　粉末冶金材料 …………… 187
　模块小结 ……………………………… 190
　思考与练习 …………………………… 191
第五单元　机械零件的选材 ………… 192
　模块十二　零件的失效及选材
　　　　　　原则 …………………… 192
　　内容一　零件的失效分析 ………… 192
　　内容二　零件选材的基本原则 …… 195
　　内容三　零件选材的方法与步骤 … 199
　模块小结 ……………………………… 201
　思考与练习 …………………………… 202
　模块十三　典型机械零件的
　　　　　　选材 …………………… 203
　　内容一　零件毛坯的选择 ………… 203
　　内容二　典型零件的选材及工艺 … 205
　模块小结 ……………………………… 216
　思考与练习 …………………………… 217
参考文献 ……………………………… 218

第一单元　金属材料的基础知识

材料、能源和信息技术是现代文明的三大支柱。材料是指人类能用来制造有用物件的物质，它是人类生活和社会发展所必需的物质基础。材料的利用情况是人类文明、时代进步和社会科学技术发展水平的标志，早已成为人类赖以生存和生活中不可缺少的重要部分。

一件完美的产品必须是功能、形态和材料三要素的和谐统一，而材料是生产产品的基础，无论是传统材料还是现代材料，天然材料还是人工材料，单一材料还是复合材料，均是工业产品制造的物质基础。从日常生活用具到高、精、尖的产品，从简单的手工工具到技术复杂的航天器、机器人等，都是由不同种类、不同性能的材料按照一定的加工工艺制成的零件组合装配而成。

一个机械产品是由成千上万个零件组成的，而这些零件是用不同材料制成的，如钢、铸铁、铜、铝及其合金等。在零件的制造过程中，还需要采用铸造、压力加工、热处理、焊接和切削加工等金属的各种加工方法才能完成。所以，金属材料技术的进步和革新，是推动机械工业发展和工业化进程的重要因素。

金属材料是最重要的工程材料，是现代工业、农业、国防和科学技术的物质基础，是制造各种机床、运输等机械设备最重要的材料。在各种机械设备所用的材料中，金属材料占90%以上，这是由于金属材料不仅来源丰富，价格低廉，还具有许多优良的性能。另外，金属材料的品种多样，性能各异，还可以通过热处理使它的某些性能得到进一步改善，从而扩大其使用范围，以满足不同零件的加工和使用要求。本单元主要介绍常用金属材料的成分、结构及性能特点。

模块一　金属材料的性能

【任务描述】

金属材料之所以在机械领域得到广泛应用，是由于它具有优良的性能。金属材料的性能包括使用性能和工艺性能两大类，使用性能是指金属材料在使用过程中所表现出来的性能，包括物理性能、化学性能和力学性能；工艺性能是指金属材料在制造过程中适应各种加工方法的能力。

【学习目标】

1) 了解各种金属材料的物理性能和化学性能。
2) 掌握金属材料常用力学性能指标的概念、符号、意义及其应用。
3) 理解各种性能指标的实验原理。

内容一　金属材料的物理性能和化学性能

一、金属材料的物理性能

金属材料在各种物理条件作用下所表现出来的性能称为物理性能，包括密度、熔点、导热性、导电性、热膨胀性和磁性等。各种机械零件由于用途不同，对材料的物理性能要求也有所不同。

常用金属材料的物理性能见表1-1。

表1-1　常用金属材料的物理性能

金属材料	符号	密度① /kg·m^{-3}	熔点 /℃	热导率 /W·(m·K)$^{-1}$	线胀系数② /℃$^{-1}$	电阻率③ /10^{-6}Ω·cm
银	Ag	10.49×10^3	960.8	418.6	19.7×10^{-6}	1.5
铜	Cu	8.93×10^3	1083	393.5	17×10^{-6}	1.67~1.68①
铝	Al	2.7×10^3	658	221.9	23.6×10^{-6}	2.655
镁	Mg	1.74×10^3	650	153.7	24.3×10^{-6}	4.47
钨	W	19.3×10^3	3380	166.2	4.6×10^{-6}①	5.1
镍	Ni	8.9×10^3	1453	92.1	13.4×10^{-6}	6.84
铁	Fe	7.87×10^3	1538	75.4	11.76×10^{-6}	9.7
锡	Sn	7.3×10^3	231.9	62.8	2.3×10^{-6}	11.5
铬	Cr	7.19×10^3	1903	67	6.2×10^{-6}	12.9
钛	Ti	4.51×10^3	1677	15.1	8.2×10^{-6}	42.1~47.8
锰	Mn	7.43×10^3	1244	4.98	37×10^{-6}	185

① 20℃。
② 0~100℃。
③ 0℃。

1. 密度

物质单位体积的质量称为该物质的密度，用符号 ρ 表示。

密度是金属材料的一项物理性能。金属材料的密度与零件自重和效能有着直接关系，体积相同的不同金属，密度越大，其质量也越大。因此，工程上通常用密度来计算零件毛坯的质量，作为零件选材的依据之一。例如，飞机、火箭等用密度小的铝合金制作的零件，其质量可比用钢材制作的减轻1/4~1/3。

此外，还可以通过测量金属材料的密度来鉴别材料的材质。

工程上通常将密度小于 $3.5×10^3 kg/m^3$ 的金属称为轻金属，密度大于 $3.5×10^3 kg/m^3$ 的金属称为重金属。

2. 熔点

金属材料从固态转变为液态的最低温度称为熔点。

每种金属都有其固定的熔点，合金的熔点取决于金属的成分。例如，钢是铁和碳组成的合金，含碳量不同，熔点也不同。根据熔点值不同，可将金属分为低熔点金属和高熔点金属两大类。熔点高的金属称为难熔金属（W、Mo、V等），可用来制造耐高温零件。例如，喷气发动机的燃烧室需要用高熔点合金来制造。熔点低的金属（Sn、Pb 等）可用来制造印刷铅字和电源上的熔体等。对于热加工来说，金属材料的熔点是制订热加工工艺的重要依据之一。一般来说，金属的熔点越低，铸造和焊接越易于进行。铸铁和铸铝的熔点不同，它们的熔炼工艺就有较大区别。

3. 导热性

金属材料传导热量的性能称为导热性，常用热导率 λ 来表示，其单位为 W/(m·K)。

金属的热导率越大，说明导热性越好。金属中银的导热性最好，铜、铝次之。

合金的导热性比纯金属差。例如，合金钢的导热性较差，当其进行锻造或热处理时，加热速度应慢一些，否则会因形成较大的内应力而产生裂纹。

金属的导热性对焊接、锻造和热处理等工艺都有很大影响。导热性好的金属在加热和冷却过程中不会产生过大的内应力，可防止工件变形和开裂。此外，导热性好的金属散热性也好，所以一些散热器和热交换器等零件常用导热性好的铜、铝等金属材料来制造。

4. 导电性

金属材料传导电流的性能称为导电性，常用电阻率 ρ 表示。

金属的电阻率越小，导电性越好。常用金属中银的导电性最好，铜和铝次之。工业上常用铜、铝及其合金等作导电材料，用导电性差的康铜、钨等作电热元件。合金的导电性比纯金属差。

5. 热膨胀性

金属材料在受热时体积增大、冷却时体积缩小的性能称为热膨胀性。

热膨胀性常用线胀系数 α_l 来表示，其计算公式如下

$$\alpha_l = \frac{L_2 - L_1}{L_1 \Delta t}$$

式中　α_l——线胀系数（℃$^{-1}$）；

L_1——膨胀前的长度（m）；

L_2——膨胀后的长度（m）；

Δt——温度变化量，$\Delta t = t_2 - t_1$（℃）。

一般材料都具有热胀冷缩的特点，因此热膨胀性是金属材料的又一重要性能，在选材、加工、装配等方面被广泛应用。例如，轴与轴瓦之间要根据零件材料的线胀系数来确定其配合间隙；精密量具应采用线胀系数较小的材料制造；制造内燃机活塞的材料热胀系数要小；铺设铁轨时，在两根钢轨的衔接处应留有一定空隙，使钢轨在长度方向有伸缩的余地；制订热加工工艺时，应考虑材料的热膨胀影响，尽量减小工件的变形和开裂等；测量工件尺寸时要考虑热膨胀因素的影响，以减小测量误差。

6. 磁性

金属材料能导磁的性能称为磁性。

不同的金属材料，其导磁性能不同。在常用金属中，铁、镍、钴等具有较高的磁性，称为磁性金属；铜、铝、锌等没有磁性，称为抗磁金属。但金属的磁性不是永远不变的，当温度升高到一定程度时，金属的磁性会减弱或消失。磁性是电器、电动机、仪表等零件不可缺少的性能。

二、金属材料的化学性能

金属材料抵抗各种化学介质侵蚀的能力称为化学性能，主要包括耐蚀性和抗氧化性等。

1. 耐蚀性

金属材料在常温下抵抗大气、水蒸气、酸及碱等介质腐蚀的能力称为耐蚀性。

在实际生产中，金属材料总是与各种具有腐蚀性的介质接触，所以金属的腐蚀现象是非常普遍的。各种介质的腐蚀作用对金属材料的危害很大，它不仅使金属材料本身受到损伤，严重时还会使金属构件遭到破坏，引起重大事故。每年会因腐蚀而损耗掉大量金属材料，这种现象在制药、化肥、制酸、制碱等部门更为严重。

因此，对金属材料的腐蚀应引起足够的重视，在选用材料时，要考虑材料的耐蚀性，并采取必要的防腐蚀措施。

2. 抗氧化性

金属材料在高温下抵抗周围环境中的氧气氧化作用的能力称为抗氧化性。

钢铁材料在高温下（570℃以上）其表面易被氧化，主要原因是生成了疏松多孔的 FeO，氧原子易通过 FeO 进行扩散，使钢的内部不断氧化，温度越高，氧化速度越快。氧化使得钢铁材料在铸、锻、焊等热加工过程中损耗严重，也容易出现加工缺陷。通过合金化在材料表面形成保护膜，或在工件周围形成一种保护气氛，均能提高材料的氧化性或避免氧化。

在高温环境中工作的设备，如锅炉、汽轮机、发动机等，其上的一些零件极易因氧化而失去使用性能，所以对长期在高温下工作的零件，应采用抗氧化性好的材料制造。

3. 化学稳定性

金属材料的耐蚀性和抗氧化性总称为化学稳定性。在高温下工作的热能设备应选择热稳定性好的材料制造；在海水、酸、碱等腐蚀性环境中工作的零件，必须采用化学稳定性良好的材料。例如，化工设备通常采用不锈钢制造。

4. 金属腐蚀及防止腐蚀的途径

（1）金属腐蚀　金属腐蚀包括两种类型，即化学腐蚀与电化学腐蚀。金属与周围介质接触时，因发生化学反应而引起的腐蚀称为化学腐蚀，如金属与空气中的 O_2、H_2S、SO_2 形成氧化物、硫化物等，从而使金属零件因腐蚀而损坏；金属与电解质溶液（如酸、碱、盐）等构成原电池而引起的腐蚀称为电化学腐蚀，如金属在海水中或土壤中的腐蚀均属于电化学腐蚀。

（2）防止金属腐蚀的途径　防止金属腐蚀的途径主要有：①合理选择防腐材料，如不锈钢等；②采用覆盖法，如电镀法等；③使用电化学保护、阴极保护等方法来防止或减少腐蚀的发生。

内容二　金属材料的力学性能

金属材料在加工和使用过程中会受到各种外力的作用，其在外力的作用下所表现出来的性能称为力学性能。

力学性能是机械制造领域选用金属材料的主要依据，与各种加工工艺也有密切关系。力学性能范围较广，以试验温度区分，可分为高温力学性能、常温力学性能和低温力学性能。本课题主要介绍常温力学性能。

金属材料在加工及使用过程中所受的外力称为载荷。根据载荷作用性质的不同，对金属材料的力学性能要求也不同。载荷按其作用性质不同可分为以下三种：

（1）静载荷　大小不变或变化缓慢的载荷。

（2）冲击载荷　在短时间内以较高速度作用于零件上的载荷。

（3）交变载荷　大小和方向随时间作周期性变化的载荷。

机械零件在使用过程或加工过程中，会受到不同形式外力的作用。例如，柴油机的连杆在工作时不仅受到拉力和压力的作用，还要受到冲击力的作用；起重机上的钢丝绳受到悬吊物体的重力作用。

载荷按其作用方式不同又可分为拉伸、压缩、弯曲、剪切和扭转等载荷，如图 1-1 所示。

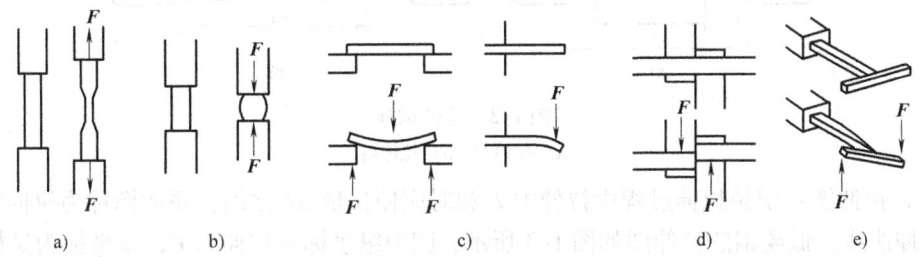

图 1-1　载荷的作用方式

a）拉伸载荷　b）压缩载荷　c）弯曲载荷　d）剪切载荷　e）扭转载荷

金属材料受载荷作用而产生形状和尺寸的变化称为变形。变形按性质不同可分为弹性变形和塑性变形两种类型。弹性变形是随载荷的作用而产生，随载荷的去除而消失的变形；塑性变形是不能随载荷的去除而消失的变形，也称为永久变形。

材料受外力作用时，为保持其自身形状和尺寸不变，在材料内部作用着与外力相对抗的力，称为内力。内力的大小与外力相等，方向则与外力相反，和外力保持平衡。单位面积上的内力称为应力。金属受拉伸载荷或压缩载荷作用时，其横截面积上的应力按下式计算

$$R = \frac{F}{S}$$

式中　R——应力（MPa）；

　　　F——载荷（N）；

　　　S——材料的横截面积（mm²）。

金属材料的力学性能是通过专门的试验测定的，主要力学性能指标包括强度、塑性、硬度、韧性和疲劳强度等。

一、强度

金属材料在载荷作用下抵抗塑性变形和断裂的能力称为强度。强度的大小通常用应力来表示，强度越高，材料所能承受的载荷越大。

金属材料的强度按载荷作用方式不同，可分为抗拉强度、抗压强度、抗弯强度、抗剪强度和抗扭强度等。工程上常以屈服强度和抗拉强度作为最基本的强度指标，抗拉强度指标可以通过拉伸试验测定。

1. 拉伸试验

拉伸试验是在拉伸试验机上用静拉力对标准试样进行轴向拉伸，使试样不断产生变形，直至拉断为止。在拉伸过程中连续测量拉伸力和试样相应的伸长量，根据测得的数据便可求出有关的力学性能。

（1）拉伸试样　拉伸试样包括圆形、矩形、六方形等形状。常用的圆形拉伸试样如图 1-2 所示，图中 d_o 为试样原始直径，S_o 为试样原始横截面积，L_o 为原始标距长度。标准拉伸比例试样的比例系数 $k = 5.65$（$L_o = k\sqrt{S_o}$），即 $L_o = 5d_o$；当以此比例系数获得的原始标距长度 L_o 小于 15mm 时，应优先选用 $k = 11.3$ 的比例试样，即 $L_o = 10d_o$。

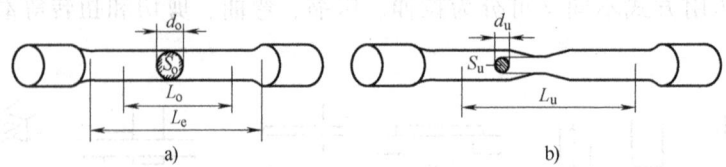

图 1-2　拉伸试样
a）拉伸前　b）拉伸后

（2）拉伸图　记录拉伸过程中拉伸力 F 和对应伸长量 ΔL 之间关系的图称为拉伸图，也称为拉伸曲线。低碳钢的拉伸图如图 1-3 所示，图中纵坐标为拉伸力 F，横坐标为试样伸长量 ΔL。

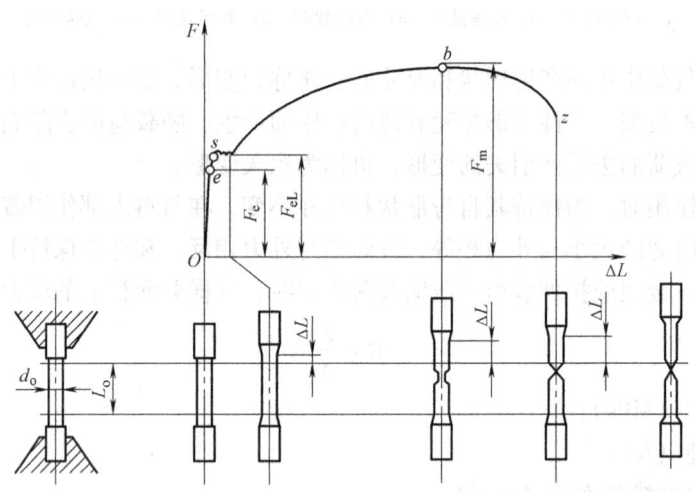

图 1-3　低碳钢的拉伸图

从拉伸图中可以明显地看出低碳钢在拉伸过程中出现以下几个变形阶段：

（1）弹性变形阶段（Oe 段）　F_e 为发生最大弹性变形时的外力，外力一旦撤去，则变形完全消失。

（2）屈服阶段（es 段）　外力大于 F_e 后，试样发生塑性变形，当外力增加到 F_{eL} 后，曲线为锯齿状。这种拉伸力不增加变形却继续增加的现象称为"屈服"，F_{eL} 为屈服载荷。

（3）强化阶段（sb 段）　外力大于 F_{eL} 后，若使试样继续伸长则必须不断增加拉伸力。随着变形增大，变形抗力也逐渐增大，这种现象称为"形变强化"，F_m 为试样在屈服阶段后所能抵抗的最大载荷。

(4) 缩颈阶段（bz 段） 当外力达到最大力 F_m 后，在试样的某一截面处发生局部收缩，称为"缩颈"。此时试样截面缩小，变形继续在此截面发生，所需外力也随之逐渐减小，直至试样断裂。

工程上使用的金属材料并不是都有上述四个明显阶段，有的没有明显的屈服现象，如退火的轻金属、退火及调质的合金钢等；有些脆性材料不仅没有屈服现象，而且也不产生"缩颈"，如铸铁等。图 1-4 所示为铸铁的力-伸长曲线。

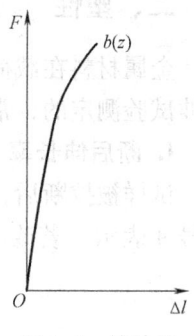

图 1-4 铸铁的力-伸长曲线

2. 强度指标

在拉伸试验的各个阶段，都分别对应有典型的应力。金属材料的常用强度指标为屈服强度和抗拉强度。

(1) 屈服强度 金属材料在拉伸试验期间发生塑性变形而力不增加的应力点，即产生屈服现象时的应力称为屈服强度，包括上屈服强度 R_{eH} 和下屈服强度 R_{eL}。在金属材料中，一般用下屈服强度代表其屈服强度，R_{eL} 的计算公式为

$$R_{eL} = \frac{F_{eL}}{S_o}$$

式中 R_{eL}——下屈服强度（MPa）；
　　F_{eL}——试样屈服时的最小载荷（N）；
　　S_o——试样原始横截面积（mm^2）。

屈服强度反映金属材料抵抗微量塑性变形的能力，它是机械零件设计和选用材料的重要依据之一。例如，为了保证缸盖和缸体之间的密封性，缸盖螺栓是不允许产生塑性变形的，所以在设计缸盖螺栓时应以屈服强度作为计算依据。

需要说明的是，只有低碳钢、中碳钢及少数合金钢具有屈服现象，大多数金属材料并无明显的屈服现象。因此，针对这些材料，国家标准规定，用 $R_{p0.2}$ 表示规定塑性延伸率为 0.2% 时的应力，称为规定塑性延伸强度（或条件屈服强度）。

R_{eL} 和 $R_{p0.2}$ 都是衡量金属材料抵抗塑性变形的指标，机械零件在工作时如受力过大，则会因过量的塑性变形而失效。当零件在工作时所受的应力低于材料的屈服强度或条件屈服强度时，则不会产生过量的塑性变形。材料的屈服强度或条件屈服强度越高，允许的工作应力也越高，则零件的截面尺寸及自身质量就可以相应减小。因此，材料的屈服强度或条件屈服强度是机械零件设计的主要依据，也是评定金属材料性能的重要指标。

(2) 抗拉强度 金属材料在被拉断前所能承受的最大应力称为抗拉强度，用符号 R_m 表示，其计算公式为

$$R_m = \frac{F_m}{S_o}$$

式中 R_m——抗拉强度（MPa）；
　　F_m——试样承受的最大载荷（N）；
　　S_o——试样原始横截面积（mm^2）。

由拉伸图可见，对塑性材料来说，在应力达到 F_m 以前试样均匀变形，而在应力达到 F_m 以后变形将集中在缩颈处。抗拉强度表示金属材料在拉伸载荷作用下的最大均匀变形抗

力,零件在工作中所承受的应力不允许超过其抗拉强度,否则会产生断裂,造成事故。因此,抗拉强度也是机械零件设计和选材的重要依据。

二、塑性

金属材料在载荷作用下发生塑性变形而不断裂的能力称为塑性。金属材料的塑性也是由拉伸试验测定的,常用断后伸长率和断面收缩率来表示。

1. 断后伸长率

试样被拉断后,其标距长度的伸长量与原始标距长度之比的百分数称为断后伸长率,用符号 A 表示(若改用 $k=11.3$ 的比例试样测试时,则用符号"$A_{11.3}$"表示),其计算公式为

$$A = \frac{L_u - L_o}{L_o} \times 100\%$$

式中　A——断后伸长率(%);
　　　L_u——试样拉断后的标距长度(mm);
　　　L_o——试样的原始标距长度(mm)。

2. 断面收缩率

试样被拉断后,其缩颈处横截面积的最大缩减量与原始横截面积的百分比称为断面收缩率,用符号 Z 表示,其计算公式为

$$Z = \frac{S_o - S_u}{S_o} \times 100\%$$

式中　Z——断面收缩率(%);
　　　S_o——试样的原始横截面积(mm^2);
　　　S_u——试样拉断后的横截面积(mm^2)。

金属材料的断后伸长率 A 和断面收缩率 Z 越大,表示材料的塑性越好,在一定的强度要求前提下,零件的安全可靠性越高。塑性好的材料可进行大变形量的加工而不被破坏,易于通过塑性变形加工成形状复杂的零件。例如,工业纯铁的 A 可达 50%、Z 可达 80%,可以拉制成细丝、轧制成薄板等;对冷压成形的零件要求材料具有足够的塑性变形能力;服役的零件也要求具有一定的塑性,以承受偶然的过载。铸铁的 A 几乎为零,所以不能进行塑性变形加工。

三、硬度

材料抵抗局部变形,特别是塑性变形、压痕或划痕的能力称为硬度。硬度是金属材料重要的力学性能指标,它不仅可以间接地反映材料强度的高低,还可以反映材料耐磨性的高低。一般来说,材料的硬度越高,耐磨性越好。

机械制造业所使用的刃具、量具及模具等都应具备足够的硬度,才能保证其使用性能和寿命。有些机械零件如齿轮等也要求具有一定的硬度,以保证具有足够的耐磨性和使用寿命。

硬度通常采用静载压入法测试。与拉伸试验相比,这种硬度试验不需要专门制作试样,而且不破坏零件。在实际生产中,一般零件大多采用硬度试验来检测其力学性能。

常用的硬度测试方法有布氏硬度、洛氏硬度和维氏硬度试验法。

1. 布氏硬度

（1）布氏硬度的测试原理　如图1-5所示，将直径为 D 的硬质合金球体，在一定载荷 F 的作用下压入试样表面，保持一定时间后卸除载荷，测量其压痕直径，用球面压痕单位面积上所承受的载荷来表示布氏硬度值的大小，并用符号 HBW 来表示，即

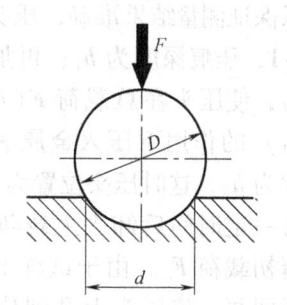

图1-5　布氏硬度测试原理图

$$HBW = \frac{F}{S} = 0.102 \times \frac{2F}{\pi D(D - \sqrt{D^2 - d^2})}$$

式中　F——试验力（N）；

S——被测金属表面的球面压痕面积（mm^2）；

D——硬质合金球体直径（mm）；

d——压痕平均直径（mm）。

材料越软，d 值越大，压痕面积越大，HBW 值越低。在实际测量中，布氏硬度值可以通过测量压痕平均直径 d 然后查表得到。

（2）布氏硬度的表示方法　布氏硬度用数字+HBW+数字表示，HBW 前面的数字表示硬度值，HBW 后面的数字按顺序分别表示球体直径、载荷及载荷保持时间。例如，120HBW10/1000/30 表示用直径为10mm的压头在1000kg（9.807kN）试验力的作用下保持30s 测得的布氏硬度值为120；600HBW1/30/20 表示用直径为1mm的压头在30kg（294.2N）试验力的作用下保持20s 测得的布氏硬度值为600。

（3）布氏硬度的特点及应用

1）布氏硬度的优点。布氏硬度是使用最早、应用最广的硬度试验方法，由于它采用的试验力大，球体直径也大，因而压痕直径也大，能较准确地反映出金属材料的平均性能，具有测量误差小、数据稳定等优点。

布氏硬度和抗拉强度之间具有较好的对应关系，材料的 R_m（MPa）和 HBW 之间的近似经验关系为

低碳钢：　　　　　　　　　　$R_m \approx 3.53 HBW$

高碳钢：　　　　　　　　　　$R_m \approx 3.33 HBW$

合金钢：　　　　　　　　　　$R_m \approx 3.19 HBW$

灰铸铁：　　　　　　　　　　$R_m \approx 0.98 HBW$

2）布氏硬度的缺点。测量布氏硬度操作时间较长，对不同材料需要不同的压头和试验力，压痕测量也较费时。在进行高硬度材料试验时，由于球体本身的变形会使测量结果不够准确。另外，由于压痕直径较大，布氏硬度不能用于薄壁件或成品件的测量。

3）布氏硬度的应用。布氏硬度只适用于低硬度材料如非铁金属、低合金结构钢和调质结构钢等的硬度测量，常用于原材料、毛坯、半成品零件的硬度测量。

2. 洛氏硬度

（1）洛氏硬度的测试原理　洛氏硬度测试也是一种压入法硬度试验，其测试原理与布氏硬度基本相同，但它不是测量压痕的面积，而是测量压痕的深度，以深度的大小来表示材料的硬度值。洛氏硬度所用压头是顶角为120°的金刚石圆锥体或直径为1.588mm 的淬火钢球。

洛氏硬度的测试方法如图1-6所示，试验时先加初载荷 F_0，使压头与试样表面紧密接触，

以保证测量结果准确，压头位置为1-1，压痕深度为 h_1；再加主载荷 F_1，使压头在总载荷 $F(F = F_0 + F_1)$ 的作用下压入金属表面的深度为 h_2，这时压头位置为2-2，保持一定时间后卸去主载荷 F_1，保留初载荷 F_0。由于试样的弹性变形回复，使压头上升到位置3-3，而压头在主载荷的作用下压入金属表面的深度为 h_3。当压头为120°金刚石圆锥体时，洛氏硬度可用下列公式计算

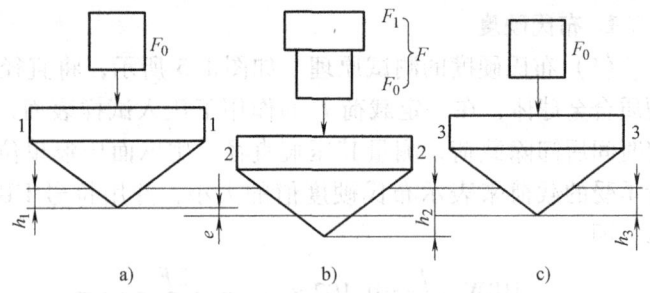

图1-6 洛氏硬度测试原理图
a) 1-1 位置　b) 2-2 位置　c) 3-3 位置

$$HR = 100 - \frac{h_3}{0.002}$$

洛氏硬度无单位，在实际测量时，其硬度值可直接从硬度计表盘上读出。

（2）洛氏硬度的表示方法　洛氏硬度用数字 + HR + 字母表示，HR 前面的数字表示硬度值，HR 后面的字母表示不同的洛氏硬度标尺。例如，60HRC 表示用 C 标尺测定的洛氏硬度值为60。

（3）常用洛氏硬度标尺及其适用范围　同一台硬度计，当采用不同的压头和不同的总试验力时，可组成几种不同的洛氏硬度标尺。常用的洛氏硬度标尺有 A、B、C 三种，其中 C 标尺应用最广。三种洛氏硬度标尺的试验条件和应用范围见表1-2。

表1-2　三种洛氏硬度标尺的试验条件和应用范围

标尺种类	压头类型	初载荷/N	总载荷/N	硬度值有效范围	应用范围
HRA	120°金刚石圆锥体	98	588.4	60~85HRA	硬质合金、表面淬火钢
HRB	φ1.588mm 淬火钢球	98	980.7	25~100HRB	软钢、退火钢、铜合金
HRC	120°金刚石圆锥体	98	1471.0	20~67HRC	一般淬火钢

（4）洛氏硬度的特点及应用

1）洛氏硬度的优点。洛氏硬度试验操作简单、迅速，可直接从表盘上读出硬度值，其压痕直径很小，可以测量成品及较薄工件，且测试的硬度值范围较大，可测量从很软到很硬的金属材料。

2）洛氏硬度的缺点。由于洛氏硬度的压痕小，当材料组织不均匀时，其测量值的代表性差，一般需在不同的部位测试几次，取读数的平均值代表材料的硬度。

3）洛氏硬度的应用。洛氏硬度在生产中应用广泛，其应用范围见表1-2。

3. 维氏硬度

（1）维氏硬度的测试原理　维氏硬度的测试原理与布氏硬度基本相同，其测试方法如图1-7所示。维氏硬度的压头为

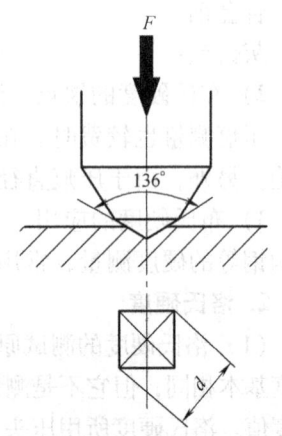

图1-7 维氏硬度的测试原理

136°金刚石四棱锥体,在规定载荷 F 的作用下,将压头压入被测试金属的表面,保持一定时间以后卸除载荷,再测量出压痕对角线的平均长度 d 值,用此值查维氏硬度值表(GB/T 4340.4—2009)即可确定硬度值,用硬度值加 HV 表示。

(2) 维氏硬度的特点及应用

1)维氏硬度的优点。维氏硬度保留了布氏硬度和洛氏硬度的优点,既可以测试从极软到极硬材料的硬度,又不存在布氏硬度 F/S 关系的约束,不同的维氏硬度值可相互比较,且准确性高。

2)维氏硬度的缺点。维氏硬度试验较为繁琐,要求被测表面粗糙度值低,因此不适用于批量产品的常规检验。

3)维氏硬度的应用。维氏硬度适用于各种金属材料,尤其是表面层(如化学热处理层、电镀层等)的硬度测量,精度较高。

四、韧性

金属材料的强度、塑性和硬度这些力学性能指标都是在静载荷作用下测得的,但有许多机械零件和工具在实际工作中往往要受到冲击载荷的作用,如发动机活塞、连杆、曲轴等零件在做功行程中受到很大的冲击载荷;汽车在起步、换挡及制动时其钢板弹簧、齿轮、传动轴、半轴等零件会受到很大的冲击载荷。制造此类零件所用的材料必须考虑其抗冲击载荷的能力,通常用冲击韧度来评定材料抵抗冲击的能力。

金属材料抵抗冲击载荷作用而不破坏的能力称为冲击韧度,材料的冲击韧度常用一次摆锤冲击试验来测定。

1. 一次摆锤冲击试验

(1) 冲击试验试样 根据国家标准 GB/T 229—2007 规定,冲击试验试样包括 V 型缺口和 U 型缺口两种类型,试样尺寸为 10mm×10mm×55mm,如图 1-8 所示。

(2) 冲击试验方法 测定材料的冲击韧度一般是在一次摆锤冲击试验机上进行,如图 1-9 所示。将试样放在试验机的支座上,使试样的缺口背向冲击方向。将具有一定质量的摆锤升至一定高度 H_1,再自由落下,冲断试样。在惯性力的作用下,摆锤冲断试样以后会继续上升到高度 H_2,这时可从试验机的刻度盘上读出摆锤冲断试样所做的冲击吸收功 K。

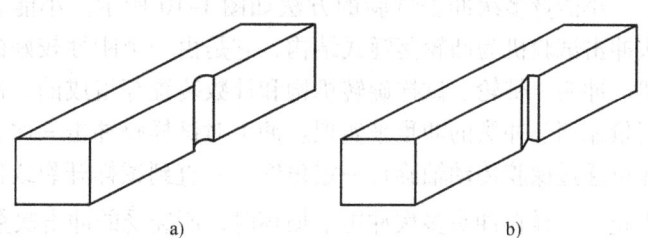

图 1-8 冲击试验试样
a) U 型缺口冲击试样 b) V 型缺口冲击试样

(3) 冲击韧度的表示方法 冲击韧度用试样缺口处单位面积上的冲击吸收功表示,即

$$a_K = \frac{K}{S_o}$$

式中 a_K——冲击韧度(J/cm^2);

K——冲击吸收功(J);

S_o——试样缺口处的横截面积(cm^2)。

a_K 对材料的内部缺陷及显微组织的变化很敏感,也可用来评定材料的冶金质量及热加工

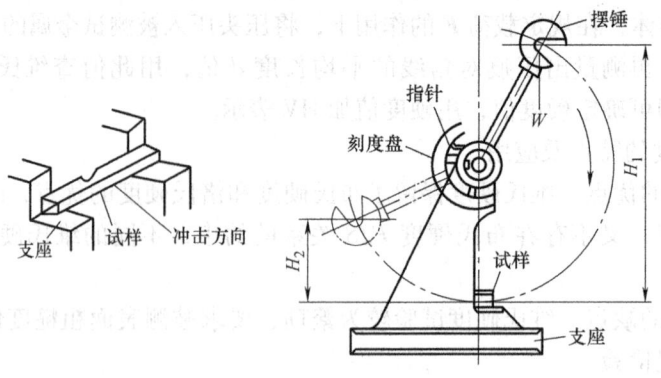

图 1-9 一次摆锤冲击试验

质量。因而，冲击试验是生产上用来检验冶炼、热加工及热处理工艺质量的有效方法之一。

2. 小能量多次冲击试验

工程中在冲击载荷作用下的机械零件很少因一次大能量冲击而遭破坏，绝大多数是在一次冲击不足以使零件破坏的小能量多次重复冲击后而导致断裂。例如，凿岩机风镐上的活塞、冲模的冲头等，它们的破坏是由于多次冲击损伤积累，导致裂纹的产生与扩展的结果，从根本上不同于一次冲击的破坏过程。对于这样的零件，用冲击韧度作为设计依据显然是不符合实际的。因此，不能用一次冲击试验所测得的 a_K 值来衡量这些零件材料对冲击载荷的抗力。

实践表明，一次冲击韧度高的材料，在小能量多次冲击试验条件下其抗力不一定高，反过来也一样。例如，大功率柴油机曲轴是用孕育铸铁制成的，它的冲击韧度接近于零，而在长期使用中未发生断裂。因此，需要采用小能量多次冲击试验来检验这类材料的抗冲击性能。

小能量多次冲击试验的方法如图 1-10 所示。小能量多次冲击试验机为凸轮落锤式结构，它是由一个刚性较好的机架、冲头、带轮、试样旋转机构和计数装置等组成，冲击能量靠调节冲头的冲程来实现。冲头对试样每冲击一次，试样可通过橡胶传动轴旋转一定角度，一直到试样开裂或冲断

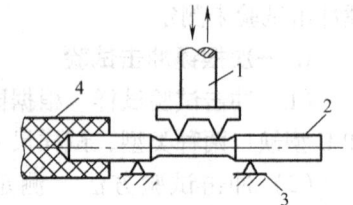

图 1-10 小能量多次冲击试验
1—冲头 2—试样 3—支承座
4—橡皮传动轴

为止。试样在冲头多次冲击下损坏时，所经受的冲击次数（N）代表材料的抗冲击能力。

大量实验证明，金属材料受大能量的冲击载荷作用时，其冲击抗力的大小主要取决于冲击韧度 a_K，而在小能量多次冲击条件下，其冲击抗力主要取决于材料的强度和塑性。当冲击能量高时，材料的塑性起主导作用；在冲击能量低时，材料的强度起主导作用。

五、疲劳强度

曲轴、齿轮、轴承、叶片、弹簧等零件在工作过程中，各点的应力随时间做周期性的变化，这种随时间作周期性变化的应力称为交变应力。在交变应力的作用下，虽然零件所承受的应力低于材料的屈服强度，但经过较长时间的工作而产生裂纹或突然发生完全断裂，材料出现的这种断裂现象称为疲劳断裂。

疲劳破坏是机械零件失效的主要原因之一。据统计，在机械零件的失效中有 80% 以上

属于疲劳破坏,而且疲劳破坏前没有明显的变形,所以疲劳破坏经常造成重大事故。

1. 疲劳破坏的特征及原因

(1) 疲劳破坏的特征　尽管交变载荷有各种不同的类型,但疲劳破坏仍具有以下共同的特点:

1) 疲劳断裂时并没有明显的宏观塑性变形,断裂前没有征兆,而是突然破坏。

2) 引起疲劳断裂的应力很低,通常低于材料的屈服强度。

3) 疲劳破坏的宏观断口由三部分组成,即疲劳裂纹产生的策源地、疲劳裂纹扩展区和最后断裂区,如图1-11所示。

(2) 疲劳破坏的原因　机械零件产生疲劳断裂的原因是由于材料表面或内部有缺陷(如夹杂、划痕、显微裂纹等),这些部位在交变应力的反复作用下产生了微裂纹,致使其局部应力大于屈服强度,从而产生了局部塑性变形而导致开裂。随着应力循环次数的增加,裂纹不断扩展,使零件实际承受载荷的面积不断减少,直至减少到不能承受外加载荷的作用而产生突然断裂。

2. 疲劳强度和疲劳曲线

金属材料抵抗交变载荷作用而不产生破坏的能力称为疲劳强度。材料的疲劳强度通常都是在旋转弯曲疲劳试验机上测定的。在交变载荷的作用下,材料承受的交变应力值 S 与断裂前的应力循环次数 N 之间的关系称为疲劳曲线,如图1-12所示。

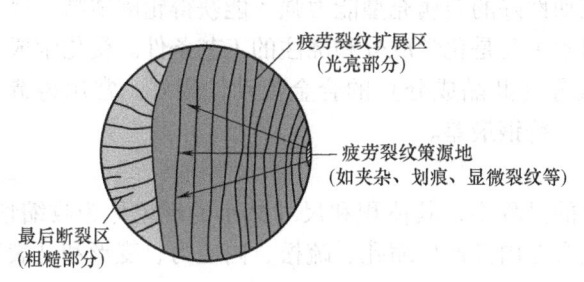

图1-11　疲劳断裂宏观断口示意图

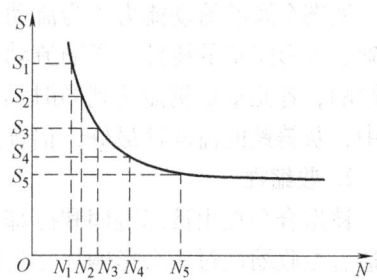

图1-12　疲劳曲线示意图

金属承受的交变应力越大,则断裂时应力循环次数越少。当应力低于一定值时,试样可以经受无限周期循环而不破坏,此应力值即为材料的疲劳强度(也称为疲劳极限),用 R_{-1} 表示。

钢铁和有机玻璃等材料,当应力降到某一值后,其 S-N 曲线趋于水平直线,此直线对应的应力即为疲劳极限。工程上一般将碳钢的循环次数 $N=10^7$ 时对应的应力作为条件疲劳极限。

钢材的疲劳强度与抗拉强度之间的关系为

$$R_{-1}=(0.45\sim0.55)R_m$$

大多数非铁金属及其合金的疲劳曲线上没有水平直线部分,工程上常规定 $N=10^8$ 时对应的应力为条件疲劳极限。

内容三　金属材料的工艺性能

金属材料的一般加工过程如图1-13所示。工艺性能是指金属材料在制造过程中适应各种加工方法的能力，包括铸造性能、压力加工性能、焊接性能、热处理性能和切削加工性能等。

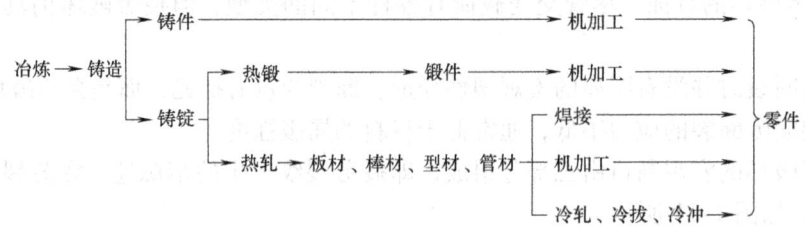

图 1-13　金属材料的一般加工过程

工艺性能直接影响到零件的制造工艺和质量，是选材和制订零件工艺路线时必须考虑的因素之一。

一、铸造性能

金属材料在铸造成形过程中获得优良铸件的能力称为铸造性能。

衡量铸造性能的指标有液态流动性、收缩率和偏析等。金属材料的铸造性能直接影响到铸件的完整性和力学性能，因此要求流动性好、收缩率和偏析小。

1. 流动性

液态金属的流动能力称为流动性。流动性好的金属充型能力强，能获得轮廓清晰、尺寸精确、外形完整的铸件。影响流动性的因素主要是化学成分和浇注的工艺条件。受化学成分的影响，各元素比例能达到同时结晶的成分（共晶成分）的合金流动性最好。常用铸造合金中，灰铸铁的流动性最好，铝合金次之，铸钢最差。

2. 收缩性

铸造合金在由液态凝固和冷却至室温的过程中，其体积和尺寸减小的现象称为收缩性。铸造合金收缩性过大会影响尺寸精度，还会在内部产生缩孔、疏松、内应力、变形和开裂等缺陷。在铁碳合金中，灰铸铁的收缩率小，铸钢的收缩率大。

3. 偏析倾向

液态金属凝固后，其内部化学成分和组织不均匀的现象称为偏析。偏析严重时，可使铸件各部分的力学性能产生很大差异，降低铸件质量，尤其是对大型铸件危害更大。

二、压力加工性能

金属材料在冷、热状态下，利用压力加工方法成形或变形的难易程度称为压力加工性能。压力加工性能常用塑性和变形抗力两个指标来综合衡量，塑性越好，变形抗力越小，则金属的压力加工性能越好。化学成分会影响金属的压力加工性能，纯金属的压力加工性能优于一般合金。铁碳合金的含碳量越低，压力加工性能越好；合金钢的合金元素的种类和含量越多，压力加工性能越差。钢中的硫会降低压力加工性能，金属组织的形式也会影响其压力加工性能。

三、焊接性能

焊接性能是指金属材料对焊接加工的适应性，即在一定的焊接工艺条件下获得优质焊接接头的难易程度。

对碳钢和低合金钢而言，焊接性能主要与其化学成分有关（其中碳的影响最大）。例如，低碳钢具有良好的焊接性能，而高碳钢和铸铁的焊接性能则较差。

四、热处理性能

金属材料适应各种热处理方法的能力称为热处理性能。

热处理性能包括淬透性、淬硬性、过热敏感性、变形开裂倾向、回火脆性倾向、氧化脱碳倾向等（这些内容将在第二单元 钢的热处理中详细论述）。碳钢热处理变形的程度与其含碳量有关，一般情况下，含碳量越高，碳钢变形与开裂倾向越大，而碳钢又比合金钢的变形开裂倾向严重。钢的淬硬性也主要取决于含碳量，含碳量高，材料的淬硬性好。

五、切削加工性能

金属材料在切削加工时的难易程度称为切削加工性能。

切削加工性能与金属材料的化学成分、硬度、韧性、导热性和变形强化等因素有关，通常用切削用量的大小、切削速度、断屑能力、加工后零件的表面粗糙度和刀具的使用寿命等来衡量。

一般来说，具有适当的硬度（170~230HBW）和足够脆性的金属材料，其切削加工性能较好。从材料的种类而言，铸铁、铜合金、铝合金及碳素钢都具有较好的切削加工性能。改变钢的化学成分和进行适当的热处理，是改善钢的切削加工性能的重要途径。

切削塑性金属材料时，工件在加工表面层的硬度明显提高而塑性下降的现象称为表面加工硬化。此时在加工表面因受刀具挤压而产生的塑性变形不能恢复，因而产生的变形抗力较大，表面形变强化。当以较小的切削深度再次切削时，刀具不易切入，并使刀具易于磨损，而且在加工表面硬化层常常伴有裂纹产生，使表面粗糙度值增大，疲劳强度下降。因此，应尽量设法消除这种现象。

内容四　金属材料的力学性能试验

试验1　拉伸试验

一、实验目的

1）观察试样在拉伸过程中的各种现象（屈服、强化、缩颈、断裂）。
2）测定低碳钢的下屈服强度 R_{eL}、抗拉强度 R_m、断后伸长率 A 和断面收缩率 Z。
3）测定铸铁的抗拉强度 R_m。

二、实验设备

拉伸试验所需设备包括拉伸试验机、游标卡尺。

三、拉伸试样

按照 GB/T 228.1—2010 的相关规定，选用如图 1-14 所示的圆形标准试样。本次试验试样的直径取 $d = 10\text{mm}$，标距长度取 $L_o = 50\text{mm}$。

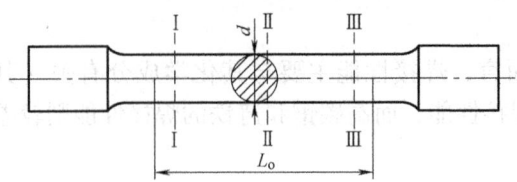

图 1-14 拉伸试样

四、实验操作步骤

1. 试样准备

用刻划机将试样的标距 L_0 按每隔 10mm 刻划成五格（铸铁试样不刻划）。

2. 测量试样的原始尺寸

用游标卡尺测量试样标距两端及中间（图 1-14 中的Ⅰ、Ⅱ、Ⅲ）三个截面处的直径 d 和标距 L_0 的实际长度，填入表 1-3 中。

3. 试验机准备调整

先根据试样所用材料的抗拉强度理论值和横截面积 S_0 预估试样的最大载荷，然后根据预估值选择适合测力盘的相应挡位。开机调整平衡砣，并将测力指针调零。

4. 安装试样

先将试样装夹在试验机的上夹头内，调整下夹头至适当位置，夹紧试样下端，调整好自动绘图装置。

5. 加载测试

开动试验机，使之缓慢匀速加载。

6. 观察与记录

注意观察测力指针的转动情况，由绘图仪可观察到力-伸长曲线，如图 1-15 所示。

1) 曲线上 e 点以前的正比斜线为弹性变形阶段（试样初始受力时，头部在夹槽内有较大的滑动，故伸长曲线起始段为曲线），在这一阶段测力指针应做匀速缓慢转动。

2) 当测力指针不动或回摆时，说明材料出现"屈服"，指针一次回摆的最小值即为下屈服载荷 F_{eL}，将此值填入表 1-4 中。

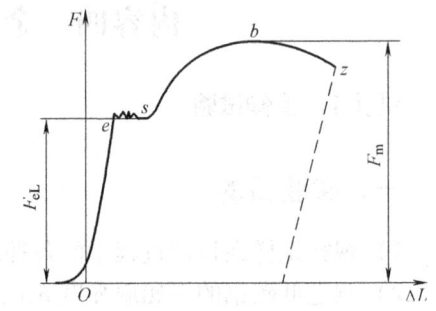

图 1-15 力-伸长曲线

3) 屈服现象结束后，指针继续转动（转速由快变慢），此时进入强化阶段，但力与伸长量的变化不再成正比关系。曲线到达最高点 b 点时指针停止转动，此时指针读数即为最大载荷 F_m。

4) 注意观察试样开始出现"缩颈"时，截面迅速减小，指针开始倒退，直至 z 点断裂为止，bz 阶段即为缩颈阶段。

7. 测量试样的最终尺寸

停机取下试样，将断裂试样的两端对齐，用游标卡尺测量断裂后标距段的长度 L_u 及左、右两断口（缩颈）处的直径 d_u。

五、实验注意事项

1) 测量直径时,在各截面相互垂直的两个方向上各进行一次,取平均值。
2) 测试铸铁试样时,不刻划标记且只记录最大载荷 F_m。

六、实验记录及数据处理

表 1-3 试样尺寸

材料	标距 L_o/mm	试 验 前									最小横截面积 S_o/mm²
		直径 d									
		截面Ⅰ			截面Ⅱ			截面Ⅲ			
		1	2	平均	1	2	平均	1	2	平均	
低碳钢											
铸铁											

材料	标距 L_o/mm	试 验 后							断口处最小横截面积 S_u/mm²
		断口处直径 d_u/mm							
		左端			右端			
		1	2	平均	1	2	平均	
低碳钢								
铸铁								

表 1-4 试样尺寸

材料	实 验 数 据		实 验 结 果	
低碳钢	屈服时的最小载荷 $F_{eL}=$	kN	下屈服强度 $R_{eL}=$	MPa
	屈服后的最大载荷 $F_m=$	kN	抗拉强度 $R_m=$	MPa
	力-伸长曲线		断后伸长率 $A=$	%
			断面收缩率 $Z=$	%
			试样形状	拉伸前
				拉伸后
铸铁	拉伸前的最大载荷 $F_m=$	kN	抗拉强度 $R_m=$	MPa
	力-伸长曲线		试样形状	拉伸前
				拉伸后

试验 2　布氏硬度试验

一、实验目的

1) 熟悉布氏硬度计的操作方法。
2) 根据材料的性能特点,正确选择测定硬度的方法。

二、实验原理

用一定直径的硬质合金球作为压头,以一定的试验力压入试样表面,经规定保持时间后，卸除试验力，试样表面将留下一个压痕。测量压痕的直径并计算压痕表面积，通过计算或查表（附录Ⅱ）求得布氏硬度值。

在实际试验时，可用读数显微镜测出压痕直径 d，再根据压痕直径查表得出硬度值。实际工件可能会有不同的硬度值和厚度，所以试验时要根据工件的软硬程度和形状大小来选择匹配不同的压头和载荷。

三、布氏硬度计的构造

图 1-16 所示为 HB—3000 型布氏硬度计的外形结构，它由机体、工作台、减速器、杠杆机构及换向开关等部分组成，其主要部件的作用如下：

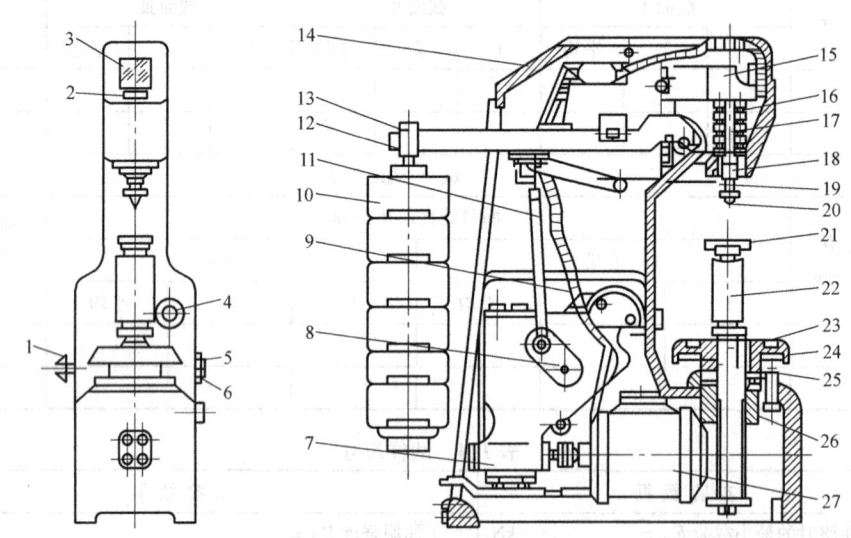

图 1-16　HB—3000 型布氏硬度计的外形结构图

1—电源开关　2—加力指示灯　3—电源指示灯　4—加力开关　5—压紧螺钉　6—圆盘　7—减速器　8—曲柄
9—换向开关　10—砝码　11—连杆　12—大杠杆　13—吊环　14—机体　15—小杠杆　16—弹簧　17—压轴
18—主轴衬套　19—摇杆　20—压头　21—可更换工作台　22—工作台立柱　23—螺杆
24—升降手轮　25—螺母　26—套筒　27—电动机

（1）机体与工作台　硬度计装有铸铁机体，在机体前台面上安装了丝杠座，其中装有丝杠，丝杠上装有立柱和工作台，可上下移动。

（2）杠杆机构　杠杆系统通过电动机可将载荷自动加在试样上。

（3）压轴部分　用以保证工作时试样与压头中心对准。

（4）减速器部分　带动曲柄连杆机构，在电动机正转及反转时，将载荷加到压轴上或从压轴上卸除。

（5）换向开关系统　它是控制电动机回转方向的装置，使加、卸载荷自动进行。

四、实验操作步骤

布氏硬度计的实验操作步骤如下：
1) 依据试样特性，确定载荷和压头直径。
2) 将试样平稳地放置在工作台上，顺时针转动手轮，使试样与压头接触，直至手轮与螺母产生相对滑动为止。

3）确定试验力的保持时间（钢铁材料的试验力保持时间为 10~15s，非铁金属为 30s±2s，布氏硬度值小于 35 时为 60s±2s），然后将压紧螺钉拧松，把圆盘上的时间定位器（红色指示点）转到与持续时间相符的位置上。

4）接通电源，按动加载按钮。当红色指示灯闪亮时迅速拧紧螺钉，使圆盘转动，达到所需要的持续时间后转动即自行停止。

5）逆时针转动手轮，降下工作台，取下试样，用读数显微镜测出压痕的直径 d，以此查表即得 HBW 值。

五、实验注意事项

1）试样两端要平行，表面应平整，确保试样表面无氧化皮和油污。
2）圆柱形试样应放在有"V"形槽的工作台上操作，以防试样滚动。
3）加载时应细心操作，以免损坏压头。
4）卸除载荷后，必须使压头完全离开试样后再取下试样。
5）金刚石压头属于贵重物件，使用时应小心谨慎，严禁与试样或其他物件碰撞。
6）应根据硬度计的使用范围，按规定合理选用不同的载荷和压头，若超过使用范围，将不能获得准确的硬度值。

六、实验报告要求

1）简述布氏硬度试验的目的及原理。
2）写明实验时间、地点、组员及指导教师。
3）实验结果。①整理实验记录；②实验结果分析；③将记录数据填入表 1-5 中，并得出实验结论。

表 1-5 布氏硬度试验记录

	第一次	第二次	第三次	平均值	备注（压头、载荷）
压痕直径					
HBW					

试验 3 洛氏硬度试验

一、实验目的

1）熟悉常用洛氏硬度试验机的结构。
2）掌握洛氏硬度的测试原理及测试方法。

二、实验设备及试样材料

实验设备包括 HB—3000 型布氏硬度计、HR—150 型洛氏硬度计、读数显微镜。

试样材料包括①退火状态的 20 钢、45 钢、T8 钢；②淬火状态的 45 钢、60 钢、T8 钢、T12 钢。

三、实验原理

将预载荷与主载荷依次加入后卸除主载荷,压头在被测试样表面产生的压痕深度差即可表示材料的硬度。

四、洛氏硬度计的构造

HR—150 型洛氏硬度计的结构如图 1-17 所示,其主要部分的作用如下:

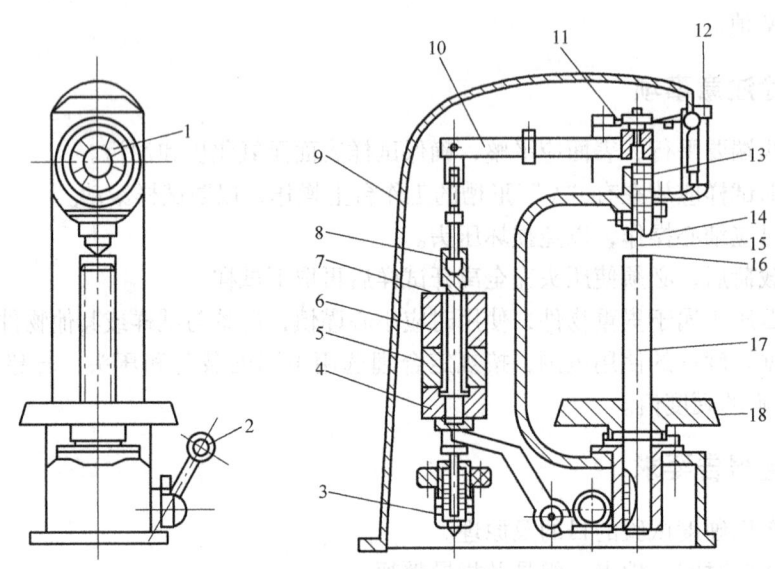

图 1-17　HR—150 型洛氏硬度计结构图
1—指示器　2—操纵手柄　3—缓冲器　4—砝码座　5、6—砝码　7—吊杆
8—吊套　9—机体　10—加载杠杆　11—顶杆　12—调整套　13—主轴
14—压头　15—试样　16—工作台　17—升降丝杆　18—手轮

(1) 机体及工作台　试验机装有坚固的铸铁机体,在机体前面安装有不同形状的工作台,通过转动手轮可使工作台上升或下降。

(2) 加载机构　加载机构由加载杠杆(横杆)及承重架(纵杆)等组成,通过杠杆系统将载荷传至压头而压入试样,借助扇形齿轮的传动完成加载或卸载任务。

(3) 千分表指示盘　千分表指示盘通过刻度盘指示各种不同的硬度值。

五、实验操作步骤

洛氏硬度计的操作步骤如下:

1) 依据试样的预期硬度确定相适应的压头和载荷,并将符合要求的试样装入试验机。

2) 将试样放置在试样台上,顺时针转动手轮,使试样与压头缓慢接触,直至表盘小指针指到"0"为止,此时已加上初载,随后将表盘大指针调整至零点(测定 HRB 时零点为30)。

3) 按动按钮,平稳地加主载荷,持续 10s 后卸除主载荷,由指示器表盘读出硬度值。

4) 逆时针转动手轮,取出试样,测定完毕。

六、实验注意事项

1）试样两端要平行，表面应平整，确保试样表面无氧化皮和油污。
2）圆柱形试样应放在有"V"形槽的工作台上操作，以防试样滚动。
3）加载时应细心操作，以免损坏压头。
4）卸除载荷后，必须使压头完全离开试样后再取下试样。
5）金刚石压头属于贵重物件，使用时应小心谨慎，严禁与试样或其他物件碰撞。
6）应根据硬度计的使用范围，按规定合理选用不同的载荷和压头，若超过使用范围，将不能获得准确的硬度值。

七、实验报告要求

1）简述洛氏硬度试验的目的及原理。
2）写明实验时间、地点、组员及指导教师。
3）实验结果。①整理实验记录；②实验结果分析；③将记录数据填入表1-6中，并给出实验结论。

表1-6 洛氏硬度试验记录

材料		标尺	第一次	第二次	第三次	平均值	备注（压头、载荷）
退火状态	20钢						
	45钢						
	T8钢						
淬火状态	45钢						
	60钢						
	T8钢						
	T12钢						

模 块 小 结

金属材料是机械制造中应用最为广泛的材料，材料的性能是零件设计选材的主要依据。金属材料的性能包括使用性能和工艺性能两大类。

1）使用性能是指金属材料在使用过程中所表现出来的性能，包括物理性能、化学性能和力学性能。
2）金属材料在各种物理条件作用下所表现出来的性能称为物理性能，主要包括密度、熔点、导热性、导电性、热膨胀性和磁性等。
3）化学性能是指金属材料抵抗化学介质侵蚀的能力，包括耐蚀性和抗氧化性等。
4）金属材料在外力作用下所表现出来的性能称为力学性能。主要的力学性能指标有强度、塑性、硬度、韧性和疲劳强度等。常用力学性能指标及其含义见表1-7。
5）金属材料的工艺性能包括铸造性能、压力加工性能、焊接性能、热处理性能和切削加工性能等。

表1-7 常用力学性能指标及其含义

力学性能	性能指标				含 义
	符号	名 称	旧标符号	单位	
强度	R_m	抗拉强度	σ_b	MPa	试样拉断前所能承受的最大应力
	R_{eL}	下屈服强度	σ_s	MPa	发生塑性变形而力不增加时的应力点
	$R_{p0.2}$	规定非比例延伸强度	$\sigma_{0.2}$	MPa	规定非比例伸长率为0.2%时的应力
塑性	A ($A_{11.3}$)	断后伸长率	δ (δ_5)	%	断后标距的伸长量与原始标距之比的百分率
	Z	断面收缩率	ψ	%	断后试样的最大收缩量与原始横截面积之比的百分率
硬度	HBW	布氏硬度	HBW		球形压痕单位面积上所受的平均压力
	HR (A、B、C)	洛氏硬度	HR (A、B、C)		用洛氏硬度相应标尺刻度满程与压痕深度之差计算的硬度值
	HV	维氏硬度	HV		正四棱锥压痕单位面积上所受的平均压力
韧性	a_K	冲击韧度	a_K	J/cm²	冲击试样缺口处单位横截面积上的冲击吸收功
疲劳强度	R_{-1}	疲劳强度	σ_{-1}	MPa	试样承受无数次（或给定次数）对称循环应力仍不断裂的最大应力

思考与练习

1. 什么是金属材料的物理性能？物理性能包括哪些内容？
2. 什么是金属材料的化学性能？试述它们各自的含义。
3. 什么是金属材料的力学性能？主要的力学性能指标有哪些？
4. 根据作用性质的不同，载荷可分为哪几种？
5. 什么叫变形？变形有哪几种形式？试述它们各自的含义。
6. 什么叫强度、塑性？衡量它们的指标有哪些？各用什么符号表示？
7. 简述低碳钢在拉伸过程中的几个变形阶段。
8. 一根标准拉伸试样的直径为10mm、标距长度为50mm，做拉伸试验时测出试样在26000N时屈服，出现的最大载荷为45000N，拉断后的标距长度为58mm，断口处直径为7.75mm，试计算 R_{eL}、R_m、A、Z。
9. 什么叫硬度？常用的硬度测定方法有哪几种？试述它们的适用范围。
10. 什么叫冲击韧度？用什么符号表示？一次冲击和多次冲击的冲击抗力各取决于哪些指标？
11. 什么叫金属的疲劳？疲劳极限用什么符号表示？
12. 什么是金属的工艺性能？工艺性能主要包括哪些内容？

模块二 金属的晶体结构与结晶

【任务描述】
金属材料的性能取决于材料的化学成分和内部的组织结构,而内部的组织结构与晶体结构密切相关。本模块主要介绍常见金属的晶体结构及纯金属与合金的结晶过程。

【学习目标】
1) 掌握常见金属的晶体类型及特点。
2) 了解金属的实际晶体结构与晶体缺陷。
3) 掌握纯金属的结晶过程及影响晶粒大小的因素,理解金属的同素异构转变。
4) 掌握合金的基本概念、合金中相的基本结构及性能特点。
5) 了解二元合金相图的构成。

内容一 纯金属的晶体结构

不同的金属材料具有不同的力学性能,即使是同一种金属材料,采用不同的热处理方法其力学性能也不相同。金属材料力学性能的差异,从本质上来说,是由其内部结构决定的。因此,掌握金属的内部结构和结晶规律,对于合理选材具有重要意义。

一、金属晶体结构的基础知识

1. 晶体与非晶体

自然界的固态物质,根据其原子或分子在物质内部的排列特征可分为晶体与非晶体两大类。

(1) **晶体** 凡是内部原子或分子按照一定几何规律做周期性重复排列的物质称为晶体。绝大多数金属和合金在固态下都属于晶体,如纯铝、纯铁、纯铜、钢等。

(2) **非晶体** 凡是内部原子或分子呈无规则堆积的物质称为非晶体,如松香、玻璃、沥青等。

2. 晶体的特点

晶体具有以下一些特点:

(1) **具有规则的外形** 晶体在一般情况下具有规则的外形,如天然金刚石、水晶、食盐等。

(2) **具有固定的熔点** 任何一种晶体物质当加热到一定温度就会熔化,各种晶体物质都有各自的熔点。例如,铁的熔点为1538℃,铜的熔点为1084.5℃,铝的熔点为660.4℃等。而非晶体则没有固定的熔点。

(3) **具有各向异性** 同一种晶体物质在不同方向上具有不同的性能,称为各向异性。而非晶体是各向同性的。

3. 晶体与非晶体的区别

晶体与非晶体的差异很大。晶体即使是由相同元素组成的,如果排列方式不同,即晶结构不同,它们的性能往往也有很大差异。例如,金刚石和石墨,虽然都是由碳原子组成的,可是由于两者的原子排列方式不同,它们的性能相差很大,金刚石很硬,而石墨却很软。

晶体和非晶体虽然有上述区别,但在一定条件下可以互相转化。例如,非晶体玻璃经高温长时间加热能变为晶态玻璃,即钢化玻璃;而通常是晶态的金属如从液态快速冷却,也可获得非晶态金属。和晶态金属相比,非晶态金属具有很高的强度和韧性等一系列突出的性能,故近年来已受到重视。

二、金属的晶格类型

1. 金属的晶格

晶体内部原子是按一定的几何规律排列的。为了便于分析和描述晶体中原子排列的情况,把原子看成是一个小球,则金属晶体就是由这些小球有规律地堆积而成的物体,如图2-1所示。

(1)晶格　为了形象地表示晶体中原子排列的规律,可以将原子简化成一个点,用假想的线将这些点连接起来,构成有明显规律性的空间格架。这种表示原子在晶体中排列规律的空间格架叫做晶格,如图2-2a所示;晶格中的每个点叫做晶格结点。

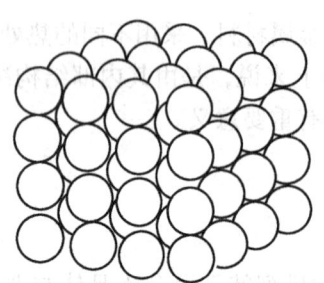

图2-1　晶体中原子的排列情况

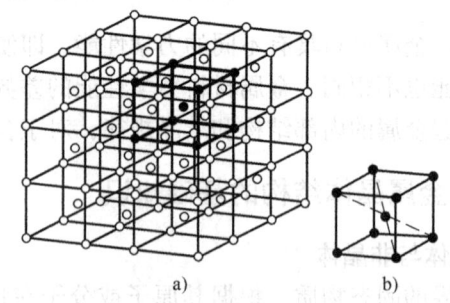

图2-2　晶格和晶胞示意图
a)晶格　b)晶胞

(2)晶胞　由于晶体中原子排列具有周期性变化的特点,因此,可以从晶格中选取一个能够完整反映晶格特征的最小几何单元,从中找出晶体特征及原子排列规律。组成晶格的最基本几何单元称为晶胞,如图2-2b所示。实际上,整个晶格就是由许多大小、形状和位向相同的晶胞在空间重复堆积而成的。

(3)晶格常数　不同元素的原子结构不同,其晶胞的大小和形状也不同。结晶学中规定,晶胞的大小以其各棱边的尺寸 a、b、c 表示,单位为埃 Å($1Å = 10^{-10}$m);晶胞各棱边之间的夹角分别以 α、β、γ 表示。这些棱边与棱边夹角称为晶格常数。当棱边 $a = b = c$、棱边夹角 $\alpha = \beta = \gamma = 90°$ 时,这种晶胞称为简单立方晶胞,如图2-3所示。

(4)致密度　用金属晶胞中原子所占的体积与该晶胞所占体积的百分比,来表示原子在晶格中排列的紧密程度。

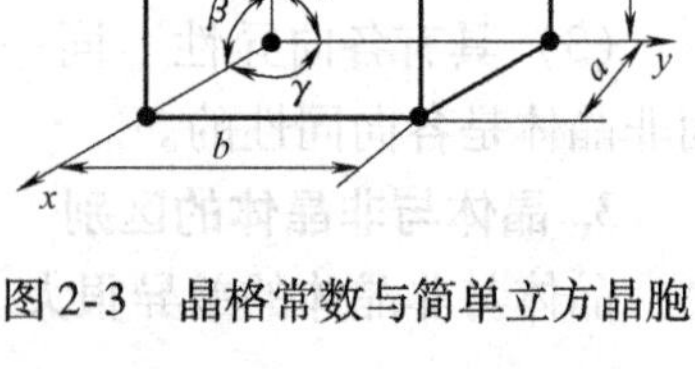

2. 常见晶格类型

各种晶体由于其晶格类型和晶格常数不同,故呈现出

图2-3　晶格常数与简单立方晶胞

不同的物理、化学及力学性能。金属的晶格类型有很多，在已知的80多种金属元素中，有85%以上的金属晶体都属于以下三种晶格，其结构特点见表2-1。

表2-1 常见的晶格类型

名称	结构特点	晶胞示意图	典型金属
体心立方晶格	晶胞是一个立方体，原子位于立方体的八个顶点和立方体的中心		钨（W）、钼（Mo）、钒（V）、铌（Nb）、钽（Ta）及α-铁（α-Fe）等
面心立方晶格	晶胞是一个立方体，原子位于立方体的八个顶点和立方体六个面的中心		金（Au）、银（Ag）、铜（Cu）、铝（Al）、铅（Pb）、镍（Ni）及γ-铁（γ-Fe）等
密排六方晶格	晶胞是一个正六棱柱，原子除排列于柱体的每个顶点和上、下两个底面的中心外，正六棱柱的中心还有三个原子		镁（Mg）、铍（Be）、镉（Cd）、锌（Zn）等

三、金属的实际晶体结构

以上讨论的金属晶体结构是理想的晶体结构，即晶格位向是完全一致的。实际上，金属材料都不是这样的，哪怕是在一块很小的金属中也包含着许许多多的小晶体，在每个小晶体的内部，晶格位向都是基本一致的，而各个小晶体之间彼此的位向却不相同，即实际的金属都是多晶体结构。

1. 晶粒

将实际使用的金属材料制成试样，用显微镜观察，可以看到它是由许多不同的小晶体组成的，每个小晶体内部的晶格位向基本上是一致的，而各个小晶体之间的位向却不相同，如图2-4所示。这种外形不规则、呈颗粒状的小晶体称为晶粒。

2. 单晶体

由一个晶粒所组成的晶体称为单晶体，如图2-4a所示。单晶体必须采用特殊方法人工制作才能获得，如生产半导体元件的单晶硅、单晶锗等。单晶体在不同方向上具有不同的性能，即各向异性。

3. 多晶体

由许多晶粒组成的晶体称为多晶体。

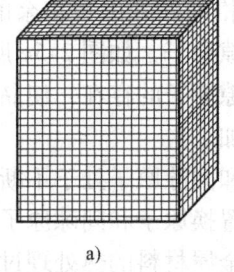
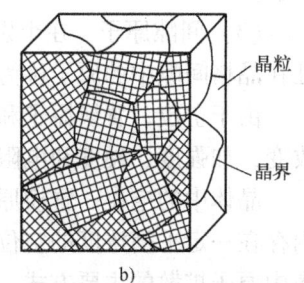

图2-4 单晶体和多晶体
a）单晶体 b）多晶体

每个晶粒相当于一个单晶体，其原子排列位向是一致的，而各个晶粒的晶格位向各不相同。晶粒与晶粒之间的界面称为晶界，晶界上的原子处于过渡的不规则状态。

金属材料不是单晶体而是多晶体，并且存在着各种晶体缺陷。

在钢铁材料中，晶粒的尺寸一般为 $10^{-1} \sim 10^{-3}$ mm，故必须在显微镜下才能看到。在显微镜下所观察到的金属中各种晶粒的大小、形态和分布叫做"显微组织"。非铁金属如铜、铝、锡、铅、锌等，它们的晶粒度一般都比钢铁的大些，有时甚至不用显微镜就能直接看到，如镀锌钢板表面的锌晶粒，其尺寸通常达几毫米至十几毫米。

四、实际晶体中的缺陷

晶体中的原子完全为规则排列时，这种晶体称为理想晶体。实际上，金属由于受许多因素（如结晶条件、原子热运动及加工条件等）的影响，使某些区域的原子排列受到干扰和破坏，不像理想晶体那样规则和完整，其内部总是存在大量缺陷。这些缺陷的存在，对金属的性能（物理性能、化学性能、力学性能）将产生显著影响。

根据晶体缺陷的几何特征，可将其分为以下三类：即点缺陷、线缺陷和面缺陷。

1. 点缺陷——空位、置换原子和间隙原子

在实际晶体结构中，最常见的点缺陷是晶格空位、置换原子和间隙原子，如图 2-5 所示。

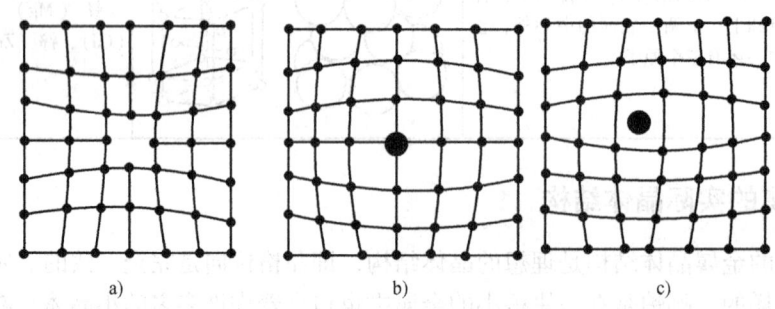

图 2-5 点缺陷
a）空位　b）置换原子　c）间隙原子

（1）空位　当晶格中某些原子由于某种原因（如热振动的偶然偏差等）而脱离晶格结点，其结点未被原子所占有，这种空缺位置称为晶格空位，如图 2-5a 所示。

（2）置换原子　异类原子占有晶格的结点位置，这种原子称为置换原子，如图 2-5b 所示。

（3）间隙原子　在个别晶格间隙处出现多余的原子，这种不占有正常的晶格位置，而处在晶格间隙中的原子称为间隙原子，如图 2-5c 所示。

由于空位、置换原子和间隙原子的存在，使晶体发生了晶格畸变，晶体性能也随之发生改变，如强度、硬度和电阻增加。

晶体中的空位、置换原子和间隙原子处于不断的运动和变化之中。在一定温度下，晶体内存在一定平衡浓度的空位、置换原子和间隙原子。空位、置换原子和间隙原子的运动是金属中原子扩散的主要方式，对金属材料的热处理过程极为重要。

2. 线缺陷——位错

线缺陷是指晶体中的缺陷沿着某一方向呈线状分布，即在一个方向上尺寸很大，而在另两个方向上尺寸很小的缺陷。常见的线缺陷是各种类型的位错。

所谓位错就是在晶体中某处有一列或若干列原子发生了某种错排的现象，这种错排有许多类型。

(1) 刃型位错　位错中比较简单的一种形式就是刃型位错，如图 2-6 所示。在一个完整晶体的某一晶面以上，于某处多出了一个半原子面，这个多余的半原子面像刀刃一样切入晶体，使晶体中上下两部分的原子产生了错排现象，因而称为刃型位错。

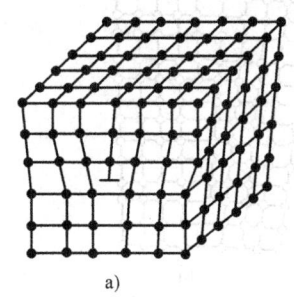 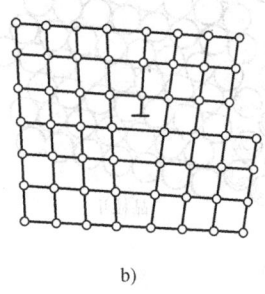 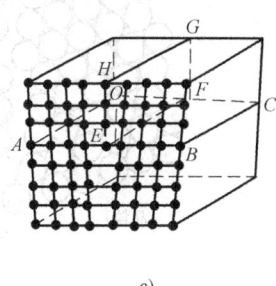

　　　　a)　　　　　　　　　　　　b)　　　　　　　　　　　　c)

图 2-6　线缺陷——刃型位错

a) 立体模型　b) 平面图　c) 示意图

(2) 螺型位错　晶体上下两个部分的原子排列面在某些区域相互吻合的次序发生错乱，使不吻合的过渡区域原子排列呈螺旋状，这种位错称为螺型位错，如图 2-7 所示。

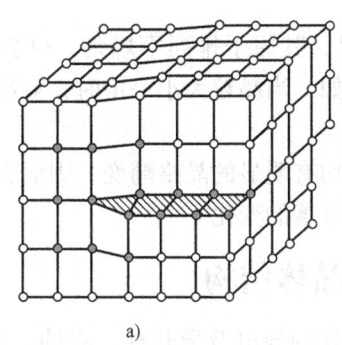 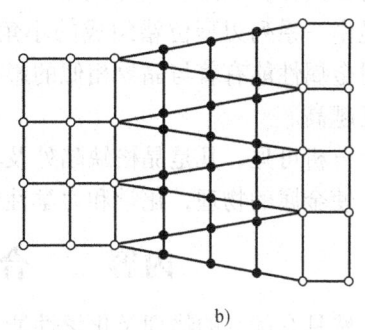

　　　　　a)　　　　　　　　　　　　　　　　b)

图 2-7　线缺陷——螺型位错

a) 立体模型　b) 平面图

由于位错的存在，会在位错线附近由于原子错排而产生晶格畸变，使位错线上方附近原子受到压应力，而其下方附近原子受到拉应力作用，离位错线越近，应力越大。因此，位错的存在以及位错的数量对金属材料的力学性能（如强度、塑性、疲劳强度等）有很大影响。例如，金属材料的塑性变形与位错的移动有关；冷变形加工后金属出现了强度提高的现象（加工硬化），就是由于位错密度的增加所致。

3. 面缺陷

面缺陷是指晶体中呈面状分布的缺陷，即在两个方向上尺寸很大，而在第三个方向上尺寸很小的缺陷。常见的面缺陷是晶界和亚晶界。

(1) 晶界　一般金属都是多晶体结构，其中两个相邻晶粒间的位向差大多为 30°~40°，故晶界是不同位向晶粒之间原子无规则排列的过渡层，如图 2-8a 所示。由于晶界处原子的不规则排列，即晶格处于畸变状态，使晶界与晶粒内部有着一系列不同的特性。例如，晶界在常温下的强度和硬度较高，在高温下则较低，且晶粒越细，常温下的强度和硬度也就越高；晶界的熔点较低；晶界处原子扩散较快等。

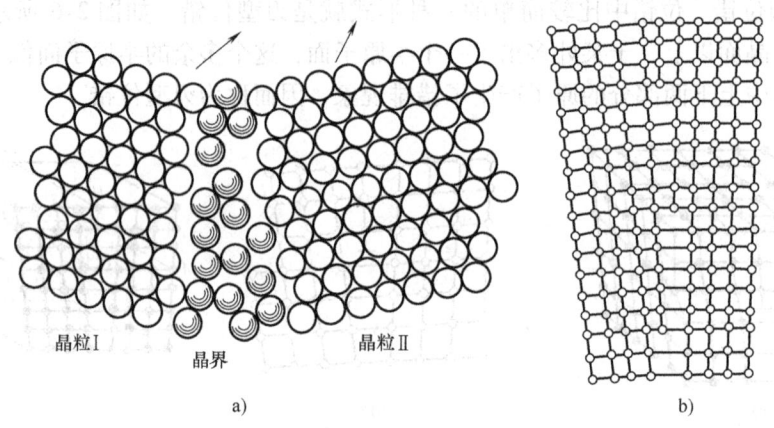

图 2-8　晶界和亚晶界
a) 晶界　b) 亚晶界

（2）亚晶界　在实际金属的每个晶粒内部，其晶格位向并不像理想晶体那样完全一致，而是存在许多尺寸很小、位向相差也很小的小晶块。这些小晶块称为亚晶粒，两个相邻亚晶粒的界面称为亚晶界，如图 2-8b 所示。

亚晶界是由一系列刃型位错组成的小角度晶界，其原子排列不规则，也会产生晶格畸变。亚晶界对金属性能有着与晶界相似的影响，例如，当晶粒大小一定时，亚组织越细，金属的屈服强度越高。

通过以上分析可见，凡是晶格缺陷处及其附近均有明显的晶格畸变，因而会引起晶格能量的提高，并使金属的物理、化学和力学性能发生显著的变化。

内容二　合金的晶体结构

纯金属虽然具有优良的物理及化学性能，如良好的导电及导热性，有的金属熔点很高，耐蚀性好，但其强度、硬度偏低，而且种类有限，制取困难，价格较高，因此纯金属在工业上的应用受到限制。机械上使用的金属材料大多是合金，如钢、普通黄铜、硬铝、铸铁等。

一、合金的基本知识

1. 合金

合金是指由两种或两种以上的金属元素（或金属与非金属元素）经熔炼、烧结或其他方法结合而成的具有金属特性的物质。例如，应用最为普遍的碳钢和铸铁是由铁和碳两种元素组成的合金；黄铜是由铜和锌组成的合金；硬铝是由铝、铜、镁组成的合金。

2. 组元

组成合金的最基本的、独立的物质叫做组元。组元通常是纯元素（金属元素或非金属元素），也可以是稳定的化合物，如 Fe_3C、TiC、$CuZn$ 等。例如，铜镍合金的组元就是铜和镍；铁铬铝合金的组元就是铁、铬、铝。根据组成合金组元数目的多少，可将合金分为二元合金（如铜镍合金）、三元合金（如铁铬铝合金）和多元合金等。

3. 合金系

给定组元后，由两个或两个以上组元按不同比例配制出一系列成分不同的合金，这一系列合金就构成一个合金系，合金系也可以分为二元合金系、三元合金系和多元合金系等。例如，铜和镍组成的一系列不同成分的合金称为铜-镍合金系，即二元合金系。

4. 相

相是指物质体系中成分一致、结构相同、并有界面隔开的独立均匀的组成部分。合金中相与相之间有明显的界面。液态物质称为液相，固态物质称为固相。同样是固相，有时物质是单相的，而有时是多相的。例如，固体纯金属大多数是单相物质，钢则是由铁素体和渗碳体两相构成的。在液态物质中也存在类似的情况，如将两种互不溶解的液体（如油和水）混合在一起时，就会形成一个有明显界面隔开的液态双相组织。

5. 组织

用肉眼或借助显微镜观察到的材料具有独特微观形貌特征的部分称为组织。组织是一个和相紧密相关的概念，是合金中不同相之间相互配合的状态。组织是合金的内部情景，还包括晶粒的大小、形状、种类以及各种晶粒之间的相对数量和相对分布，可以用肉眼或借助各种不同放大倍数的显微镜进行观察。习惯上将用放大几十倍的放大镜或用肉眼所观察到的组织称为低倍组织或宏观组织；将用放大 100~2000 倍的光学显微镜所观察到的组织称为显微组织；将用放大几千倍到几十万倍的电子显微镜观察到的组织称为电镜组织或精细组织。

二、合金的相结构

合金的性能取决于它的组织，而组织的性能又首先取决于其组成相的性能。因此，由不同相组成的组织具有不同的性能。为了了解合金的组织与性能，有必要首先了解构成合金组织的相的晶体结构（相结构）及其性能。

按合金各组元之间结合方式的不同，可将合金在固态下的相结构分为固溶体和金属化合物两大类。

多数合金组元在液态时都能互相溶解，形成均匀的液溶体。固态时由于各组分之间相互作用不同，会形成不同的组织。通常在固态时合金中会形成固溶体、金属化合物和混合物三类组织。

1. 固溶体

合金由液态结晶为固态时，一组元溶解在另一组元中，形成均匀的固相称为固溶体。固溶体的晶格类型与其中某一组元的晶格类型相同，而其他组元的晶格结构将要消失。能保持晶格结构的组元称为溶剂，晶格结构消失的组元称为溶质。因此，固溶体的晶格与溶剂的晶格相同，而溶质以原子状态分布在溶剂的晶格中。根据溶质原子在溶剂中所占位置的不同，可将固溶体分为置换固溶体和间隙固溶体两种类型。

(1) 置换固溶体　溶剂晶格中的某些结点位置的原子被溶质原子取代的固溶体称为置换固溶体，如图 2-9 所示。

溶质原子溶于固溶体中的量称为固溶体的溶解度，通常用质量分数表示。按固溶体溶解度的不同，可将置换固溶体分为有限固溶体和无限固溶体两种类型。例如，在铜镍合金中，铜与镍组成的固溶体为无限固溶体，而铜和锌、铜和锡只能形成有限固溶体。

置换固溶体中溶质在溶剂中的溶解度主要取决于两组元的晶格类型、原子半径和原子结构特点。通常两组元的原子半径差别较小，晶格类型相同，原子结构相似，则固溶体的溶解度较大。事实上，大多数合金都为有限固溶体，并且溶解度随温度升高而增大。

实验证明，当溶质元素与溶剂元素的原子直径之比小于 0.59 时，才能形成间隙固溶体。

（2）间隙固溶体　溶质原子溶入溶剂晶格之中而形成的固溶体称为间隙固溶体，如图 2-10 所示。由于溶剂晶格的间隙有限，通常形成间隙固溶体的溶质原子都是原子半径较小的非金属元素。

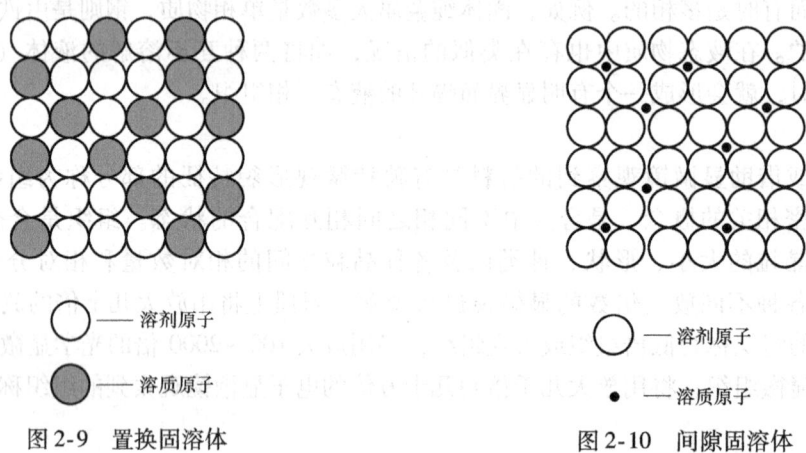

图 2-9　置换固溶体　　　　　图 2-10　间隙固溶体

无论是置换固溶体还是间隙固溶体，溶质原子的溶入都会使晶格发生畸变，原子尺寸相差越大，畸变也越大。畸变的存在使位错运动阻力增加，从而提高了合金的强度和硬度，而塑性下降，这种现象称为固溶强化。固溶强化是提高金属材料力学性能的重要途径之一。

另外，适当控制固溶体中的溶质含量，可以在显著提高金属材料的强度和硬度的同时，仍能保持相当好的塑性和韧性。因此，对综合力学性能要求较高的结构材料，都是以固溶体为基体的合金。

2. 金属化合物

合金中各组元的原子按一定比例相互作用而生成的一种新的具有金属特性的物质称为金属化合物。金属化合物一般具有复杂的晶体结构，它的晶格类型和性能完全不同于任一组元，一般可用化学分子式表示，如 Fe_3C、VC、TiC、CuZn 等。其中 Fe_3C 的晶格既不同于铁的体心立方晶格，也不同于石墨的六方晶格，而是一种复杂的八面体晶格形式。

根据形成条件及结构特点不同，常见的金属化合物有以下三种类型：

（1）正常价化合物　正常价化合物是指严格遵守原子价规律的化合物，它们是由元素周期表中相距较远，电化学性质相差较大的元素组成的。

（2）电子化合物　电子化合物是指不遵守原子价规律，但是具有一定的电子浓度（化合物中总价电子数与总原子数之比）的化合物。电子化合物的晶体结构与电子浓度有一定的对应关系。

（3）间隙化合物　间隙化合物是指由过渡族金属元素与原子半径较小的碳、氮、氢、硼等非金属元素形成的化合物。尺寸较大的金属元素原子占据晶格的结点位置，尺寸较小的非金属元素原子则有规律地嵌入晶格的间隙中。

金属化合物具有熔点高、硬度高、脆性大的特点。当合金中出现金属化合物时，可提高合金的强度、硬度和耐磨性，但会降低塑性和韧性。金属化合物是各类合金钢、硬质合金及许多非铁金属合金的重要组成部分。钢中常见金属化合物的硬度及熔点见表 2-2。

表 2-2　钢中常见金属化合物的硬度及熔点

分子式	TiC	ZrC	VC	NbC	TaC	WC	MoC	Fe_3C
硬度 HV	2850	2840	2010	2050	1550	1730	1480	~800
熔点/℃	3080	3472±20	2650	3608±50	3983	2785±5	2527	1227

3. 混合物

合金中由不同的相组成的物质称为混合物，即两种或两种以上的相按一定的体积分数组成的物质。

（1）混合物的晶格特点　混合物中的各组元在固态下既互不溶解，又不形成化合物，而是按一定的质量比例以混合方式存在着。混合物中的组成部分可以是纯金属、固溶体或化合物，各组成相之间既不溶解，也不化合，仍然保持各自的晶格结构。

（2）混合物的性能特点　混合物的性能主要取决于各组成相的性能及它们的分布状态、数量及大小，并由其各自的形状、大小、数量及分布而定。混合物比单一的固溶体或金属化合物具有更高的综合性能，通过调整混合物中各组成相的数量、大小、形态和分布状况，可以使合金的力学性能在较大范围内变化，以满足工程上对材料的多种需求。

内容三　金属的结晶

工业上使用的金属材料通常要经过液态和固态的制造过程，如制造机械零件的钢材要经过冶炼、铸造、轧制、锻造、机械加工和热处理等工艺过程。

金属与合金由液态转变为固态时，其原子由不规则排列的液体状态逐步过渡到规则排列的晶体状态的过程称为结晶。金属与合金在结晶时所形成的组织（铸态组织）不仅影响其铸态性能，而且还影响随后经过一系列加工后材料的性能。因此，研究并控制金属与合金的结晶过程，对改善金属与合金的性能，具有重要的意义。

一、纯金属结晶的条件

纯金属结晶是指金属从液态转变为晶体状态的过程。纯金属都有一定的熔点，在理想条件下，在熔点温度时液体和固体共存，这时液体中的原子结晶到固体中的速度与固体中的原子溶入到液体中的速度相等，此状态称为动态平衡。金属的熔点又称为理论结晶温度，或平衡结晶温度。但是，在实际条件下，液体金属都必须在低于该金属的理论结晶温度才能结晶。通常把液体冷却到低于理论结晶温度结晶的现象称为过冷。因此，使液态纯金属能顺利结晶的条件是它必须过冷。把理论结晶温度与实际结晶温度的差值称为过冷度，过冷度的大小可采用热分析法进行测定。

热分析法的装置简图如图 2-11 所示。

热分析法的过程是：在液态金属的缓慢冷却过程中，每隔一定时间测量一次温度，直到冷却至室温，再将测量结果标注在温度-时间坐标系上即绘制出金属的冷却曲线。可见，冷

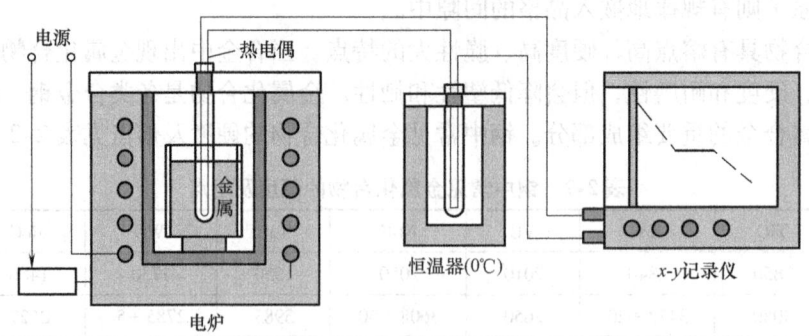

图 2-11　热分析法装置简图

却曲线是一条温度随时间而变化的曲线。

由图 2-12 所示的冷却曲线可以看出,液态金属随着冷却时间的延长,温度将不断下降。但冷却到某一温度 T_0 时,冷却时间虽然仍在延长,但温度并不下降,在冷却曲线上出现了一个水平线段,这个水平线段所对应的温度就是纯金属进行结晶的温度。出现水平线段的原因,是由于结晶时释放出的结晶潜热补偿了向外界散失的热量。结晶完成后,由于金属继续向周围散失热量,故温度又重新下降。

在极其缓慢的冷却条件下测得的金属结晶温度称为理论结晶温度 (T_0)。但在实际生产中,金属由液态结晶为固态时都有较大的冷却度,此时金属要在理论结晶温度以下的某一温度才开始进行结

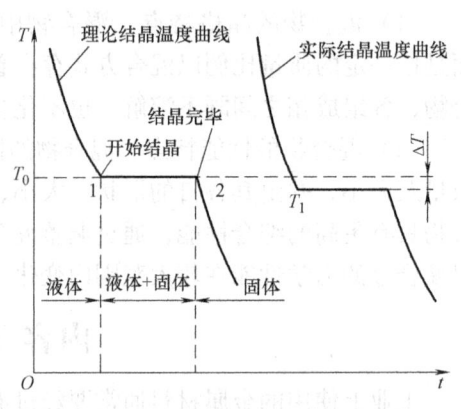

图 2-12　结晶时的冷却曲线及过冷度

晶,这一温度称为实际结晶温度 (T_1)。理论结晶温度与实际结晶温度之差 ($T_0 - T_1$),称为过冷度,用 ΔT 表示,即 $\Delta T = T_0 - T_1$。

实践证明,金属总是在一定的过冷度下结晶的,过冷是结晶的必要条件。金属结晶时的冷却速度越大,过冷度就越大,金属的实际结晶温度就越低。

二、纯金属的结晶过程

纯金属的结晶过程是在冷却曲线上的平台所经历的这段时间内发生的。液态金属结晶是通过晶核的形成和晶核长大这两个密切联系的基本过程来实现的,其结晶过程可用图 2-13 来描述。

1. 晶核形成

晶核的形成有两种方式,即自发形核和非自发形核。

在液态金属中存在着大量尺寸不同的短程有序的原子集团,这些原子集团称为晶坯。在理论结晶温度以上时,这些晶坯是不稳定的;当温度降到 T_0 以下并且过冷度达到一定程度后,液体具备了结晶条件,液体中那些超过一定尺寸(大于临界尺寸)的短程有序的原子集团不再消失,而是成为结晶的核心,这种从液体内部自发生成结晶核心的方式叫做自发形核。

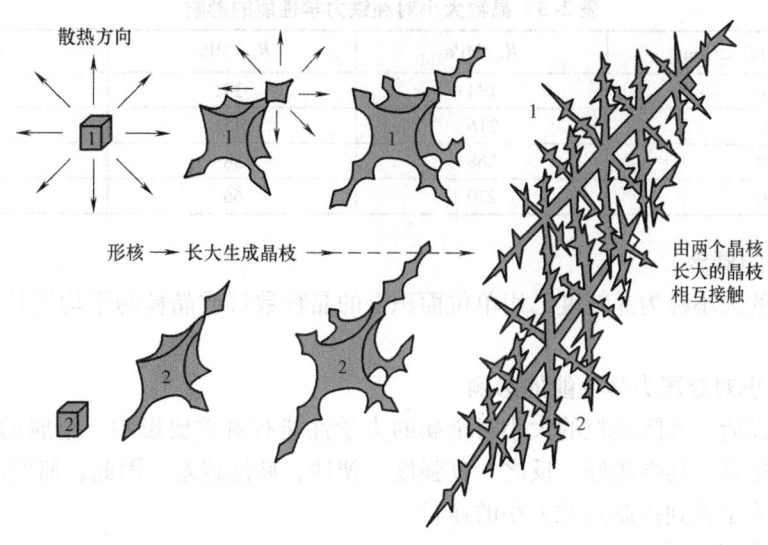

图 2-13 金属结晶过程示意图

过冷度越大,金属由液态转变为固态时生成的自发晶核数目越多。但是,当过冷度过大或温度过低时,由于原子的活动能力太低,生成晶核所需的原子扩散受阻,形核的速率反而减小,故形核率与过冷度有关。

在实际金属的结晶中,液态金属中总是不可避免地含有一些杂质,杂质的存在常常促使金属原子在其表面形核。此外,液态金属总是与锭模内壁相接触,于是晶核就依附于这些现成的固体表面形成,这种依靠外来质点作为结晶核心的方式称为非自发形核。

2. 晶核长大

晶核长大的实质是原子由液体向固体表面的转移过程。纯金属结晶的晶核长大方式主要有两种:一种是平面长大方式,另一种是枝晶长大方式。晶体长大方式取决于冷却条件,同时也受晶体结构及杂质含量的影响。

当过冷度较小时,晶核主要以平面长大方式进行,晶核各表面的长大速度遵守表面能最小的法则,即晶核长成的规则形状应使总的表面能趋于最小。晶核沿不同方向的长大速度是不同的,以沿原子最密排面垂直方向的长大速度为最慢,这时表面能增加缓慢。所以,平面长大的结果使晶核获得表面为原子最密排面的规则形状。

晶核以树枝状方式长大的原因是:①在晶核长大过程中释放出结晶潜热,晶粒棱角处散热较快,因而长大速度快,成为深入到液体中的枝晶;棱角处缺陷较多,从液体中转移过来的原子容易固定,有利于枝晶的生长;②晶核以枝晶方式生长,表面积大,便于从液体中获得生长所需的原子。实际上,晶核长大的过程受冷却速度、散热条件及杂质的影响,如果控制住这些影响因素,就可控制晶粒的长大方式,最终可控制晶体的组织和性能。

三、晶粒大小及其控制

金属结晶以后,获得由大量晶粒组成的多晶体。对金属材料而言,晶粒的大小与其强度、塑性具有密切关系。晶粒大小对纯铁力学性能的影响见表2-3。工程上通过控制金属结晶的过程来细化晶粒,这对改善金属材料的力学性能具有重要意义。

表 2-3　晶粒大小对纯铁力学性能的影响

晶粒平均直径 $d/\mu m$	R_m/MPa	R_{eL}/MPa	A（%）
70	184	34	30.5
25	216	45	39.5
2.0	268	58	48.8
1.6	270	66	50.7

1. 晶粒度的概念

金属晶粒的大小称为晶粒度，用单位面积上的晶粒数目或晶粒的平均线长度（或直径）来表示。

2. 晶粒大小对金属力学性能的影响

金属结晶以后，实际晶粒的大小对金属的力学性能有着重要影响。金属的晶粒越细小，其强度越高，塑性、韧性越好；反之，其强度、塑性、韧性越差。因此，研究液态金属的结晶过程，就是为了找到控制晶粒大小的途径。

3. 细化晶粒的方法

由金属的结晶过程可知，结晶后晶粒的大小与晶核数目和长大速度有关。形核率越高，长大速度越慢，则结晶后的晶粒越细小。因而在生产中，一般通过提高形核率并控制晶粒长大速度的方法来细化晶粒。在铸造生产中为了得到细晶粒的铸件，常采取以下几种方法：

（1）增加过冷度　金属在结晶过程中过冷度越大，晶粒越细。薄壁铸件的晶粒较细，厚大的铸件往往是粗晶；铸件外层的晶粒较细，心部则是粗晶。

金属结晶时，随着过冷度的增加，形核率和长大速率均增加，但增加的程度有所不同，如图 2-14 所示。在实际生产中，液态金属在能达到的过冷范围内，形核率的增长速度比长大速率的增长要快。

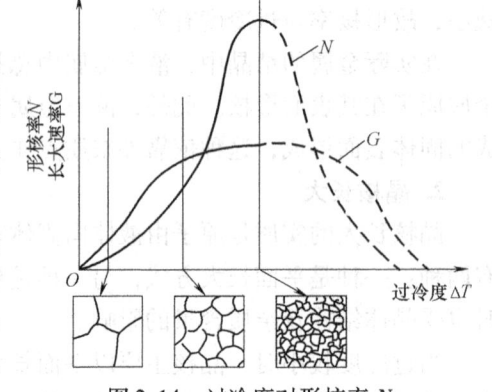

图 2-14　过冷度对形核率 N 和长大速率 G 的影响

（2）变质处理　在浇注前向液态金属中加入某种元素或化合物（称为变质剂），由它形成的微粒起到非自发结晶核心的作用，可以提高形核率或降低长大速度，使晶粒变细。例如，在钢中加入钛、硼、铝等，在铸铁中加入硅铁、钙铁等，均能起到细化晶粒的作用。

（3）振动处理　金属在结晶时，对液态金属采取机械振动、超声波振动和电磁振动等措施，使生长中的枝晶破碎、折断而细化，而且破碎的细小枝晶又可作为新的结晶核心，从而达到提高形核率、阻碍晶粒长大的双重目的。

四、金属的同素异构转变

大多数金属的晶格类型都是固定不变的，但是铁、锰、锡、钛等金属的晶格类型却会随着温度的升高或降低而发生变化。

在固态下，金属随温度的改变由一种晶格转变为另一种晶格的现象称为金属的同素异构转变。

图 2-15 所示为纯铁的冷却曲线，由图可知，液态纯铁在 1538℃时开始结晶，得到具有体心立方晶格的 δ-Fe，继续冷却到 1394℃时发生同素异构转变，δ-Fe 转变为具有面心立方晶格的 γ-Fe，再冷却到 912℃，γ-Fe 转变为具有体心立方晶格的 α-Fe，如再继续冷却到室温，晶格类型将不再发生变化。

金属的同素异构转变也是一种结晶过程，故又称为重结晶。铁的同素异构转变是钢铁能够进行热处理的重要因素。

同素异构转变是金属材料的一个重要特性，这一转变过程具有如下特点：

1) 同素异构转变是由晶核的形成和晶核的长大两个基本过程来完成的，新晶核优先在原晶界处生成。

2) 同素异构转变时有过冷（或过热）现象，具有较大的过冷度。

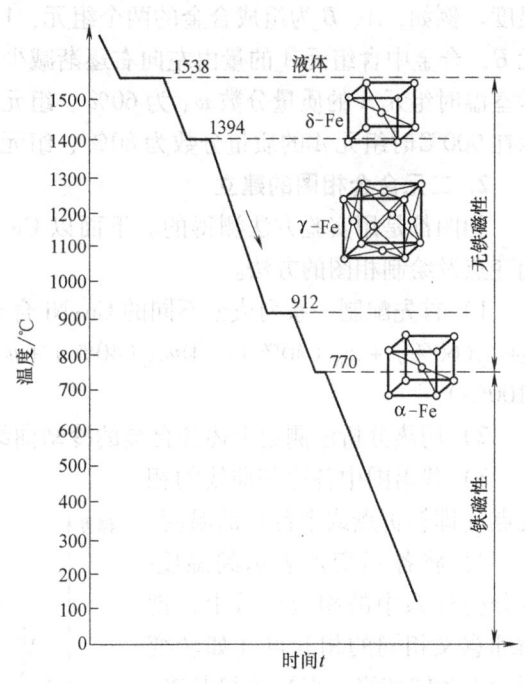

图 2-15 纯铁的冷却曲线图

3) 在同素异构转变过程中有结晶潜热产生，在冷却曲线上出现水平线段，但这种转变是在固态下进行的，它与液体结晶相比仍有不同之处。

4) 同素异构转变时常伴有金属的体积变化等。

五、合金的结晶

合金的结晶过程同纯金属一样，也遵循形核与长大的基本规律，但由于合金成分中包含有两个以上的组元，使其结晶过程比纯金属复杂得多。为了研究合金的结晶过程特点以及合金组织、成分与性能之间的关系，必须利用合金相图这一重要工具。

合金相图以温度为纵坐标，以成分为横坐标，表示在平衡状态下合金的组成相、温度和成分之间的关系。根据相图可以了解合金系中不同成分的合金在不同温度下的组成相，还可以了解合金在缓慢加热和冷却过程中的相变规律。

在生产实践中，相图可以作为正确制订铸造、锻压、焊接及热处理工艺的重要依据。

1. 二元合金相图的表示方法

纯金属只用一个表示温度的纵坐标，即可把其在不同温度下的组织状态表示出来。而对于二元合金系，除了温度变化以外，还有成分的变化，因此需要采用两个纵坐标轴来表示二元合金相图，如图 2-16 所示。在相图上，横坐标表示合金的成分，纵坐标表示

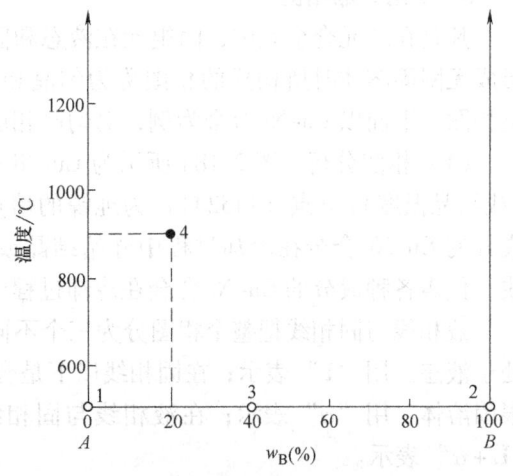

图 2-16 二元合金相图的坐标

温度。例如,A、B为组成合金的两个组元,1点为室温时的纯组元A,2点为室温时的纯组元B,合金中含组元A的量由左向右逐渐减少,含组元B的量则由左向右逐渐增加。3点表示室温时组元A的质量分数w_A为60%、组元B的质量分数w_B为40%的二元合金;4点表示在900℃时组元A的质量分数为80%、组元B的质量分数为20%的二元合金。

2. 二元合金相图的建立

相图都是用实验方法测得的。下面以Cu-Ni二元合金为例,说明用热分析法测定合金相变点及绘制相图的方法。

1) 首先配制一系列成分不同的Cu-Ni合金:①$w_{Cu}(100\%)$;②$w_{Cu}(80\%)+w_{Ni}(20\%)$;③$w_{Cu}(60\%)+w_{Ni}(40\%)$;④$w_{Cu}(40\%)+w_{Ni}(60\%)$;⑤$w_{Cu}(20\%)+w_{Ni}(80\%)$;⑥$w_{Ni}(100\%)$。

2) 用热分析法测定上述各合金的冷却曲线,如图2-17a所示。

3) 找出图中各冷却曲线的相变点(即转折点或平台)的温度。

4) 将各相变点表示到温度-成分坐标系中的相应位置上,把物理意义相同的相变点(如转变开始点和转变终了点)连接起来,就得到Cu-Ni合金相图。如图2-17b所示。

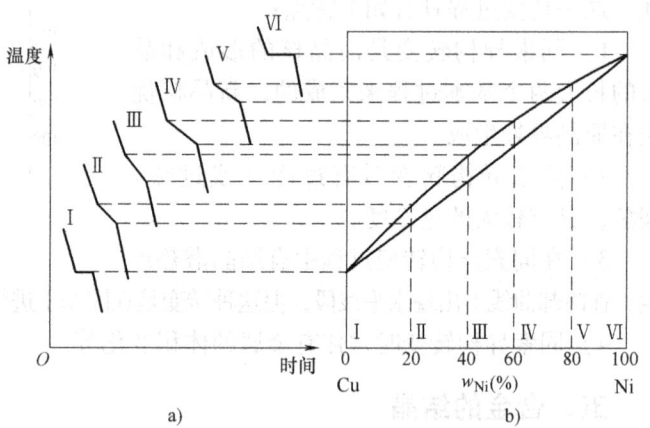

图2-17 用热分析法测定Cu-Ni合金相图
a) 冷却曲线 b) 合金相图

从上述测定相图的方法可知,配制的合金数越多,所用的金属纯度越高,热分析时冷却速度越缓慢,则所测定的合金相图就越精确。Cu-Ni合金相图是比较简单的相图,而多数合金的相图是比较复杂的,但是任何复杂的相图都是由若干简单的基本相图组成的。下面介绍两种基本的二元合金相图,即匀晶相图和共晶相图。

3. 二元匀晶相图

凡是在二元合金系中,两组元在液态和固态下均可以任何比例相互溶解,且在固态下能形成无限固溶体时所构成的相图称为匀晶相图,Cu-Ni、Fe-Cr、Au-Ag等合金系都属于这类相图。下面以Cu-Ni合金为例,对匀晶相图进行分析。

(1) 相图分析 图2-18a所示为Cu-Ni合金相图,图中a点(1083℃)为纯铜的熔点(或结晶温度);c点(1452℃)为纯镍的熔点(或结晶温度)。a1c线为液相线,代表各种成分的Cu-Ni合金在冷却过程中开始结晶或在加热过程中熔化终了的温度;a2c线为固相线,代表各种成分的Cu-Ni合金在冷却过程中结晶终了或在加热过程中开始熔化的温度。

液相线与固相线把整个相图分为三个不同的相区,在液相线以上是单相的液相区,合金处于液态,用"L"表示;在固相线以下是合金的固态区,该区域为Cu与Ni组成的单相无限固溶体,用"α"表示;在液相线与固相线之间是液、固两相共存区(即结晶区),用"L+α"表示。

(2) 合金冷却过程分析 由于Cu、Ni两组元能以任何比例形成单相固溶体,因此,任

第一单元 金属材料的基础知识　　37

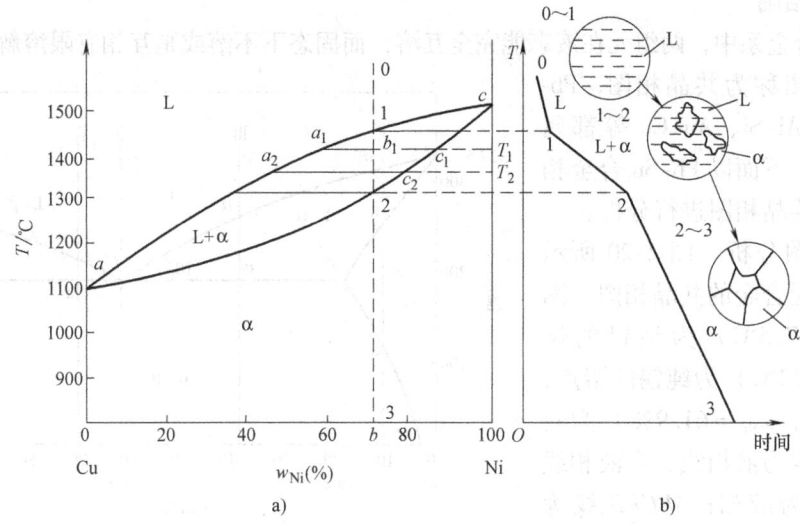

图 2-18　Cu-Ni 合金相图及冷却曲线示意图

何成分的 Cu-Ni 合金的冷却过程都相似。

现以 w_{Ni} = 70% 的 Cu-Ni 合金为例分析其结晶过程，如图 2-18b 所示。w_{Ni} = 70% 的 Cu-Ni 合金成分的垂线（图 2-18a 中的虚线）与液相、固相线分别交于 1、2 点，当合金温度在 1 点以上时，合金为液相 L；当液态合金缓慢冷却到 1 点时，开始从液相中结晶出固溶体 α 相，随着温度下降，α 相的量不断增多，剩余液相的量不断减少；当合金温度缓冷至 2 点时，液相消失，结晶结束，合金全部转变为 α 相；温度继续下降时，合金组织不再发生变化。

(3) 枝晶偏析　在实际生产条件下，合金的冷却速度一般比较快，其扩散过程远远赶不上结晶过程，合金成分来不及均匀化。因此，先结晶的晶体总是含有较多的高熔点组元，后结晶的晶体含有较多的低熔点组元，这种晶体中化学成分不均匀的现象称为枝晶偏析。图 2-19 所示为 Cu-Ni 合金铸件的枝晶偏析。

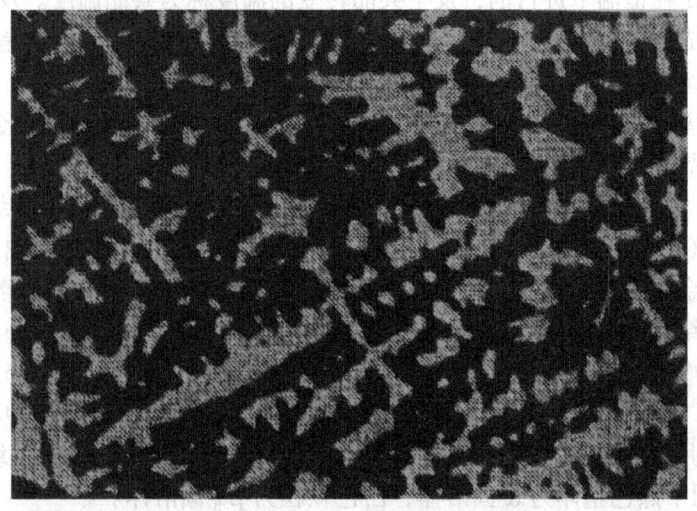

图 2-19　Cu-Ni 合金铸件的枝晶偏析

4. 共晶相图

在二元合金系中，两组元在液态能完全互溶，而固态下不溶或是互相有限溶解，并发生共晶转变的相图称为共晶相图，Pb-Sn、Pb-Sb、Al-Si、Au-Cu 等都属于这类相图。下面以 Pb-Sn 合金相图为例，对共晶相图进行分析。

（1）相图分析　图 2-20 所示为 Pb-Sn 二元合金的共晶相图，图中 A 点（327.5℃）为纯铅的熔点，B 点（232℃）为纯锡的熔点，C 点（183℃，$w_{Sn}=61.9\%$）为共晶点。ACB 线为液相线，在液相线以上合金均为液相；$AECFB$ 线为固相线，在固相线以下合金均为固相。α 和 β 是 Pb-Sn 合金在固态时

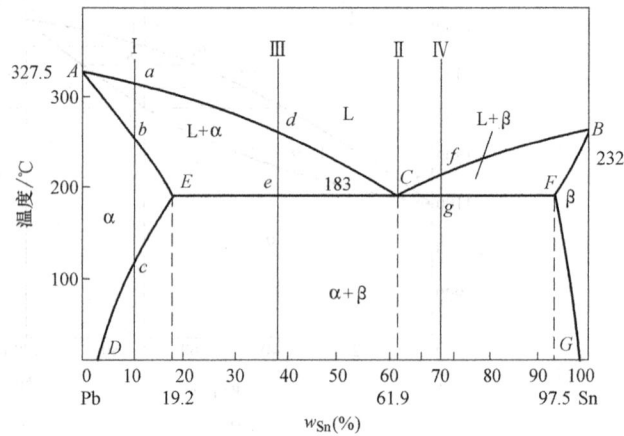

图 2-20　Pb-Sn 二元合金的共晶相图

的两个基本组成相，α 是锡溶于铅中所形成的固溶体，β 是铅溶于锡中所形成的固溶体。E 点（183℃，$w_{Sn}=19.2\%$）和 F 点（183℃，$w_{Pb}=2.5\%$）分别为锡溶于铅中和铅溶于锡中的最大溶解度。ED 线、FG 线分别表示锡在铅中和铅在锡中的溶解度曲线，也称为固溶线，表示在固态下铅与锡的相互溶解度随温度的降低而逐渐减小。

在相图中包含有三个单相区，即液相区 L、α 相区和 β 相区；三个两相区，即 L+α、L+β 和 α+β；一个三相共存（L+α+β）的水平线 ECF。凡成分位于 E、F 两点之间的合金，当温度降至 ECF 线时，其剩余液相的成分均会变为 C 点的成分，此时液相将同时结晶出成分为 E 点的 α 固溶体和成分为 F 点的 β 固溶体，其反应式为

$$L_C \xrightarrow{183℃} (\alpha_E + \beta_F)$$

这种在一定温度下，由一定成分的液相同时结晶出两种成分不同的固相的转变称为共晶转变。共晶转变是在恒温下进行的，发生共晶转变的温度称为共晶温度。发生共晶转变的成分是一定的，该成分（C 点成分）称为共晶成分，C 点称为共晶点，由共晶转变得到的两相混合物称为共晶组织或共晶体，ECF 线称为共晶线。

（2）合金冷却过程分析　在 Pb-Sn 相图中 C 点成分的合金称为共晶合金；E~C 点之间的合金称为亚共晶合金；C~F 点之间的合金称为过共晶合金。

现以图 2-20 中所给出的四个典型合金为例，分析其冷却过程和显微组织。

1）合金 I（E~D 点之间的合金）。图 2-21 所示为这类合金的冷却曲线及结晶过程示意图，当液态合金缓慢冷却到 a 点时，从液相中开始结晶出锡溶于铅的固溶体 α；冷却到 b 点时，合金全部结晶为固溶体 α，这一过程就是匀晶结晶的过程；在 b~c 点之间，α 固溶体不发生变化；冷却到 c 点时，锡在铅中的溶解度达到饱和；温度下降到 c 点以下时，多余的锡以 β 固溶体（为了区别从液相中结晶出的 β 固溶体，把从 α 固溶体中析出的 β 固溶体称为二次 β 相，用 $β_{II}$ 表示）形式从 α 固溶体中析出，合金在室温时的组织为 α+$β_{II}$，如图 2-22 所示，图中黑色基体为 α 固溶体，白色颗粒为 $β_{II}$ 固溶体。

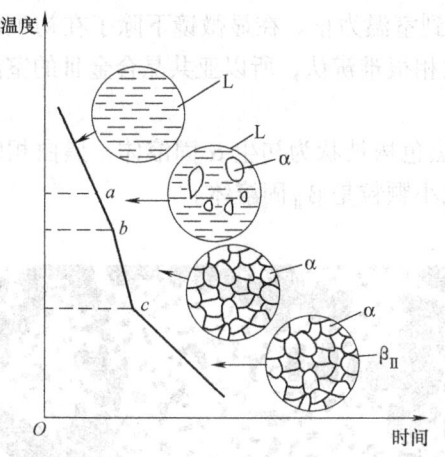 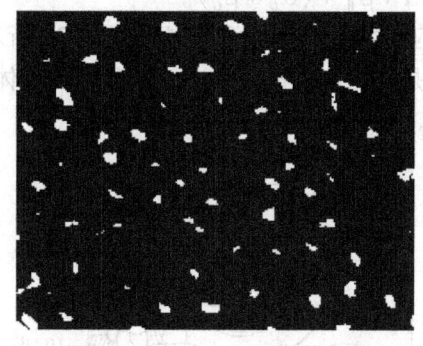

图 2-21　合金 I 的结晶过程示意图　　　　图 2-22　合金 I 的显微组织

成分位于 $E \sim D$ 点之间的所有合金，其结晶过程均与合金 I 相似，室温下的显微组织都是由 $\alpha + \beta_{II}$ 组成。

2）合金 II（C 点合金）。图 2-23 所示为合金 II 的冷却曲线及结晶过程示意图，当合金由液态缓慢冷却到 C 点（183℃）时，由于 C 点是两条液相线 AC 和 BC 的交点，故液相同时结晶出 α_E 和 β_F 两种固溶体（共晶体），即发生共晶转变。由于共晶转变是在恒温下同时结晶出两种固相，这两种固相均得不到充分长大，故组织中的两种固相都比较细小，且呈片层状交替分布。

在 C 点温度以下，液相完全消失，共晶转变结束。合金 II 的室温组织为共晶体（$\alpha_D + \beta_G$），其显微组织如图 2-24 所示，图中黑色为 α 固溶体，白色为 β 固溶体。

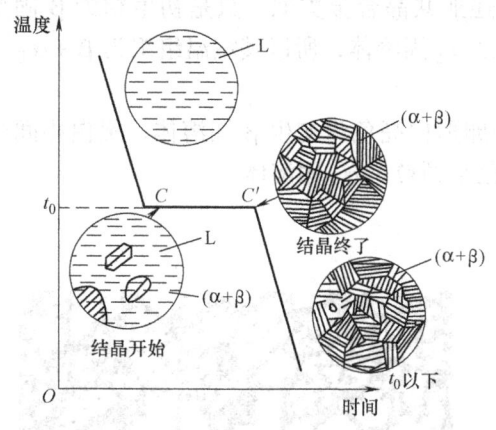 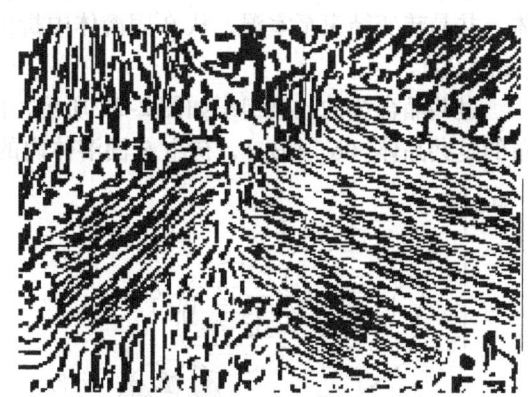

图 2-23　合金 II 的结晶过程示意图　　　　图 2-24　合金 II 的显微组织

3）合金 III（$C \sim E$ 点之间的合金）。图 2-25 所示为合金 III 的冷却曲线及结晶过程示意图，当合金由液态缓慢冷却到 d 点时，开始从液相中结晶出 α 固溶体，温度降至 e 点（183℃）时，α 固溶体的成分为 E 点成分，而剩余液相的成分达到 C 点成分（共晶成分），发生共晶转变，此转变一直进行到剩余液相全部转变成共晶组织为止，此时合金由初生相 α 固溶体和共晶体（$\alpha_E + \beta_F$）所组成；冷却到 e 点以下时，由于 α 固溶体溶解度的降低，从 α 固溶体（包括初生的固溶体和共晶组织中的固溶体）中不断析出 β_{II}，而从 β 固溶体（共晶组织中的β固溶体）中不断析出$α_{II}$固溶体，直到室温为止。在显微镜下除了在初生的固溶体中可观察到共晶体外，由共晶体中析出的二次相很难辨认，所以亚共晶合金Ⅲ的室温组织为$α+β_{II}+(α_D+β_G)$。

亚共晶合金的显微组织如图2-26所示，图中黑色树枝状为初生α固溶体，黑白相间分布的是共晶体（$α_D+β_G$），初生α固溶体内的白色小颗粒是$β_{II}$固溶体。

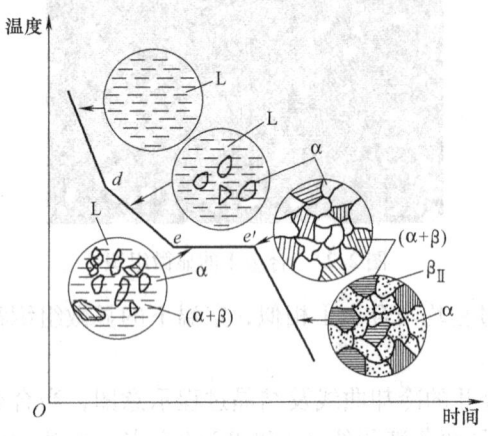 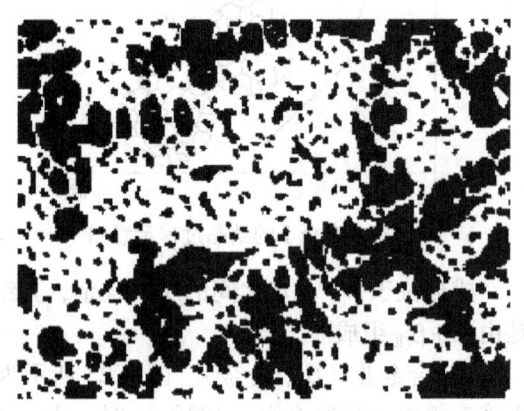

图2-25　合金Ⅲ的结晶过程示意图　　　　　图2-26　合金Ⅲ的显微组织

凡成分在$C \sim E$点之间的亚共晶合金，其冷却过程都与合金Ⅲ相似，室温组织都是由$α+β_{II}+(α_D+β_G)$所组成，所不同的只是成分越接近共晶成分，组织中的共晶体（$α_D+β_G$）量越多，而初生α量越少。

4）合金Ⅳ（$C \sim F$点之间的合金）。图2-27所示为合金Ⅳ的冷却曲线及结晶过程示意图。过共晶合金冷却过程的分析方法和步骤与上述亚共晶合金类似，只是初生相为β固溶体，共晶转变结束至室温，从β固溶体中析出的是$α_{II}$固溶体，所以其室温组织为$β+α_{II}+(α_D+β_G)$。

过共晶合金的显微组织如图2-28所示，图中卵形白亮色为初生β固溶体，黑白相间分布的是共晶体（$α_D+β_G$），初生β固溶体内的黑色小颗粒是$α_{II}$固溶体。

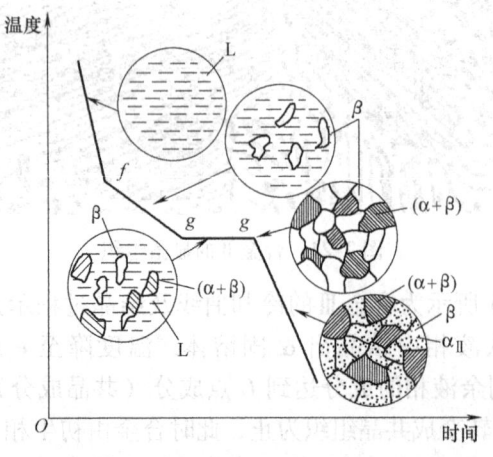 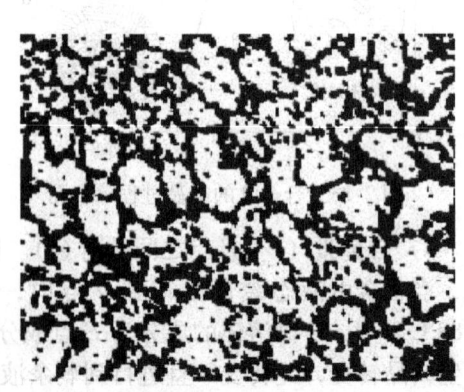

图2-27　合金Ⅳ的结晶过程示意图　　　　　图2-28　合金Ⅳ的显微组织

凡成分在 $C \sim F$ 点之间的过共晶合金,其冷却过程都与合金Ⅳ相似,室温组织都是由 $\beta + \alpha_{II} + (\alpha_D + \beta_G)$ 所组成,所不同的只是成分越接近共晶成分,组织中的共晶体 $(\alpha + \beta)$ 量越多,而初生相 β 量越少。

模块小结

本模块主要介绍了纯金属及其合金的结构及结晶过程。金属材料之所以具有不同的力学性能,是因为不同的金属材料其内部的结构不同。

1) 金属材料都是晶体,绝大多数金属晶体的晶格为体心立方晶格、面心立方晶格和密排六方晶格这三种结构。

2) 实际金属材料都是多晶体,即由许多不规则的、颗粒状的小晶体(晶粒)组成。

3) 晶体缺陷按几何形态分为点缺陷、线缺陷和面缺陷。三种晶体缺陷都会造成晶格畸变,使变形抗力增大,从而提高材料的强度、硬度。

4) 金属结晶的必要条件是过冷,金属的结晶过程由形核与长大两个基本过程组成。通过控制形核、长大速度及过冷度可调整晶粒大小。

5) 金属结晶后的晶粒大小对金属的力学性能影响很大。一般情况下,晶粒越细小,金属的强度和硬度越高,塑性和韧性越好。细化晶粒是金属材料强韧化的有效途径。

6) 通过配制各种不同成分的合金,可以有效地改变金属材料的结构、组织和性能,满足人们对金属材料更高的力学性能和某些特殊的物理及化学性能的要求。

7) 根据合金中不同的晶体结构特征,合金的基本相结构可分为固溶体、金属化合物和混合物三种类型。

8) 固溶强化、细晶强化是强化金属材料的重要措施之一。

思考与练习

1. 晶体有哪些特点?
2. 常见金属的晶格类型有哪几种?并说明各自的结构特点。
3. 什么叫点缺陷、线缺陷和面缺陷?
4. 举例说明什么叫合金?什么叫合金系?
5. 什么叫固溶体?根据溶质原子在溶剂中所占位置的不同,固溶体可分为哪两种?
6. 晶粒大小对金属材料的性能有何影响?
7. 什么叫同素异构转变?说明纯铁的同素异构转变过程。

模块三 铁碳合金

【任务描述】

铁碳合金是以铁和碳为基本元素的合金,是现代机械制造业中应用最为广泛的金属材料。本模块主要介绍铁碳合金的成分、组织和性能之间的关系。

【学习目标】

1) 掌握铁碳合金的基本组织与性能。
2) 理解 Fe-Fe_3C 相图特性点、特性线的含义。
3) 了解典型铁碳合金的结晶过程和组织变化。
4) 明确 Fe-Fe_3C 相图的实际应用。

内容一 铁碳合金的基础知识

一、铁碳合金的组元

1. 铁

铁是过渡族金属元素,其熔点或凝固点为1538℃,相对密度为7.87g/cm^3。

(1) 纯铁的化学成分 工业纯铁中铁的质量分数一般为99.8%~99.9%,常含有0.1%~0.2%的杂质。

(2) 纯铁的力学性能 工业纯铁的力学性能如下:

1) 抗拉强度 R_m = 180~280MPa。
2) 屈服强度 R_{eL} = 100~170MPa。
3) 断后伸长率 A = 30%~50%。
4) 断面收缩率 Z = 70%~80%。
5) 冲击韧度 a_K = 160~200J/cm^2。

(3) 纯铁的用途 工业纯铁的塑性、韧性较好,但强度很低,因此很少作为结构材料使用。但纯铁具有很高的磁导率,主要用途是利用其铁磁性,制作仪器仪表的铁磁心等要求软磁性的设备。

2. Fe_3C

Fe_3C 是 Fe 与 C 的一种具有复杂结构的化合物。

(1) Fe_3C 中碳的质量分数 Fe_3C 中碳的质量分数为6.69%。

(2) Fe_3C 的力学性能 Fe_3C 的力学性能如下:

1) 抗拉强度 R_m = 30MPa。
2) 冲击韧度 a_K = 0。
3) 断后伸长率 A = 0。
4) 断面收缩率 Z = 0。

二、铁碳合金的基本组织与性能

纯铁具有较好的塑性,但强度太低,不能用来制作机械零件。在纯铁中加入少量的碳,会使强度和硬度明显提高,其原因是铁和碳相互作用而形成了不同的合金组织。

在液态铁碳合金中,铁和碳可以无限互溶;在固态铁碳合金中,铁和碳的相互作用有两种:一种是碳原子溶解到铁的晶格中形成固溶体,如铁素体与奥氏体;另一种是铁和碳按一定比例相互作用形成金属化合物,如渗碳体。铁碳合金中的基本组织有五种,即铁素体、奥氏体、渗碳体、珠光体、莱氏体。

1. 铁素体

铁素体是碳溶于 α-Fe 中形成的固溶体,用符号"F"表示,它仍保持 α-Fe 的体心立方晶格。由于体心立方晶格的原子间隙很小,因而 α-Fe 的溶碳能力很低,并且随温度的不同而变化,在727℃时溶解度最大达到 0.0218%,在室温时溶解度仅为 0.008%。铁素体是室温下铁碳合金的基本相。

铁素体的含碳量很低,其性能几乎与纯铁相似,即强度、硬度不高(R_m = 180 ~ 280MPa,R_{eL} = 100 ~ 170MPa,硬度为50 ~ 80HBW),但具有良好的塑性和韧性(A = 40% ~ 50%,a_K = 160 ~ 200J/cm^2)。铁素体的金相组织几乎与纯铁相同,为均匀明亮的多边形晶粒组织,晶界曲折,如图3-1所示。

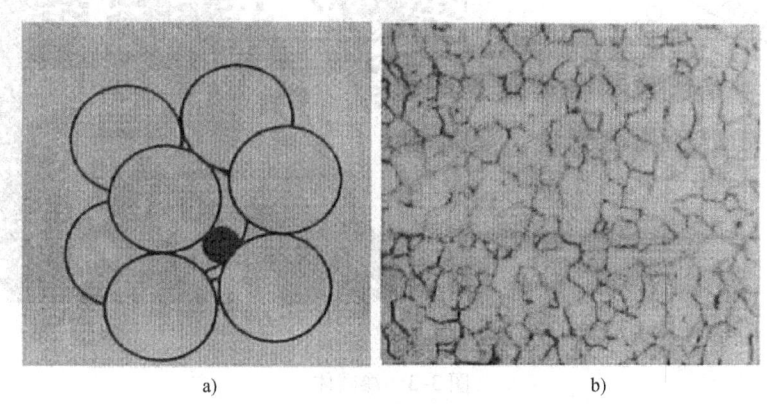

图 3-1 铁素体
a) 晶胞示意图 b) 显微组织

2. 奥氏体

奥氏体是碳溶于 γ-Fe 中形成的固溶体,用符号"A"表示,它仍保持 γ-Fe 的面心立方晶格。由于面心立方晶格的原子间隙比体心立方晶格的大,因此 γ-Fe 的溶碳能力比 α-Fe 的要大些。在1148℃时,γ-Fe 的溶解度最大,碳的质量分数达到2.11%。随着温度下降,溶解度降低,至727℃时碳的质量分数为0.77%。奥氏体是铁碳合金的高温基本相,稳定地存在于727℃以上。

奥氏体的力学性能与其溶碳量及晶粒大小有关,一般奥氏体的强度和硬度较低(R_m ≈ 400MPa,硬度为160 ~ 200HBW),而塑性和韧性较高(A ≈ 40% ~ 50%),易于锻压加工成形,特别适合于高温塑性加工。

奥氏体的金相组织呈现多边形特征,其晶界较铁素体平直,如图3-2所示。

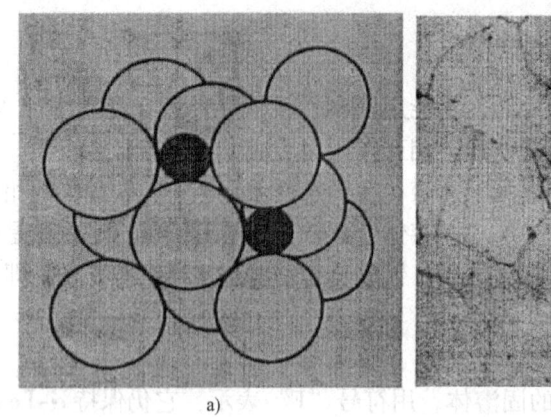
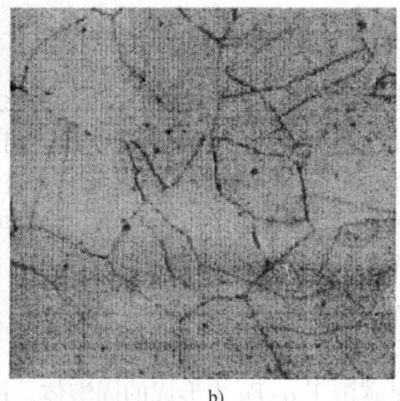

图 3-2 奥氏体
a) 晶胞示意图 b) 显微组织

3. 渗碳体

渗碳体是铁和碳形成的化合物,分子式为"Fe_3C"。渗碳体具有复杂的晶体结构,如图 3-3 所示。渗碳体中碳的质量分数为 6.69%,熔点为 1227℃,属于硬脆相,具有很高的硬度(950~1050HV),而塑性极差(接近于零)。

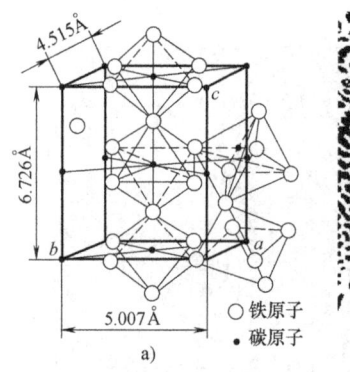
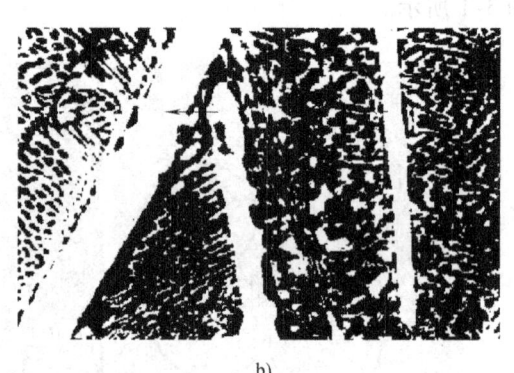

图 3-3 渗碳体
a) 晶格结构 b) 显微组织

钢中碳含量越高,渗碳体比例越高,则强度、硬度越高,塑性、韧性越低。

渗碳体不能单独使用,在钢中总是和铁素体混在一起,是碳钢中的主要强化相。渗碳体在钢和铸铁中的存在形式有片状、球状、网状和板状,它的数量、形状、大小和分布状况对钢的性能有很大影响。通常,渗碳体越细小,且均匀地分布在固溶体基体中,合金的力学性能越好;反之,渗碳体越粗大或呈网状分布则脆性越大。

渗碳体是一种亚稳定相,在一定条件下(如高温长期停留或极缓慢冷却)会发生分解,形成石墨状的自由碳,其分解式为 $Fe_3C \rightarrow 3Fe + C$(石墨)。石墨的出现对铸铁材料具有重要的意义。

4. 珠光体

由铁素体和渗碳体组成的片层状的混合物称为珠光体,用符号"P"表示,其显微组织呈片层状,如图 3-4 所示,其中白色为铁素体基体,黑色线条为渗碳体。在缓慢冷却的条件下,珠光体中碳的质量分数为 0.77%。由于珠光体是由软的铁素体和硬的渗碳体组成的混合物,因此其力学性能介于铁素体和渗碳体之间,即具有较高的强度和塑性(R_m=770MPa,A=20%~25%),硬度适中(180HBW)。

5. 莱氏体

莱氏体是奥氏体和渗碳体的混合物,用符号"Ld"表示,它是碳的质量分数为 4.3% 的液态铁碳合金在 1148℃ 时的共晶产物。当温度降到 727℃ 时,由于莱氏体中的奥氏体将转变为珠光体,所以室温下的莱氏体由珠光体和渗碳体组成,这种混合物称为低温莱氏体,用符号 Ld' 表示。图 3-5 所示为低温莱氏体的显微组织,图中呈树枝状分布的黑块是由奥氏体转变成的珠光体,珠光体周围的白色网状物为二次渗碳体,其余部分为低温莱氏体。

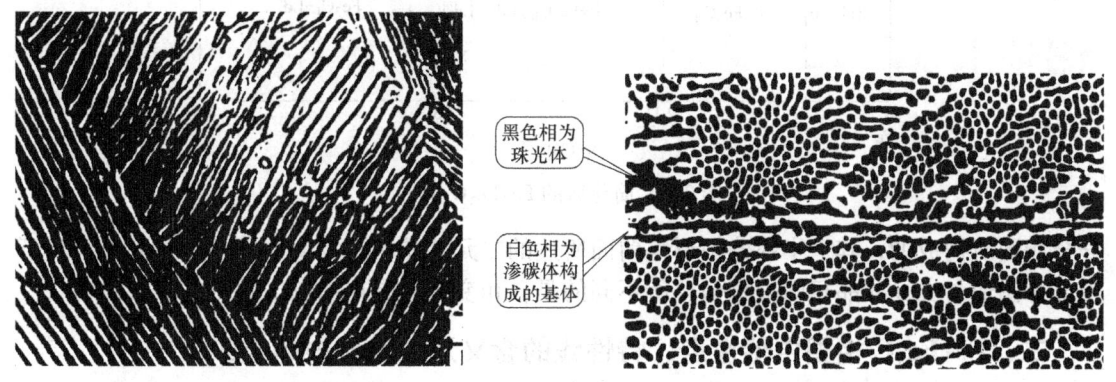

图 3-4　珠光体的显微组织　　　　图 3-5　莱氏体的显微组织

由于莱氏体的基体是渗碳体,所以它的性能接近于渗碳体,硬度很高,塑性很差。

在以上五种组织中,铁素体、奥氏体和渗碳体都是单相组织,称为铁碳合金的基本相;珠光体、莱氏体则是由基本相组成的多相组织。

内容二　铁碳合金相图

铁碳合金相图是表示在缓慢冷却(或缓慢加热)的条件下,不同成分的铁碳合金的状态或组织随温度变化的图形。铁碳合金相图是研究铁碳合金的基础,是反映铁碳合金的成分、温度和组织结构之间关系的图形。铁碳合金相图是人类经过长期实践并进行大量科学实验总结出来的。

一、铁碳合金相图的组成

在铁碳合金中,铁和碳可以形成一系列的化合物,如 Fe_3C、Fe_2C、FeC 等,每一个稳定的化合物都可以成为一个独立的组元。而在生产中实际使用的铁碳合金,其碳的质量分数一般不超过 5%。若碳的质量分数太高,则材料的脆性太大,难以加工,没有实用价值,因此,只研究相图中碳的质量分数为 0%~6.69% 的部分,而这部分的铁碳化合物只有 Fe_3C,故铁碳合金相图也可以认为是 Fe-Fe_3C 相图。

为了便于掌握和分析 Fe-Fe_3C 相图,将相图上实用意义不大的部分省略,经简化后的 Fe-Fe_3C 相图如图 3-6 所示,图中纵坐标为温度,横坐标为碳的质量分数。

根据前面对二元合金相图的分析,不难看出,铁碳合金相图实际上是由几个简单的二元

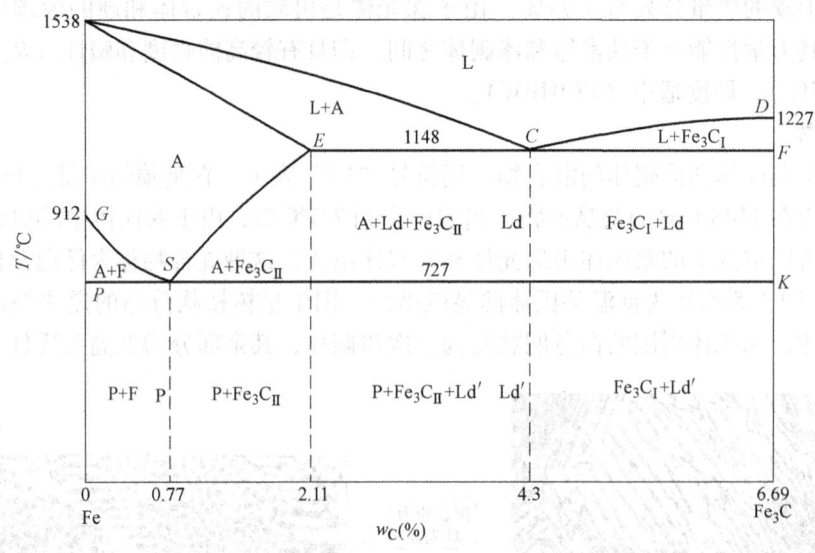

图 3-6 简化后的 Fe-Fe$_3$C 相图

合金相图所构成的,其上半部分图形是前面所述的二元共晶相图类型,C 点是共晶点;其下半部分图形与二元共晶相图很相似,所不同的是,相变完全是在固态下进行的。

二、Fe-Fe$_3$C 相图中特性点、特性线的含义及各区域内的组织

在 Fe-Fe$_3$C 相图中有九个特性点及六条特性线,这些点、线把一个看似复杂的相图分割成不同的区域,当成分(碳的质量分数)和温度变化时,可按一定规律分析出各区域产生的组织。

Fe-Fe$_3$C 相图中各个特性点及特性线的温度、碳的质量分数及含义见表 3-1。

表 3-1 Fe-Fe$_3$C 相图中的特性点和特性线

特 性 点				特 性 线	
符号	温度/℃	w_C(%)	说　明	符号	说　明
A	1538	0	纯铁的熔点	AC	液相线,液态合金开始结晶出奥氏体
C	1148	4.3	共晶点,L→A + Fe$_3$C(Ld)	CD	液相线,液态合金开始结晶出渗碳体
D	1227	6.69	渗碳体的熔点		
E	1148	2.11	碳在 γ-Fe 中的最大溶解度	AE	固相线,即奥氏体的结晶终了线
F	1148	6.69	渗碳体	ECF	共晶线,L→A + Fe$_3$C(Ld)
G	912	0	γ-Fe→α-Fe 的同素异构转变点	GS	奥氏体转变为铁素体的开始线
K	727	6.69	渗碳体	ES	碳在奥氏体中的溶解度线
P	727	0.0218	碳在 α-Fe 中的最大溶解度	PSK	A→F + Fe$_3$C(P)共析转变线
S	727	0.77	共析点,A→F + Fe$_3$C(P)		

注:表格中各特性点、特性线的含义均是指在缓慢冷却过程中的相变线,如果是加热过程则相反。

1. 主要特性点

(1)共晶点 C　高温的铁碳合金液体缓慢冷却到一定温度(1148℃)时,在保持温度

不变的条件下，从一个液相中同时结晶出两种固相（奥氏体和渗碳体），这种转变称为共晶转变。共晶转变的产物称为共晶体，铁碳合金的共晶体就是莱氏体（Ld = A + Fe₃C），C 点的温度 1148℃ 称为共晶温度。

（2）共析点 S　固相的铁碳合金缓慢冷却到一定温度（727℃）时，在保持温度不变的条件下，从一个固相（奥氏体）中同时析出两个固相（铁素体和渗碳体），这种转变称为共析转变。共析转变的产物称为共析体，铁碳合金的共析体就是珠光体（P = F + Fe₃C），S 点的温度 727℃ 称为共析温度。

2. 主要特性线

在 Fe-Fe₃C 相图中有若干条表示合金状态的分界线，它们是不同成分的合金具有相同含义的临界点的连线。

（1）ACD 线　为液相线，在此线以上区域全部为液相，称为液相区，用 L 表示，对应成分的液态合金冷却到此线上的对应点时开始结晶。液态合金在 AC 线以下结晶出奥氏体，在 CD 线以下结晶出渗碳体（称为一次渗碳体 Fe_3C_I）。

（2）AECF 线　为固相线，对应成分的液态合金冷却到此线上的对应点时完成结晶过程，变为固态，此线以下为固相区。在液相线与固相线之间是液态合金从开始结晶到结晶终了的过渡区，所以此区域液相与固相并存。在 AEC 区内为液相合金与固相奥氏体，在 CDF 区内为液相合金与固相渗碳体。

（3）GS 线　为奥氏体冷却时析出铁素体的开始线（或加热时铁素体转变成奥氏体的终止线），又称为 A_3 线。奥氏体向铁素体的转变是铁发生同素异构转变的结果。

（4）ES 线　为碳在奥氏体中的溶解度曲线，又称为 A_{cm} 线。随着温度的变化，奥氏体的溶碳能力沿该线上的对应点变化。在 1148℃ 时，碳在奥氏体中的溶解度为 2.11%（E 点碳的质量分数），在 727℃ 时降到 0.77%（S 点碳的质量分数）。在 AGSE 区内为单相奥氏体，在从 1148℃ 缓冷到 727℃ 的过程中，由于奥氏体的溶碳能力降低，多余的碳会以渗碳体的形式从奥氏体中析出，称为二次渗碳体（Fe_3C_{II}）。

（5）ECF 线　为共晶线，不同成分的液态合金在冷却到此线（1148℃）之前已结晶出部分固相（A 或 Fe₃C），剩余液态合金碳的质量分数变为 4.3%。当合金冷却到此线时将发生共晶转变，从剩余液态合金中同时结晶出奥氏体和渗碳体的混合物，即莱氏体。共晶转变是一种可逆的转变。

（6）PSK 线　为共析线，又称为 A_1 线。当合金冷却到此线（727℃）时将发生共析转变，从合金的奥氏体中同时析出铁素体和渗碳体的混合物，即珠光体。共析转变也是一种可逆转变。

3. 相图中的相区

在 Fe-Fe₃C 相图中有两个单相区，即液相区（ACD 线以上）和奥氏体区（AESG 区）；在 Fe-Fe₃C 相图中还有四个两相区，即 L + A 两相区、L + Fe₃C 两相区、A + Fe₃C 两相区、A + F 两相区。

三、铁碳合金的分类

不同成分的铁碳合金具有不同的显微组织，根据其室温组织和性能的特点，可将铁碳合金分为三类，即工业纯铁、钢和白口铸铁。

1. 工业纯铁

在 Fe-Fe$_3$C 相图中的 P 点左侧，$w_C \leq 0.0218\%$ 的铁碳合金称为纯铁，其室温组织为铁素体。

2. 钢

在 Fe-Fe$_3$C 相图中的 P 点和 E 点之间，$0.0218\% < w_C \leq 2.11\%$ 的铁碳合金称为钢。

钢的高温固态组织为奥氏体，因而宜于锻造。根据其室温组织的特点不同，可将钢分为以下三种类型：

（1）亚共析钢　$0.0218\% < w_C < 0.77\%$，室温组织为铁素体 + 珠光体。

（2）共析钢　$w_C = 0.77\%$，室温组织为珠光体。

（3）过共析钢　$0.77\% < w_C \leq 2.11\%$，室温组织为珠光体 + 二次渗碳体。

3. 白口铸铁

在 Fe-Fe$_3$C 相图中的 E 点和 F 点之间，$w_C > 2.11\%$ 的铁碳合金称为白口铸铁。

白口铸铁的特点是在高温发生共晶反应生成莱氏体，因而与钢相比具有较好的铸造性能。

根据其室温组织的特点不同，白口铸铁也分为三种：

（1）亚共晶白口铸铁　$2.11\% < w_C < 4.3\%$，室温组织为珠光体 + 二次渗碳体 + 低温莱氏体。

（2）共晶白口铸铁　$w_C = 4.3\%$，室温组织为低温莱氏体。

（3）过共晶白口铸铁　$4.3\% < w_C < 6.69\%$，室温组织为低温莱氏体 + 一次渗碳体。

四、典型铁碳合金的结晶过程

为了进一步认识 Fe-Fe$_3$C 相图，现以图 3-7 中所选取的几种典型铁碳合金为例，分析其冷却过程及室温下的显微组织。

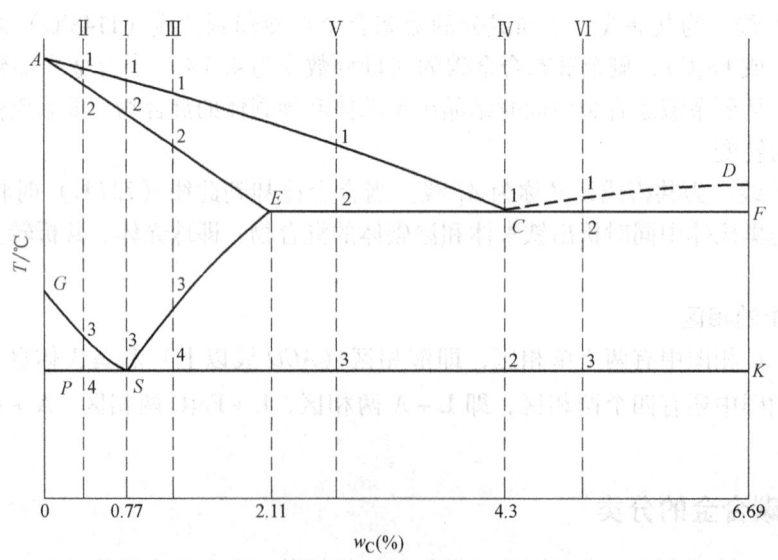

图 3-7　典型铁碳合金在 Fe-Fe$_3$C 相图中的位置

1. 合金Ⅰ（共析钢）

图3-7所示的合金Ⅰ为共析钢，$w_C = 0.77\%$，其冷却过程如图3-8所示。合金在1点以上全部为液态，当液态合金冷却到与液相线 AC 相交于1点的温度时，从液相中开始结晶出奥氏体。随着温度的下降，奥氏体量不断增多，而剩余液相逐渐减少。冷却至2点温度时，液相全部结晶成奥氏体。在2~3点的温度范围，合金的组织不变，待冷却到3点（S 点，727℃）时，将发生共析转变形成珠光体，即 $A_{0.77} \rightarrow F + Fe_3C$。在3点温度以下继续缓冷时，珠光体组织基本上不发生变化。所以，共析钢的室温组织为珠光体，其显微组织如图3-9所示，图中白色部分为铁素体基体，黑色线条为渗碳体。

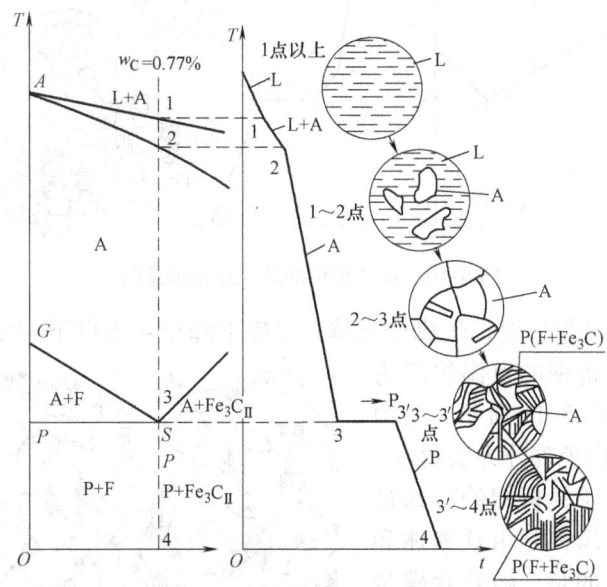

图3-8 共析钢的结晶过程示意图

由于共析转变是在固态下进行的，原子扩散比较困难，故共析钢的组织均匀、致密，具有较好的综合力学性能。

2. 合金Ⅱ（亚共析钢）

图3-7所示的合金Ⅱ为 $w_C = 0.45\%$ 的亚共析钢，其冷却曲线和结晶过程如图3-10所示。合金在1点以上全部为液态，冷却到1点时，开始结晶出奥氏体，至2点结晶结束，在2~3点间为单相奥氏体组织，当冷却到与 GS 线相交的3点时，开始从奥氏体中析出铁素体。在3~4点间，随着温度的下降，铁素体量不断增加，而奥氏体量则逐渐减少。由于从奥氏体中不断析

图3-9 共析钢的显微组织

出铁素体，而铁素体溶解的碳的质量分数仅为0.0218%，所以剩余奥氏体中碳的质量分数增加，待冷却到与共析线 PSK 相交的4点温度（727℃）时，剩余奥氏体中碳的质量分数正

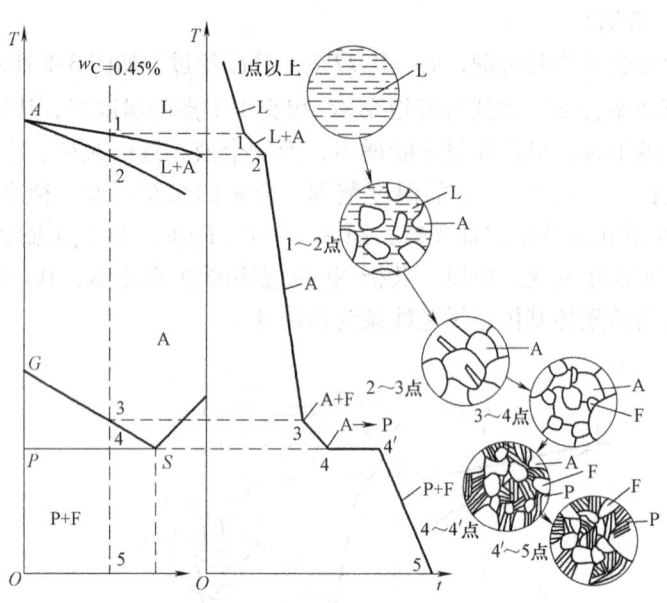

图3-10 亚共析钢的结晶过程示意图

好达到0.77%,发生共析转变,生成珠光体。温度下降至4点以下至室温时,合金组织不再发生变化。故亚共析钢的室温组织为铁素体和珠光体,如图3-11所示,图中黑色部分为珠光体,白色部分为铁素体。

必须指出,所有亚共析钢的冷却过程均相似,其室温组织都是由铁素体和珠光体组成。所不同的是,随着含碳量的增加,珠光体量增多,铁素体量减少。

3. 合金Ⅲ（过共析钢）

图3-7所示的合金Ⅲ为$w_C=1.2\%$的过共析钢,其冷却曲线和结晶过程如图3-12所示。合金在3点以上的冷却曲线及结晶与共析钢相同,冷却到与ES线相交于3点的温度时,奥氏体中的碳达到

图3-11 亚共析钢的显微组织

饱和,过剩的碳以渗碳体的形式从奥氏体中析出,称为二次渗碳体。二次渗碳体沿着奥氏体晶界析出,呈网状分布。在3～4点间随着温度的下降,析出的二次渗碳体数量逐渐增多,剩余奥氏体中碳的质量分数沿ES线逐渐减少。当温度降到与共析线PSK相交的4点温度时,剩余奥氏体中碳的质量分数正好达到共析成分（$w_C=0.77\%$）,发生共析转变,生成珠光体。继续冷却时,合金组织不再发生变化。所以,过共析钢的室温组织为网状二次渗碳体和珠光体,如图3-13所示,图中基体为片层状的珠光体组织,白色网状条纹为二次渗碳体。

所有过共析钢的室温组织都是由珠光体和网状二次渗碳体组成的,不同的是随着碳的质量分数的增加,网状二次渗碳体的量增多,珠光体量减少。当$w_C=2.11\%$时,钢中二次渗碳体的量最多,而网状的二次渗碳体对钢的力学性能会产生不良的影响。

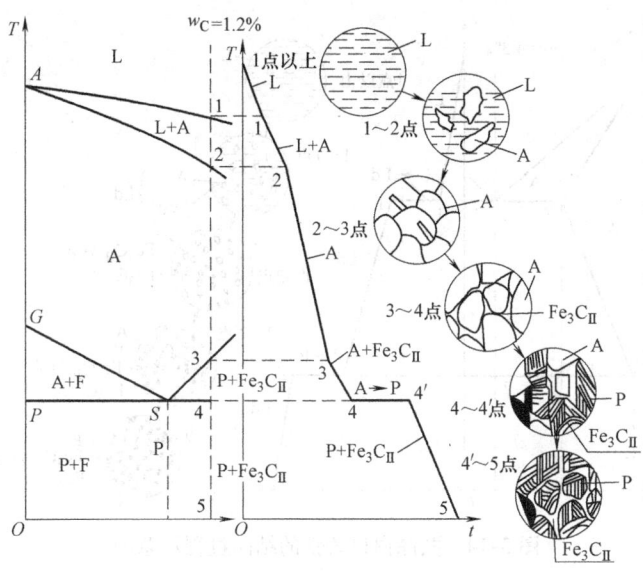

图 3-12 过共析钢的结晶过程示意图

4. 合金Ⅳ（共晶白口铸铁）

图 3-7 所示的合金Ⅳ为 $w_C = 4.3\%$ 的共晶白口铸铁，其冷却曲线与结晶过程如图 3-14 所示。合金在 1 点以上为液相，冷却到 1 点（共晶点 C）时发生共晶转变，生成高温莱氏体，即 $L_{4.3} \rightarrow A + Fe_3C$。由 1 点继续冷却时，碳在奥氏体中的溶解度沿 ES 线变化而降低，故从奥氏体中不断析出二次渗碳体。当温度冷却到与共析线 PSK 相交的 2 点温度（727℃）时，剩余奥氏体中碳的质量分数正好为共析成分（$w_C = 0.77\%$），剩余奥氏体发生共析转变，形成珠光体。所以，共晶白口铸铁的室温组织由珠光体、二次渗碳体及共晶渗碳体组成，这种组织称为低

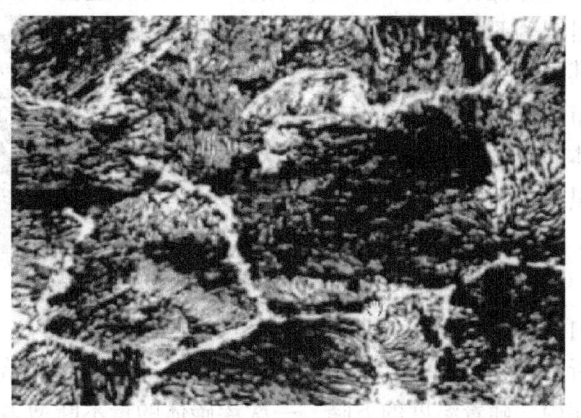

图 3-13 过共析钢的显微组织

温莱氏体，用符号 Ld′ 表示，即 Ld′ = P + Fe_3C_{II} + Fe_3C，其显微组织如图 3-15 所示，图中白色基体为共晶渗碳体 Fe_3C，二次渗碳体 Fe_3C_{II} 一般依附在共晶渗碳体上而且数量较少，难以分辨，黑色点条状为珠光体组织。

5. 合金Ⅴ（亚共晶白口铸铁）

图 3-7 所示的合金Ⅴ为 $w_C = 3\%$ 的亚共晶白口铸铁，其冷却曲线与结晶过程如图 3-16 所示。合金在 1 点以上为液相，冷却到与 AC 线相交的 1 点温度时，开始从液相中结晶出奥氏体。随着温度的下降，奥氏体量不断增多，剩余液相不断减少。当冷却到与共晶线 ECF 相交的 2 点时，剩余液相中碳的质量分数为 4.3%，达到共晶点成分（1148℃）而发生共晶转变，生成莱氏体。在 2~3 点的温度区间内，从奥氏体中不断析出二次渗碳体，奥氏体中

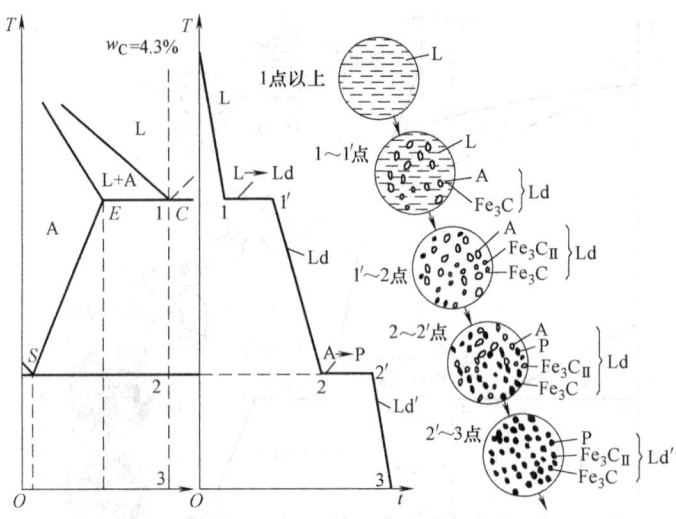

图 3-14 共晶白口铸铁的结晶过程示意图

碳的质量分数沿 ES 线不断降低。当冷却到 3 点（727℃）时，奥氏体中碳的质量分数达到 0.77%，则发生共析转变，所有奥氏体均转变为珠光体。所以，亚共晶白口铸铁的室温组织为珠光体、二次渗碳体和低温莱氏体，其显微组织如图 3-17 所示，图中呈树枝状分布的黑块是由奥氏体转变成的珠光体，珠光体周围的白色网状物为二次渗碳体，基体中黑白相间的为低温莱氏体。

6. 合金Ⅵ（过共晶白口铸铁）

图 3-7 所示的合金Ⅵ为 $w_C = 5\%$ 的过共晶白口铸铁，其冷却曲线与结晶过程如图 3-18

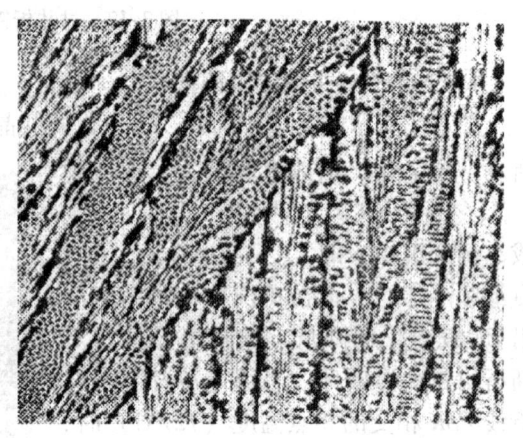

图 3-15 共晶白口铸铁的显微组织

所示。合金在 1 点以上为液相，冷却到 1 点时开始结晶出一次渗碳体。在 1～2 点的温度区间内，随着温度的下降，一次渗碳体的量不断增多，剩余液相碳的含量逐渐减少。当冷却到与共晶线 ECF 相交的 2 点温度（1148℃）时，液相中碳的质量分数达到 4.3%，发生共晶转变，生成莱氏体。在 2～3 点的温度区间，从共晶奥氏体中析出二次渗碳体，在 3 点温度（727℃）共晶奥氏体发生共析转变，形成珠光体。所以，过共晶白口铸铁的室温组织为一次渗碳体和低温莱氏体，其显微组织如图 3-19 所示，图中亮白色的板条状为一次渗碳体，基体中黑白相间的部分为低温莱氏体。

所有过共晶白口铸铁的冷却过程均相似，其室温组织均由低温莱氏体和一次渗碳体组成。所不同的是，合金成分越接近共晶成分，室温组织中低温莱氏体的量越多，反之，一次渗碳体的量越多。

五、铁碳合金的成分、组织与性能的关系

由铁碳合金相图分析可知，不同种类的铁碳合金，其室温组织是不同的，并且各组织的

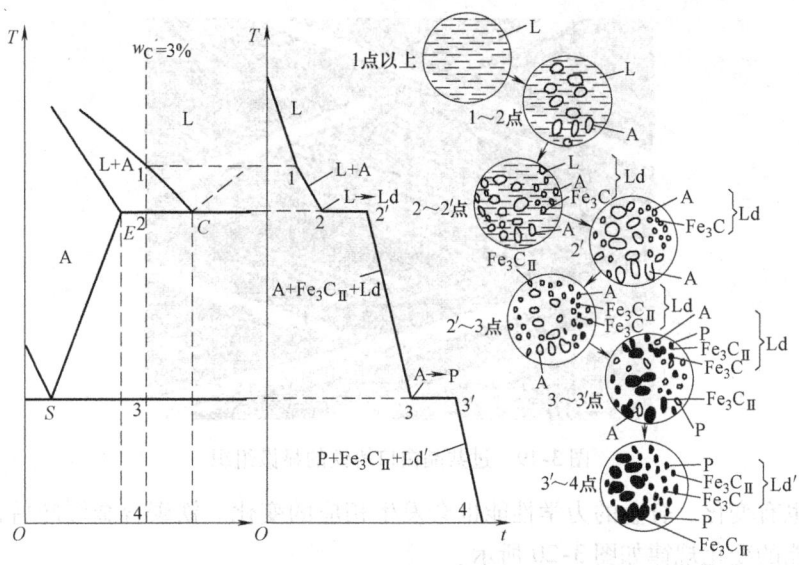

图 3-16 亚共晶白口铸铁的结晶过程示意图

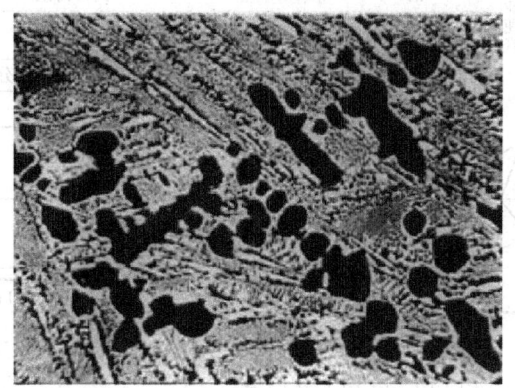

图 3-17 亚共晶白口铸铁的显微组织

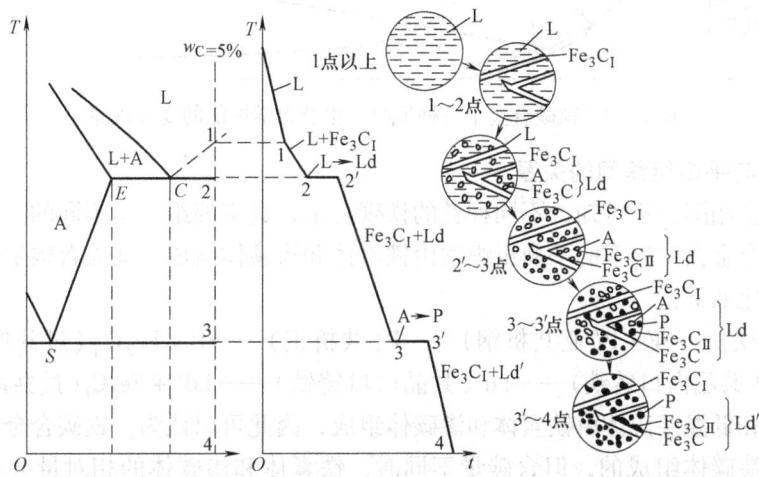

图 3-18 过共晶白口铸铁的结晶过程示意图

图 3-19 过共晶白口铸铁的显微组织

形态、分布也有变化，合金的力学性能也会发生相应的变化。铁碳合金缓冷后，各种组织、相及力学性能的变化规律如图 3-20 所示。

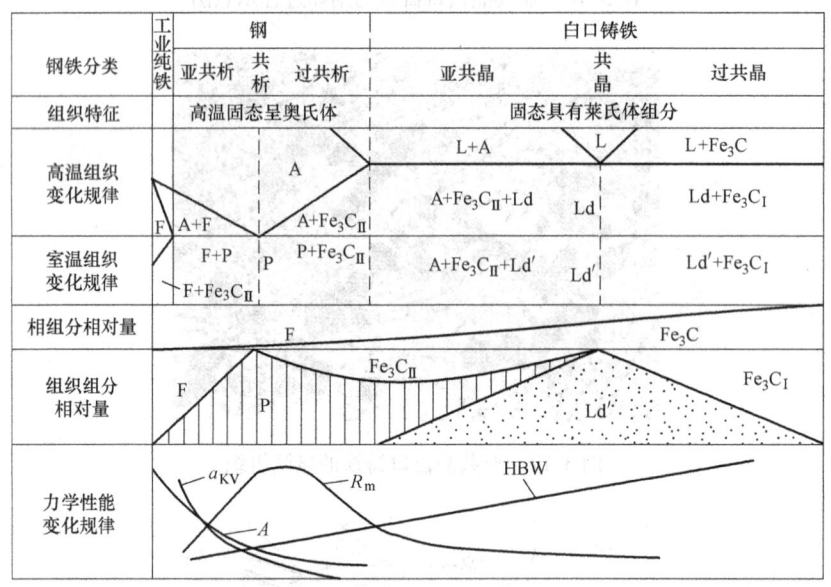

图 3-20 铁碳合金中各种组织、相及力学性能的变化规律

1. 含碳量与平衡组织间的关系

由铁碳合金相图分析可知，不同种类的铁碳合金，其室温组织是不同的。从相组成的情况来看，铁碳合金在室温下的平衡组织均由铁素体和渗碳体组成。随着含碳量的增加，铁碳合金的组织变化如下：

F（工业纯铁）——→F + P（亚共析钢）——→P（共析钢）——→P + Fe_3C_{II}（过共析钢）——→P + Fe_3C_{II} + Ld'（亚共晶白口铸铁）——→Ld'（共晶白口铸铁）——→Ld' + Fe_3C_I（过共晶白口铸铁）。其中的珠光体和低温莱氏体由铁素体和渗碳体组成，因此可以认为，铁碳合金的室温组织都是由铁素体和渗碳体组成的，但含碳量不同时，铁素体和渗碳体的相对量会有所变化。当 $w_C = 0$ 时，合金全部由铁素体组成。随着含碳量的增加，铁素体的量呈直线下降，到 $w_C =$

6.69%时降为零,相反,渗碳体量则由 0 增至 100%。另外,由于含碳量不同,铁素体与渗碳体的形态和分布也不相同。例如,从奥氏体中析出的铁素体一般呈块状,而共析反应生成的珠光体中的铁素体则呈交替层片状;又如在共析钢中,共析渗碳体与铁素体呈交替层片状,在过共析钢中,Fe_3C_{II} 以网状分布于奥氏体晶界上,而在过共晶白口铸铁中,Fe_3C_I 呈规则的长条状。正是由于铁碳合金中铁素体与渗碳体的数量、形态、分布的不同,才导致它们产生不同的性能。

2. 含碳量对力学性能的影响

由于在铁碳合金组织中,铁素体是软韧相,渗碳体是硬脆相,所以铁碳合金的力学性能取决于铁素体与渗碳体的相对量及它们的相对分布。如果合金的基体是铁素体,渗碳体作为强化相,那么,强化相的数量越多、分布越均匀,材料的强度就越高。但是如果渗碳体分布在晶界上,甚至作为基体时,则强度尤其是塑性和韧性则大大降低。

工业纯铁是由铁素体构成的,塑性很好,硬度、强度很低。在亚共析钢中,随着含碳量的增加,铁素体逐渐减少而珠光体逐渐增多,所以,亚共析钢的强度、硬度呈直线增加,而塑性、韧性不断降低。共析钢的强化相是珠光体组织,所以具有较高的强度和硬度,但塑性较低。在过共析钢中,当碳的质量分数达到 0.9% 时,强度达到最高值,随着碳的质量分数继续增加,强度则显著降低,这是由于脆性的二次渗碳体在奥氏体组织的晶界处形成连续的网状,从而使钢的脆性增加,而硬度则始终呈直线上升。

铁碳合金的塑性变形主要由铁素体来实现,所以,当组织中出现以渗碳体作基体的莱氏体时,塑性则接近于零。韧性对组织非常敏感,随着含碳量的增加,脆性的渗碳体增多,韧性则下降,当出现网状二次渗碳体时,韧性则急剧下降。若能控制铁碳合金中二次渗碳体的形态,不使其形成网状,则强度就不会明显下降,硬度则随着含碳量的增加呈直线上升。在实际生产中,为了保证铁碳合金具有一定的塑性和韧性,碳素钢及普通低、中合金钢碳的质量分数一般不超过 1.3%。

3. 铁碳合金相图的应用

铁碳合金相图从客观上反映了钢铁材料的组织随成分和温度变化的规律,因此在工程上为选材、用材及制订铸、锻、焊、机械加工及热处理工艺提供了重要的理论依据。铁碳合金相图与热加工工艺的关系如图 3-21 所示。

(1) 在选材方面的应用 铁碳合金相图对生产具有重要的指导意义,它总结了铁碳合金组织和性能随成分的变化规律,这样就可以根据零件的工作要求和性能要求选择适当的材料,例如,低碳钢是塑性好、韧性高的材料;中碳钢则是强度、硬度、塑性都较好的材料;而高碳钢则是硬度高,耐磨性好的材料;白口铸铁则是耐磨性高、冲击韧度差的材料。

(2) 在铸造方面的应用 由铁碳合金相图可确定合金的浇注温度。共晶成分的铁碳合金熔点最低,结晶温度范围最小,具有良好的铸造性能。生产中根据相图中液相线的位置,可确定各种铸钢和铸铁的浇注温度,为制订铸造工艺提供依据。

(3) 在锻造方面的应用 奥氏体具有良好的塑性,钢加热到高温时可获得单相奥氏体组织,可锻性好,因此钢的始轧温度一般选在固相线以下 100~200℃ 的奥氏体区内。亚共析钢的终锻温度控制在 GS 线以上稍高的温度,过共析钢的终锻温度控制在 PSK 线以上稍高的温度,白口铸铁的基体由于是硬而脆的渗碳体,故很难锻造。

(4) 在焊接方面的应用 由于从焊缝到母材各区域的温度是不同的,由铁碳合金相图

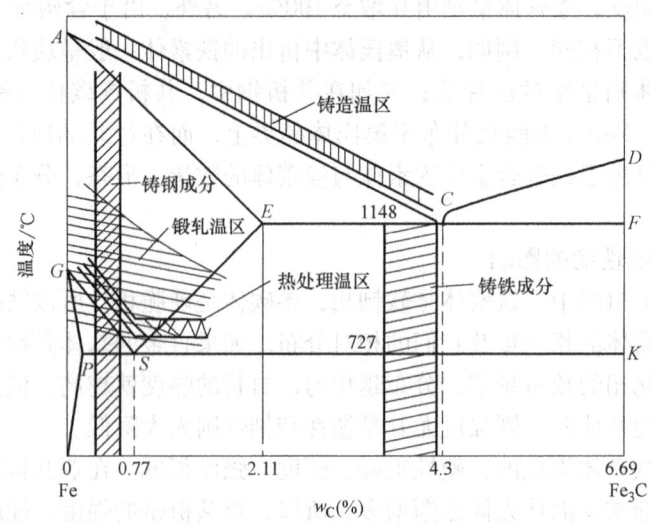

图 3-21 铁碳合金相图与热加工工艺的关系

可知,各区域在随后的冷却中可能会出现不同的组织与性能,因此,在焊接后需要通过热处理加以改善。

(5) 在切削加工中的应用 钢中含碳量不同,其切削加工性能也不同。当 $w_C \leqslant 0.25\%$ 时,钢中具有大量的铁素体,硬度低,塑性好,切削时会产生较多的切削热,容易粘刀,而且不易断屑和排屑,影响工件的表面粗糙度值,故切削加工性能较差;当 $w_C > 0.60\%$ 时,钢中渗碳体较多,当渗碳体呈层状或网状分布时,易磨损刀具,切削加工性也较差;当 $0.25\% < w_C < 0.60\%$ 时,钢中铁素体与渗碳体的比例适当,硬度和塑性比较适中,切削加工性能较好。一般认为钢的硬度在 160~230HBW 时,切削加工性能最好。碳钢可以通过热处理来改变渗碳体的形态与分布,从而改善切削加工性能。

(6) 在热处理中的应用 由于铁碳合金在加热或冷却过程中有相的变化,故钢和铸铁可通过热处理来改善性能。根据 Fe-Fe_3C 相图可确定各种热处理工艺的加热温度,具体内容将在下一单元中详述。

内容三 铁碳合金平衡组织的观察和识别实验

一、实验目的

1) 了解金相显微镜的基本构造与使用方法。
2) 观察和识别铁碳合金在平衡状态下的显微组织。
3) 了解铁碳合金中的相及组织组成物的本质、形态及分布特征。
4) 分析铁碳合金的成分(含碳量)、组织和性能之间的相互关系。

二、实验原理

由 Fe-Fe_3C 相图可以看出,所有铁碳合金在室温下的平衡组织均由铁素体和渗碳体两个基本相组成。但随着含碳量的变化,铁素体和渗碳体的相对量、析出条件和分布状态有所不同，因而呈现出各种不同的组织状态。碳钢和白口铸铁用体积分数为 3%～5% 的硝酸酒精溶液浸蚀后，可在金相显微镜下观察其组织形态。

（1）铁素体（F）　在金相显微镜下观察，白色的晶粒为铁素体。铁素体量较多时呈块状分布，当碳含量接近共析成分时，铁素体常沿珠光体的边界呈断续的网状分布。

（2）渗碳体（Fe_3C）　在金相显微镜下观察呈白亮色，在不同的转变条件下，渗碳体可呈片状、球状和网状。

（3）珠光体（P）　它是由铁素体和渗碳体交替排列成的片状组织。在高倍放大镜下观察时能清楚地看到珠光体是由平行相间的宽条铁素体和窄条渗碳体组成的，它们均呈白亮色，而边界呈黑色。当金相显微镜的放大倍数较低时，珠光体呈片层状，放大倍数更低时，珠光体的片层无法分辨清楚，只能看到一片黑色。

（4）莱氏体（Ld′）　莱氏体的组织特征为在白亮色的渗碳体上分布着许多黑色点状或条状的珠光体，二次渗碳体和共晶渗碳体连在一起，无法分辨。

三、实验内容和实验用品

1. 实验内容

观察各类碳钢和白口铸铁的平衡组织，画出各类组织的示意图。

2. 实验用品

1）金相显微镜。

2）金相试样：20 钢、45 钢、T8 钢、T12 钢及亚共晶白口铸铁、共晶白口铸铁、过共晶白口铸铁金相试样。

四、金相试样制备简介

（1）取样与镶嵌

1）硬度不高的材料可用手锯、车床来切取试样，硬度较高的材料可在砂轮切割机上用锯片砂轮切割。

2）尺寸较小的试样（如薄片、丝状等）可采用镶嵌的方法，将试样镶嵌到塑料、电木或低熔点的金属中，也可用夹具夹住。

（2）磨光试样　先在砂轮上磨平试样，然后用水冲洗、擦干，再用粗砂纸磨掉砂轮磨痕，依次换用 01～03 号金相砂纸磨平试样。磨光时要注意以下几点：

1）在砂轮磨削过程中，试样应随时用水冷却，以防温度升高引起组织变化。

2）试样粗磨后应倒角，以防止在细磨时划破砂纸。

3）砂纸底下应平整（可垫玻璃板），磨削试样时要沿一个方向，不要来回磨，手的压力要均匀。

4）每换一次砂纸，应将双手和试样上的磨粒冲洗干净，并将磨削方向变换 90°，直到把磨痕磨掉时再换细一号的砂纸。

（3）抛光试样　抛光包括机械抛光、电解抛光和化学抛光等几种类型，一般采用机械抛光。机械抛光是在专门的抛光机上进行，使用时将抛光织物（帆布、毛呢、绒布）固定在抛光盘上，然后将试样压在抛光盘上，使试样在旋转的抛光盘上磨成镜面。

在抛光时试样要均匀地轻压在抛光盘上，以防试样飞出或因用力太大而形成新的磨痕，试样应沿抛光盘径向来回移动并缓慢转动。在抛光过程中要不断地向抛光盘滴抛光液，抛光液是由极细的氧化铝、氧化铬和氧化镁磨料加水而成的悬浮液。

（4）腐蚀 抛光后的试样 除了具有特殊颜色的非金属夹杂物外，在金相显微镜下并不能观察到试样组织，必须对试样进行腐蚀。由于不同相的耐蚀性不同，腐蚀后会出现凹凸不平的状态，因而光线反射情况不一样，使显微镜下出现明暗不同的区域，即可分辨其显微组织。

五、实验步骤

1）接通电源。将照明灯插头插入变压器插座孔中，接通电源。
2）放置试样。将试样放在载物台上，用压片机构压紧。
3）安装物镜与目镜。按要求的放大倍数选配物镜与目镜，试样的放大倍数是物镜的放大倍数乘以目镜的放大倍数。将物镜装在物镜转换器上，将目镜插入目镜管组的目镜孔中。
4）调焦。先用粗动调焦手轮调节焦距，看到组织后，再用微动调焦手轮进行微调，直至图像清晰为止。
5）观察各试样的显微组织，绘出组织示意图。
6）观察后切断电源，取下镜头与试样，放回原处。

六、实验报告

1）写出实验目的及实验用品。
2）画出各试样的组织示意图，并用箭头标明各组织的名称，注明试样成分和放大倍数。
3）将实验结果填入表3-2及表3-3中。

表3-2 不同含碳量的铁碳合金（钢）的显微组织

试 样 名 称	20钢	45钢	T8钢	T12钢
碳的质量分数（%）				
显微组织示意图				

表3-3 不同含碳量的铁碳合金（铸铁）的显微组织

试 样 名 称	亚共晶白口铸铁	共晶白口铸铁	过共晶白口铸铁
碳的质量分数（%）			
显微组织示意图			

模 块 小 结

本模块主要介绍了铁碳合金的组织，包括铁素体、奥氏体、渗碳体、珠光体、莱氏体的结构、性能及应用，介绍了 Fe-Fe$_3$C 相图中的七个特性点及六条特性线的含义，以及室温下不同成分的铁碳合金的组织与性能的关系、Fe-Fe$_3$C 相图的应用等内容。

本模块是该课程的重点内容，建议结合铁碳合金的金相组织观察，着重分析不同成分铁碳合金的室温组织特征，开展课后讨论，对不同成分的合金结晶过程进行分析。

1) 纯铁的塑性、韧性较好，但强度、硬度很低，因此很少作为结构材料使用。

2) 铁碳合金的基本组织有铁素体、奥氏体、渗碳体、珠光体和莱氏体。

3) 铁碳合金相图是表示在缓慢冷却（或缓慢加热）的条件下，不同成分的铁碳合金的状态或组织随温度变化的图形。

4) 铁碳合金的结晶过程也是在过冷的情况下通过形核与长大来实现的，同样也遵循结晶的基本规律。

5) 不同种类的铁碳合金，随着含碳量的增加，铁素体不断减少，而渗碳体不断增多。当 $w_C < 0.9\%$ 时，随着碳的质量分数增加，合金的强度、硬度提高，脆性增大，塑性、韧性下降。当 $w_C > 0.9\%$ 时，因渗碳体的存在，不仅使铁碳合金的塑性和韧性进一步下降，而且强度也明显下降，但硬度仍升高。

思考与练习

1. 简述纯铁的特性与用途。
2. 什么叫铁素体、奥氏体、珠光体、渗碳体、莱氏体？它们的性能有何特征？
3. 画出 Fe-Fe$_3$C 相图简图，并说明图中特性点、线的含义。
4. 什么是共晶转变和共析转变？
5. 试比较碳的质量分数为 0.25%、1.0%、3.0%、5.0% 的铁碳合金的室温组织有何异同。
6. 简述铁碳合金的分类。
7. 含碳量的变化对铁碳合金的组织和性能有何影响？
8. 简述铁碳合金相图的应用。

第二单元　钢的热处理

改善钢的性能的主要途径一是合金化，即在钢中加入合金元素以调整钢的化学成分，二是进行热处理。热处理是改善金属材料使用性能和工艺性能的一种非常重要的工艺方法，因此，机械、交通、能源及航空航天等工业部门的大多数零部件和一些工程构件都要通过热处理来提高产品的质量和性能。例如，现代机床工业中有60%~70%的零件，汽车、拖拉机工业中有70%~80%的零件需要进行热处理；而滚动轴承和各种工具、模具几乎100%需要经过热处理。本单元主要介绍热处理原理及常用的热处理工艺方法。

模块四　热处理的基础知识

【任务描述】

热处理是对固态的金属或合金采用适当的方式进行加热、保温和冷却，以获得所需要的组织结构与性能的一种工艺方法。

本模块主要介绍热处理的特点及钢在加热和冷却过程中的组织转变规律，为学习热处理方法提供知识储备。

【学习目标】

1) 掌握金属材料热处理的概念。
2) 理解钢在加热、冷却时的组织转变规律。
3) 掌握钢在不同冷却方式下在各转变区域的产物及其特点。
4) 了解马氏体的组织结构及性能特点。

内容一　热处理的特点及分类

一、热处理的概念、目的及特点

1. 热处理的概念

钢的热处理是将钢在固态下采用适当的方式进行加热、保温和冷却，以获得所需要的组织结构与性能的工艺。

2. 热处理的目的

热处理的目的是提高零件的使用性能，充分发挥钢材的潜力，延长零件的使用寿命，提高产品质量；此外，热处理还可以消除毛坯（如铸件、锻件等）中的缺陷，为后续工序做好组织准备；更重要的是，通过热处理可以获得一些特殊要求的性能或功能，满足在特殊条件下工作零件的使用要求；热处理还可改善工件的工艺性能，减少刀具磨损，提高生产效率。因此，绝大部分重要的机械零件在制造过程中都必须进行热处理。

3. 热处理的特点

铸造、锻压、焊接和机械加工使零件成形,而热处理只适用于在固态下能发生相变的材料,无固态相变的材料不能用热处理来强化。热处理只改变金属材料的组织和性能,而不要求改变零件的形状和尺寸。

要了解各种热处理方法对钢的组织和性能的影响,必须研究钢在加热(含保温)和冷却过程中组织变化的规律。

二、热处理的分类

按照 GB/T 12603—2005《金属热处理工艺分类及代号》的规定,根据加热和冷却方法的不同,常用的热处理方法可分为以下几种:

(1) 整体热处理　对工件进行整体穿透加热,常用的热处理方法有退火、正火、淬火、回火等。

(2) 表面热处理　对工件表层进行加热与冷却,以改变表层的组织和性能。常用的热处理方法有感应淬火、火焰淬火、激光淬火等。

(3) 化学热处理　通过改变工件表层的化学成分来改变其组织和性能,常用的热处理方法有渗碳、碳氮共渗、渗氮等。

三、热处理的工艺曲线及工艺过程

尽管钢的热处理方法有很多,但都是由加热、保温和冷却这三个阶段组成的,通常用热处理工艺曲线表示。

1. 热处理工艺曲线

图4-1所示的曲线称为热处理工艺曲线,它是以温度-时间为坐标的曲线图。通过控制加热温度、保温时间和冷却速度,可以在很大范围内改变金属材料的性能。

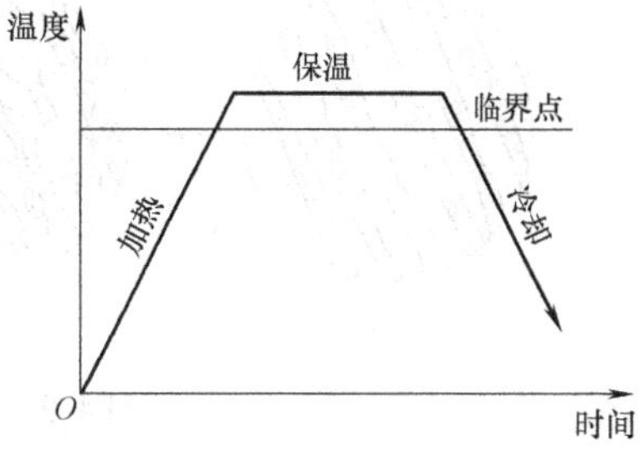

2. 热处理工艺过程

任何一种热处理的工艺过程都包括以下三个步骤:

(1) 加热　以一定速度把零件加热到规定的温度,这个温度范围根据不同的金属材料及不同的热处理要求而定。

图4-1　钢的热处理工艺曲线

(2) 保温　在规定温度下保温一定的时间,使工件全部或局部热透。

(3) 冷却　以某种速度把工件冷却下来。

内容二　钢在加热和冷却时的组织转变

热处理之所以能使钢的性能发生变化,其根本原因是由于铁具有同素异构转变,从而使钢在加热和冷却的过程中,其内部发生了结构与组织的变化。要想掌握热处理工艺,必须首先了解各种热处理方法对钢的组织和性能的影响,以及在不同的加热及冷却条件下,钢的组织的变化规律。

一、钢在加热时的组织转变及影响因素

1. 钢在加热和冷却时的相变温度

研究钢在加热和冷却时的相变规律是以铁碳合金相图为基础的。铁碳合金相图上的 A_1、

A_3 及 A_{cm} 转变线是在极缓慢加热或冷却的情况下测定的,而在实际生产中,加热和冷却并不是极其缓慢的。因此,钢中的各相不能完全按照 A_1、A_3 及 A_{cm} 线转变,必然要产生滞后的现象,即在加热时钢的组织转变温度要高于平衡状态下的临界点,在冷却时钢的组织转变温度要低于平衡状态下的临界点,其升高和降低的幅度随加热和冷却的速度增加而增大。通常把实际加热时钢的组织转变温度线用 Ac_1、Ac_3、Ac_{cm} 表示,把实际冷却时的温度转变线用 Ar_1、Ar_3、Ar_{cm} 表示,如图 4-2 所示。

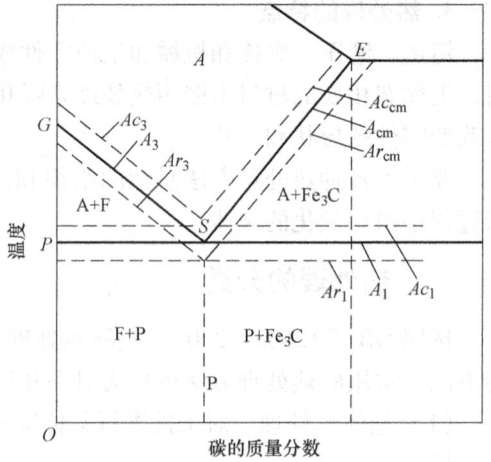

图 4-2　钢在加热和冷却时的组织转变温度线

2. 奥氏体的形成

大多数钢的热处理加热的目的是获得成分均匀、晶粒细小的奥氏体组织,为后续冷却时的组织转变做好准备。

现以共析钢为例,说明奥氏体的形成过程。共析钢在室温下的平衡组织是单一的珠光体,加热至 Ac_1 以上时,珠光体将全部转变成奥氏体组织(称为奥氏体化),其转变过程如图 4-3 所示。

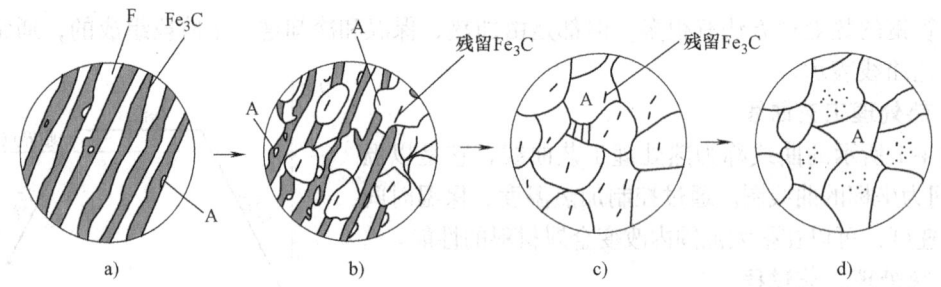

图 4-3　共析钢中奥氏体形成过程的示意图
a) 形成奥氏体晶核　b) 奥氏体晶核长大　c) 残留渗碳体溶解　d) 奥氏体均匀化

珠光体向奥氏体转变时,不但组织要发生变化,结构也要发生变化。奥氏体化必须进行晶格的改变和铁碳原子的扩散,其转变过程还是遵循形核和长大的基本规律,并通过下列四个阶段来完成。

(1) 奥氏体晶核的形成　奥氏体的形成过程遵循相变的普遍规律,也是通过形核及晶核长大来实现的。当加热温度达到奥氏体的相变温度时,奥氏体的晶核优先在铁素体与渗碳体的相界面形成。这是因为,一方面界面上的原子排列紊乱,位错、空位密度较高,另一方面奥氏体中碳的质量分数介于铁素体和渗碳体之间,故在两相的界面上,为奥氏体形成提供了良好的浓度和结构条件。

(2) 奥氏体晶核的长大　奥氏体晶核的长大过程是依靠铁、碳原子的扩散,使与其相邻近的铁素体的体心立方晶格改组为面心立方晶格的奥氏体,并使与其邻接的渗碳体不断分解成铁和碳,并溶入到奥氏体中。奥氏体晶核形成后,晶核的长大是相界面向渗碳体与铁素体两个方向同时推移的过程。通过铁、碳原子的扩散,使邻近的渗碳体不断溶解、铁素体不断发生晶格转变，从而使奥氏体晶核不断长大。与此同时，新的奥氏体晶核也在不断形成和长大，直到珠光体全部转变为奥氏体为止。

（3）残留渗碳体的溶解　在奥氏体形成过程中，由于渗碳体的晶体结构和含碳量与奥氏体相差很大，奥氏体向铁素体方向长大的速度远大于向渗碳体方向的长大速度，因此当铁素体全部消失后，仍有部分渗碳体尚未溶解。随着保温时间的延长，这部分残留的、不连续的颗粒状渗碳体将逐渐溶入奥氏体中，直至完全消失为止。

（4）奥氏体均匀化　在残留渗碳体溶解刚完成时，由于原子的扩散不充分，奥氏体的成分是不均匀的，在原为渗碳体的地方碳浓度较高，而原为铁素体的地方碳浓度较低。只有继续延长保温时间，才能使碳原子充分扩散，获得单相均匀的奥氏体组织，完成奥氏体化过程。

由上述可知，热处理的保温不仅是为了将工件热透，而且也是为了获得均匀的奥氏体组织，以便冷却后能得到良好的组织和性能。

3. 影响奥氏体化的因素

影响奥氏体化的因素有以下几个方面：

（1）加热温度和保温时间　加热温度越高，铁、碳原子的扩散速度越快，铁素体的晶格改组和渗碳体的溶解也越快，则奥氏体的形成速度越快。保温时间越长，残留渗碳体分解越彻底，碳原子扩散越充分，则奥氏体化完成越彻底。

（2）加热速度　加热速度对奥氏体化过程具有重要影响，加热速度越快，转变开始温度越高，转变终了温度也越高，转变所需时间越短，即奥氏体化速度越快。

（3）原始组织　在成分相同时，工件的原始组织越细，则相界面越多，越有利于奥氏体晶核的形成和长大，奥氏体化速度越快。例如，相同成分的钢由于细片状珠光体比粗片状珠光体的相界面积大，故细片状珠光体的奥氏体形成速度快。

（4）合金元素　合金元素虽然不会改变珠光体向奥氏体转变的基本过程，但除了钴元素之外的大多数合金元素都会使奥氏体化的速度减缓，所以合金钢的奥氏体化速度要比碳素钢的慢，特别是高合金钢更是慢得多。因此，在实际生产中合金钢的加热温度和保温时间一般要比碳钢的温度更高、时间更长。

4. 奥氏体晶粒的长大与控制

（1）奥氏体晶粒的大小及其对钢性能的影响　钢在加热时，奥氏体晶粒的大小直接影响到热处理后钢的组织和性能。

当珠光体刚刚全部转变为奥氏体时，奥氏体晶粒还是很细小的，此时将奥氏体冷却后得到的组织晶粒也很细小。如果在形成奥氏体后继续升温或延长保温时间，在伴随着残留渗碳体溶解和奥氏体均匀化的同时，奥氏体的晶粒也将长大。奥氏体晶粒的长大是依靠较大晶粒吞并较小晶粒和晶界迁移的方式进行的，如图4-4所示。

钢在加热、保温过程中得到奥氏体晶粒的大小直接影响到冷却以后转变产物晶粒的大小，如图4-5所示。加热、保温时获得的奥氏体晶粒细小，冷却以后的转变产物晶粒也细小，钢的强度、塑性、韧性较好；若加热、保温时得到的奥氏体晶粒粗大，则冷却以后的转变产物晶粒也粗大，使钢件冷却后的力学性能降低，特别是韧性变差；另外，奥氏体晶粒粗大也是淬火变形和开裂的重要原因。

（2）奥氏体晶粒的长大及其影响因素　影响奥氏体晶粒的长大因素主要有以下几个方面：

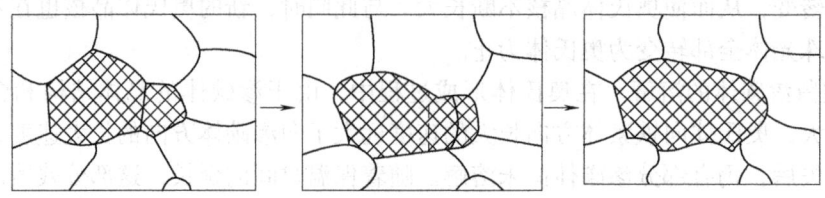

图 4-4　奥氏体晶粒的吞并与长大形成过程示意图

1) 加热温度和保温时间。加热温度越高，保温时间越长，则奥氏体晶粒长得越大。其中加热温度对奥氏体晶粒长大的影响比保温时间更明显。

2) 加热速度。当加热温度确定后，加热速度越快，奥氏体晶粒越细小。因此，快速高温加热和短时间保温是生产中常用的一种细化晶粒的方法。

3) 钢的成分。随着奥氏体中碳的质量分数的增加，晶粒长大的倾向也大；若钢中的碳以未溶碳化物的形式存在，则有阻碍晶粒长大的作用。

4) 合金元素。大多数合金元素均能

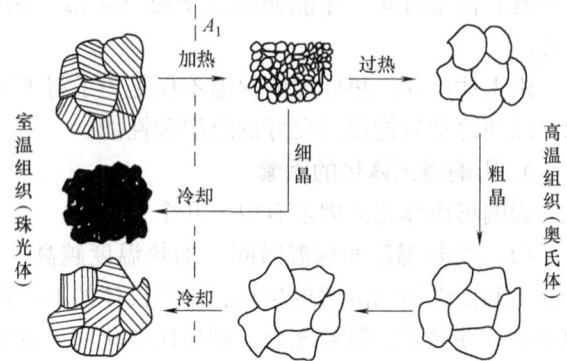

图 4-5　钢在加热和冷却时晶粒大小的变化

不同程度地阻碍奥氏体晶粒长大，尤其是与碳结合力较强的合金元素（如铬、钼、钨、钒等）。这些合金元素在钢中形成难溶于奥氏体的碳化物，并弥散分布在奥氏体晶界上，因此阻碍奥氏体晶粒长大，而锰、磷则促使奥氏体晶粒长大。

二、钢在冷却时的组织转变及影响因素

钢经过加热和保温后，获得成分均匀、晶粒细小的奥氏体组织，但这并不是热处理的最终目的。奥氏体在随后的冷却中将根据冷却方式的不同而发生不同的组织转变，并最终决定钢的组织和性能。因此，冷却过程是热处理的关键工序。

将同一成分的钢奥氏体化后以不同速度冷却时，可获得不同的力学性能。其原因在于随着冷却速度增大，奥氏体在非平衡条件下不再按 Fe-Fe$_3$C 相图所示规律转变为珠光体等平衡组织，而是过冷至 A_1 以下温度转变为其他非平衡组织。

热处理的冷却方式有两种，如图 4-6 所示，一种是等温冷却转变，即将奥氏体快速冷却到临界温度以下的某个温度，并在此温度下进行保温和完成组织转变；另一种是连续冷却转变，即奥氏体以不同的冷却速度进行连续冷却，并在连续冷却过程中完成组织转变。因此，奥氏体冷却时的组织转变既可在 A_1 以下某一温度等温进行，也可在连续冷却中进行，其组织转变规律可分别用通过实验测定的过冷奥氏体等温转变图和过冷奥氏体连续冷却转变图来描述。

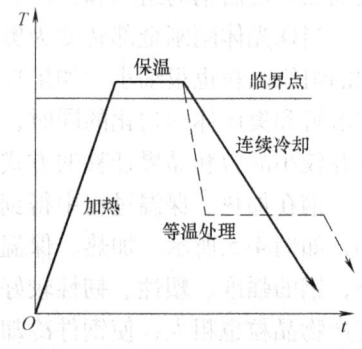

图 4-6　热处理两种冷却方式的示意图

现以共析钢为例,介绍过冷奥氏体等温转变图及转变产物。

1. 过冷奥氏体等温转变图

奥氏体在 A_1 温度以上是稳定相,在 A_1 温度以下处于不稳定状态,必然要发生相变。但过冷到 A_1 以下的奥氏体并不是立即发生相变,而是要经过一个孕育期后才开始转变。这种在孕育期内暂时存在的、处于不稳定状态的奥氏体称为"过冷奥氏体"。

过冷奥氏体在不同温度下的等温转变,将使钢的组织与性能发生明显的变化,而奥氏体等温转变图是研究过冷奥氏体等温转变的工具。

表示过冷奥氏体等温温度与转变产物、等温时间与转变量之间关系的图形,称为过冷奥氏体等温转变图。共析钢的过冷奥氏体等温转变图如图 4-7 所示,因其形状如字母"C",故又称为 C 曲线。

(1) 等温转变图的建立 把钢加热到奥氏体状态,然后以极快的速度冷却到 A_1 以下不同的温度,在各个不同温度下测得的转变量和时间的关系曲线即为过冷奥氏体等温转变图。在过冷奥氏体的转变过程中,会发生各种物理变化,如放热、体积膨胀、磁性转变等,因此可以利用热分析法、膨胀法、磁性法、金相硬度法等测定奥氏体转变过程。现以共析钢为例,介绍用金相硬度法测定过冷奥氏体等温转变图的过程。

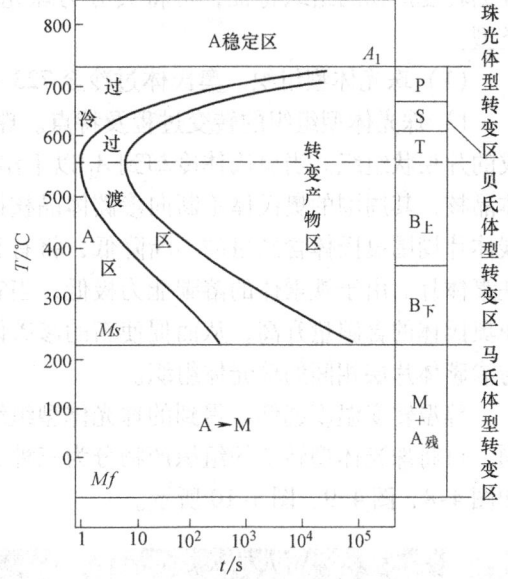

图 4-7 共析钢等温转变图

首先将共析钢制成若干小试样,并分为几组,每组有若干试样。将各组试样都在同样的加热条件下奥氏体化,获得均匀的奥氏体组织,然后把各组试样分别迅速投入 A_1 以下不同温度(如 720℃、700℃、650℃、600℃)的等温槽中,使过冷奥氏体等温转变。同时从试样投入时刻起记录等温时间,每隔一定时间在每一组中取出一个试样投入水中,将试样在不同时刻的等温转变状态固定下来,冷却后测定其硬度并观察显微组织,这样便可找出在不同的过冷温度下进行等温转变时,开始转变所需要的时间及完成转变所需要的时间。在以温度-时间为坐标的图上将所有转变开始点和转变终了点分别用光滑的曲线连接起来,这样就得到了共析钢的等温转变图,如图 4-7 所示。

(2) 等温转变图各部分的含义 过冷奥氏体等温转变图中的纵坐标和横坐标(对数坐标)分别代表等温温度和等温时间,共析温度 A_1 线以上区域是奥氏体区。在 A_1 线下面有两条"C"形曲线,左边一条是过冷奥氏体等温转变的开始线,右边一条是过冷奥氏体等温转变的终了线。在转变开始线以左的区域是不稳定的过冷奥氏体区,表示在不同温度等温时,过冷奥氏体所需的转变准备时间(称为孕育期)不同;在转变终了线以右的区域是等温转变产物区,随着等温温度的降低,等温转变产物依次为珠光体型(包括珠光体 P、索氏体 S、托氏体 T)和贝氏体型(包括上贝氏体 $B_上$、下贝氏体 $B_下$)的组织,且硬度也随之增高;在转变开始线与转变终了线之间的区域是过冷奥氏体的等温转变区,也称为过渡区,表示在该区域等温时过冷奥氏体发生等温转变,其转变产物随着等温时间增加而不断增多,直至转变终了。

Ms 线和 Mf 线（-50℃）分别代表过冷奥氏体向马氏体（符号为 M）转变的开始温度和终止温度。当钢经奥氏体化后直接快冷至低温时，过冷奥氏体来不及发生等温转变，而是从 Ms 温度开始向马氏体转变，随着温度不断降低，转变得到的马氏体量不断增多，直到 Mf 温度时转变终止，即马氏体转变需在 $Ms \sim Mf$ 温度范围连续冷却时进行。当共析钢快冷至室温时，仍有部分未转变的残留奥氏体（符号为 $A_残$）。

2. 奥氏体冷却转变的产物

由奥氏体等温转变图可知，过冷奥氏体冷却转变的温度不同，得到的转变产物也不同。根据转变产物的组织特征，可将其分为珠光体型组织、贝氏体型组织和马氏体型组织三种类型。

（1）珠光体型组织　奥氏体过冷至 723～550℃ 等温时的转变产物为珠光体型组织。

1）珠光体型组织的转变过程及特点。珠光体型组织均为由铁素体与渗碳体相间排列而成的片层状组织。当奥氏体冷却到 A_1 以下温度时，经过一定的孕育期将在晶界处产生渗碳体晶核，其周围的奥氏体不断向渗碳体晶核提供碳原子而促使其长大成为渗碳体片。随着渗碳体片周围奥氏体含碳量的不断降低，将有利于铁素体晶核的形成，这些奥氏体将转变成为铁素体片。由于铁素体的溶碳能力极低，当它长大时将使多余的碳转移到相邻的奥氏体中，使奥氏体的含碳量升高，从而促使新的渗碳体片形成。上述过程不断循环，最终获得铁素体与渗碳体片层相间的珠光体组织。

等温转变温度越低，得到的珠光体型组织越细密，其强度和硬度越高。根据过冷度的不同，可将珠光体型转变的组织产物分为三种，即珠光体、索氏体、托氏体，其显微组织分别如图4-8、图4-9、图4-10所示。

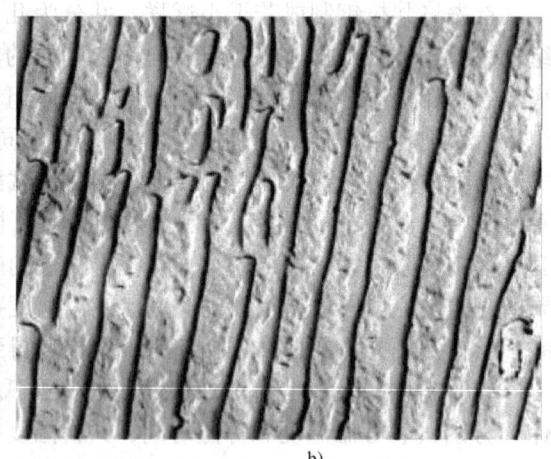

a)　　　　　　　　　　　　　　　　b)

图4-8　粗片状珠光体的显微组织
a）光学显微组织　b）电子显微组织

2）珠光体型组织的性能特点。珠光体型组织中的片层间距越小，相界面越多，塑性变形抗力越大，故强度、硬度越高；同时由于片层间距小，渗碳体变得很薄，越容易随铁素体一起变形而不脆断，因而使得塑性和韧性也有所提高。

过冷奥氏体在 723～650℃ 等温时得到粗片状珠光体，其硬度小于 22HRC；在 650～

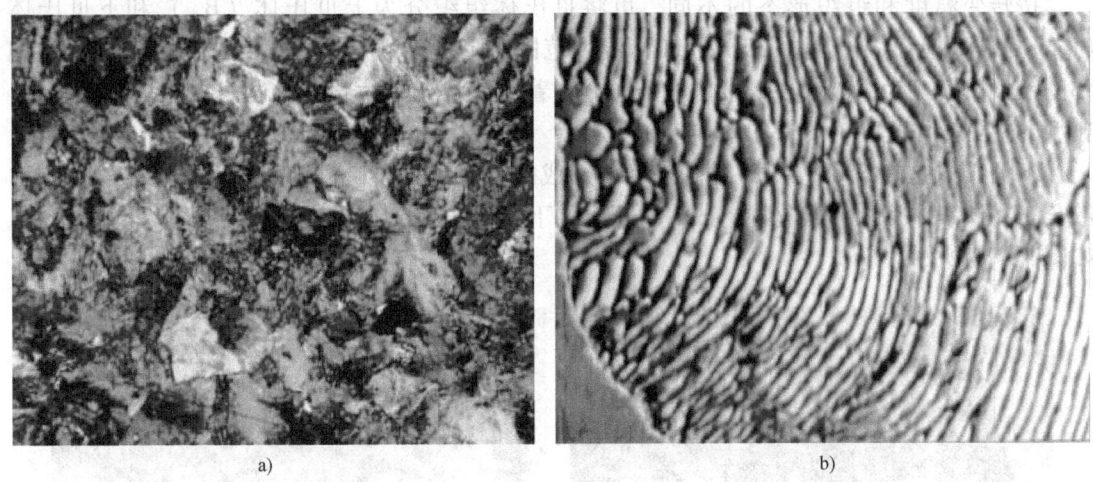

图 4-9 索氏体的显微组织
a) 光学显微组织 b) 电子显微组织

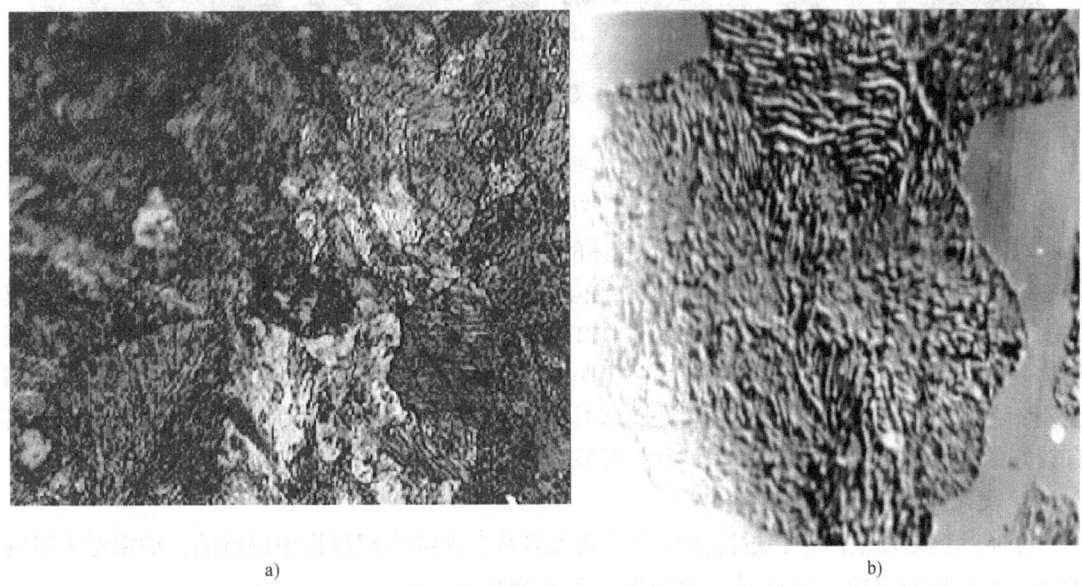

图 4-10 托氏体的显微组织
a) 光学显微组织 b) 电子显微组织

600℃等温时,得到细片状珠光体,称为索氏体(符号为 S),其硬度为 25 ~ 32HRC;在 600 ~ 550℃等温时,得到极细的片状珠光体,称为托氏体(符号为 T),其硬度为 32 ~ 40HRC。

(2) 贝氏体型组织 奥氏体过冷至 550 ~ 230℃等温时的转变产物是贝氏体型组织,用符号 B 表示。

1) 贝氏体型组织的转变过程及特点。贝氏体型组织是含碳量过饱和的铁素体与碳化物组成的机械混合物,由于转变时过冷度较大,只有碳原子作短距离的扩散,而铁原子不扩散,因此过冷奥氏体向贝氏体的转变是半扩散型相变。

按转变温度和组织形态的不同,可将贝氏体组织分为上贝氏体($B_上$)和下贝氏体($B_下$)两种。上贝氏体是在 350~550℃ 温度范围内形成的,它是以大致平行、碳轻微过饱和的铁素体板条为主体,在铁素体板条间分布着短针状或短片状碳化物。在光学显微镜下,典型的上贝氏体呈羽毛状,如图 4-11a 所示。

下贝氏体是在 350℃~Ms 温度范围内形成的,它由含碳量过饱和的针片状铁素体和弥散分布在铁素体片内的碳化物组成。共析钢的下贝氏体组织在光学显微镜下呈黑色针片状,如图 4-11b 所示。

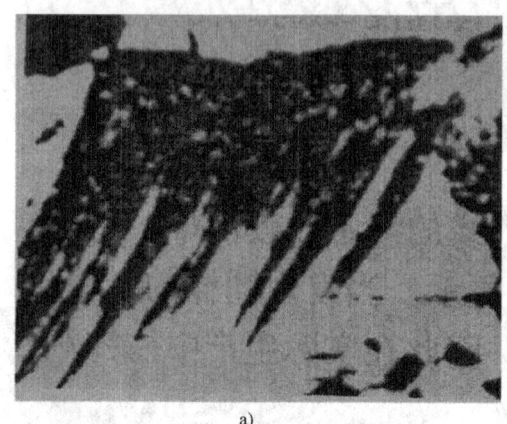 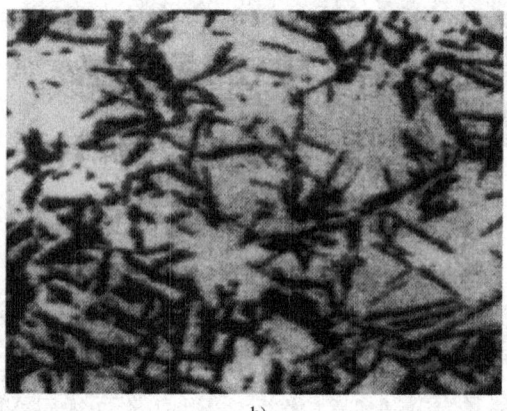

a)   b)

图 4-11 贝氏体的显微组织
a) 上贝氏体 b) 下贝氏体

2) 贝氏体型组织的性能特点。贝氏体的性能主要取决于铁素体条(片)的粗细、铁素体中碳的过饱和度以及渗碳体(或其他结构的碳化物)的大小、形状与分布。贝氏体形成温度越低,铁素体条(片)越细,铁素体中碳的过饱和度越大,渗碳体(或其他结构的碳化物)颗粒越小、越多、弥散度越大。上贝氏体的脆性大,硬度约为 45HRC,但塑性、韧性差,在生产中无实用价值;而下贝氏体具有高的强度和硬度,硬度约为 55HRC,同时具有较好的塑性和韧性。在实际生产中常用等温淬火来获得下贝氏体,以提高材料的强韧性。

3. 奥氏体的连续冷却转变

在实际热处理生产中,过冷奥氏体转变大多是在连续冷却过程中进行的,如钢退火时的炉冷、正火时的空冷、淬火时的水冷等,其转变后获得的组织、性能都是以连续冷却转变为依据的。因此,研究过冷奥氏体在连续冷却时的组织转变规律具有重要的意义。

图 4-12 所示为共析钢的连续冷却转变图,由图可见,连续冷却转变图只有 C 曲线的上半部分,没有下半部分,即连续冷却转变只发生珠光体和马氏体转变,而不发生贝氏体转变。图中 Ps 线为过冷奥氏体向珠光体转变的开始线;Pf 线为过冷奥氏体向珠光体转变的终止线;K 线为过冷奥氏体向珠光体转变的终止线,它表示当冷却速度线与 K 线相交时,过冷奥氏体不再

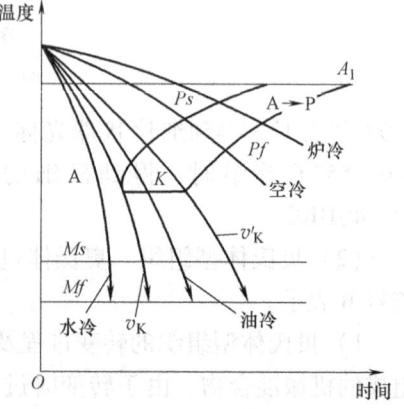

图 4-12 共析钢的连续冷却转变曲线

向珠光体转变，剩余过冷奥氏体一直冷却到 Ms 线以下发生马氏体转变。

与连续冷却转变图"鼻尖"相切的冷却速度线 v_K，表示过冷奥氏体在连续冷却过程中不发生分解，而全部转变为马氏体的最小冷却速度，也称为马氏体的临界冷却速度。

4. 等温转变图在连续冷却转变中的应用

由于过冷奥氏体连续冷却转变图的测定比较困难，且有些使用广泛的钢种的连续冷却转变图至今尚未测出，所以目前生产上常用等温转变图来代替连续冷却转变图定性地、近似地分析过冷奥氏体的连续冷却转变。图 4-13 所示即为应用共析钢的等温转变图分析奥氏体连续冷却时的转变情况，图中冷却速度 v_1 相当于随炉冷却的速度，根据它与等温转变图相交的位置，可估计出奥氏体将转变为珠光体；冷却速度 v_2 相当于在空气中冷却的速度，根据它与等温转变图相交的位置，可估计出奥氏体将转变为索氏体；冷却速度 v_3 相当于油冷的速度，根据它与等温转变图相交的位置，可估计出有一部分奥氏体将转变为托氏体，剩余的奥氏体冷却到 Ms 线以下开始转变为马氏体，最终得到托氏体、马氏体和残留奥氏体的混合组织；冷却速度 v_4 相当于水冷的速度，它不与等温转变图相交，奥氏体一直过冷到 Ms 线以下开始转变为马氏体；冷却速度 v_K 与等温转变图鼻尖相切，为该钢的马氏体临界冷却速度。

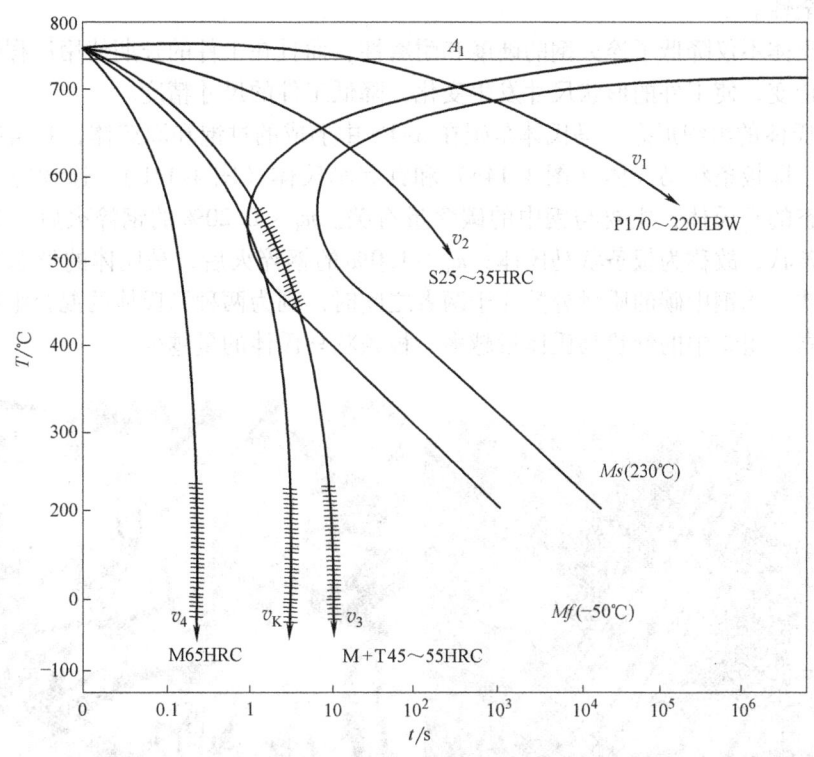

图 4-13　用等温转变图分析奥氏体的连续冷却转变

5. 马氏体转变

奥氏体直接快冷至 Ms 以下温度并连续冷却时的转变产物是马氏体组织。

（1）马氏体的转变过程及特点　马氏体转变与其他相变一样，也是由形核和长大两个基本过程组成的。和其他相变相比，马氏体转变具有以下特点。

1)马氏体转变是无扩散型相变。珠光体是扩散型相变,贝氏体是半扩散型相变,而马氏体转变是在极大的过冷度下进行的,转变时只发生 γ-Fe 和 α-Fe 的晶格改组,而奥氏体中的铁、碳原子都不能进行扩散,所以是无扩散型相变。

2)马氏体转变的速度极快。马氏体形成时一般不需要孕育期,马氏体量的增加不是靠已形成的马氏体片的不断长大,而是靠新的马氏体片的不断形成。

3)马氏体转变在一定温度范围内发生。当过冷奥氏体以大于马氏体临界冷却速度的速度过冷到 Ms 温度时,就开始向马氏体转变。随着温度的下降,马氏体转变量增加,当温度下降到 Mf 温度时,马氏体转变终止。如在 Ms～Mf 之间某一温度等温,马氏体的量并不明显增加,所以只有在 Ms～Mf 之间继续降温时,马氏体才能继续形成。

Ms 与 Mf 的位置主要取决于奥氏体的成分,奥氏体中碳的质量分数越高,Ms 与 Mf 越低。

4)马氏体转变具有不完全性。当奥氏体中的 $w_C>0.5\%$ 时,Mf 点在室温以下,所以淬火到室温时,必然有一部分奥氏体残留下来,称为残留奥氏体。随着奥氏体中碳的质量分数增大,Ms 和 Mf 的下降,残留奥氏体的量较多。而且在保证马氏体转变的条件下,即使把奥氏体过冷到 Mf 以下,仍不能得到 100% 的马氏体,总有少量的残留奥氏体,这就是马氏体转变的不完全性。

残留奥氏体不仅降低了淬火钢的硬度和耐磨性,而且在工件的长期使用过程中残留奥氏体还会发生转变,使工件的形状尺寸发生变化,降低工件的尺寸精度。

(2)马氏体的组织形态 马氏体是碳在 α-Fe 中形成的过饱和固溶体,其组织形态主要有两种类型,即板条状马氏体(图 4-14a)和针状马氏体(图 4-14b)。连续冷却以后究竟形成何种形态的马氏体,主要与钢中的碳含量有关。$w_C<0.20\%$ 的钢淬火后,其马氏体形态基本为板条状,故称为板条状马氏体;$w_C>1.0\%$ 的钢淬火后,马氏体的形态为针状,称为针状马氏体。当钢中碳的质量分数介于两者之间时,则为两种马氏体的混合组织。奥氏体的含碳量越高,组织中的针状马氏体量越多,板条状马氏体的量越少。

 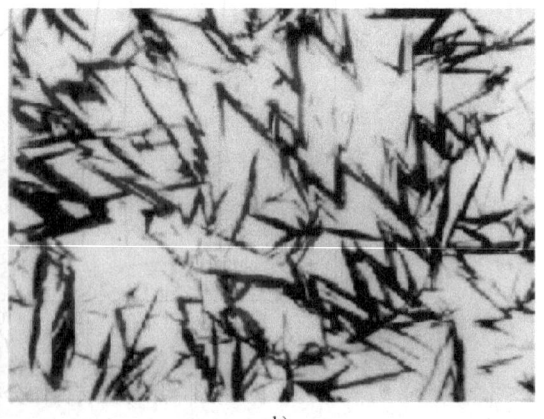

a)   b)

图 4-14 马氏体的显微组织
a)板条状马氏体 b)针状马氏体

(3)马氏体的性能特点。在钢的冷却转变组织中,以马氏体的硬度为最高(如共析钢为66HRC），且其硬度与过饱和含碳量有关。

1）马氏体的强度和硬度。马氏体的强度和硬度主要取决于马氏体的含碳量，随着含碳量的提高，其强度与硬度也随之增高，尤其在碳的质量分数较低时，其强度、硬度增高比较明显。因此，低碳马氏体呈板条状，其强度、硬度较高。当 $w_C > 0.6\%$ 以后，马氏体的硬度不再显著增加，所以，$w_C > 1\%$ 的高碳针状马氏体的硬度高而脆性大。

2）马氏体的塑性和韧性。马氏体的塑性和韧性也与含碳量有关，板条状的低碳马氏体塑性和韧性较好，而针状高碳马氏体的塑性和韧性较差。碳的质量分数在 0.2%～1% 之间时，马氏体则是上述两种马氏体的混合组织，其性能介于二者之间。

3）马氏体的体积。单位质量物质的体积称为该物质的比体积。在钢的组织中，马氏体的比体积最大，奥氏体的最小，珠光体的居中，所以当奥氏体转变为马氏体时，必然伴随着体积膨胀而产生内应力，易使淬火零件变形甚至开裂。

模块小结

本模块主要介绍了热处理的基本概念、特点、目的，以及热处理的基本过程、钢在加热和冷却时的组织转变特点及转变产物的组织与性能。

1）钢的热处理是指将钢在固态下采用适当的方式加热、保温和冷却，以改变钢的内部组织结构，最终获得所需性能的工艺方法。

2）通过适当的热处理，不仅可以提高钢的力学性能，改变钢的工艺性能，而且能够充分发挥钢的性能潜力，从而减少零件的质量，延长产品的使用寿命，提高产品的产量、质量和经济效益。

3）热处理时，首先要把钢加热到一定温度，这是热处理过程中的一个重要阶段，其目的主要是使钢奥氏体化，并得到细小而成分均匀的奥氏体晶粒。

4）奥氏体等温转变产物包括珠光体型（珠光体P、索氏体S、托氏体T）和贝氏体型（上贝氏体 $B_上$、下贝氏体 $B_下$）组织。

5）奥氏体连续冷却转变只发生珠光体和马氏体转变，而不发生贝氏体转变。

6）马氏体转变与其他相变一样，也是由形核和长大两个基本过程组成的。

思考与练习

1. 什么叫热处理？热处理工艺过程包括哪三个步骤？
2. 热处理的目的有哪些？
3. 影响奥氏体化的因素有哪些？
4. 简述奥氏体冷却转变的产物及温度范围。
5. 什么是马氏体？它有哪两种类型？它们的性能各有何特点？
6. 简述马氏体型组织的性能特点。

模块五　热处理方法

【任务描述】

钢的热处理方法有很多，但任何一种热处理方法都是根据钢在加热和冷却过程中的组织转变规律进行的，其工艺都是由加热、保温和冷却三个阶段组成的，所不同的只是加热温度、保温时间和冷却速度不同。本模块主要介绍各种热处理方法、钢的组织和性能特点及应用。

【学习目标】

1) 了解整体热处理的工艺过程。
2) 掌握退火、正火、淬火、回火的目的、特点及应用。
3) 掌握表面热处理的基本概念及原理。
4) 掌握化学热处理的基本概念及渗碳、渗氮、碳氮共渗的方法。
5) 了解热处理新工艺的方法及特点。

内容一　整体热处理

在零件的生产过程中，整体热处理既可作为预备热处理以消除上一道工序所遗留的某些缺陷，为下一道工序准备好条件，也可作为最终热处理以改善材料的性能，从而充分发挥材料的潜力，达到零件的使用要求。

一、退火

退火是将工件加热到适当的温度，保温一定时间后随炉降温而缓慢冷却的热处理方法。

退火的目的是：①消除铸、锻件等的内应力，以防止变形和开裂。②均匀组织，细化晶粒，改善钢的力学性能。③降低钢的硬度，提高钢的切削加工性等。

退火的种类有很多，最常用的退火方法有完全退火、球化退火、去应力退火和均匀化退火等。

1. 完全退火

完全退火一般简称退火，是将钢件加热到完全奥氏体化温度，即加热到 Ac_3 以上 30~50℃，根据零件的尺寸保温一段时间，然后随炉缓冷到 500℃ 以下再出炉空冷。室温下的退火组织为细小的铁素体和片状珠光体的混合物。

完全退火的目的是：①降低钢的硬度，以利于切削加工。②消除残留应力，稳定工件尺寸，以防工件变形或开裂。③细化晶粒，改善组织，以提高力学性能和改善工艺性能，为最终热处理做好组织准备。完全退火所需时间很长，特别是对于某些合金钢往往需要数十小时，甚至数天时间，因此是一种费时的工艺。

完全退火主要用于亚共析成分的碳素钢和合金钢的铸件、锻件及热轧型材，也可用于焊接结构件。完全退火不能用于过共析钢，因为加热到 Ac_m 以上温度随后缓冷时，会沿奥氏体晶界析出网状二次渗碳体，使钢的强度和韧性降低。

2. 球化退火

球化退火是将钢件加热到 Ac_1 以上 20~30℃，保温一定时间，然后以不大于 50℃/h 的速度随炉缓冷，使钢中未溶的碳化物自发地由片状变成球状。

球化退火的主要目的是降低共析钢或过共析钢的硬度，提高塑性，改善切削加工性能，获得均匀的组织，改善热处理工艺性能，为以后的淬火做好组织准备。

球化退火主要用于共析或过共析成分的碳素钢和合金钢，这类钢件在热加工之后的组织中常出现粗片状珠光体和二次渗碳体，使钢的力学性能和切削加工性能变差，且淬火时易产生变形和开裂。采用球化退火可使珠光体中的片状渗碳体和二次渗碳体变成球状（颗粒状）渗碳体。这种在铁素体基体上均匀分布着球状渗碳体的组织称为球状珠光体，如图 5-1、图 5-2 所示。

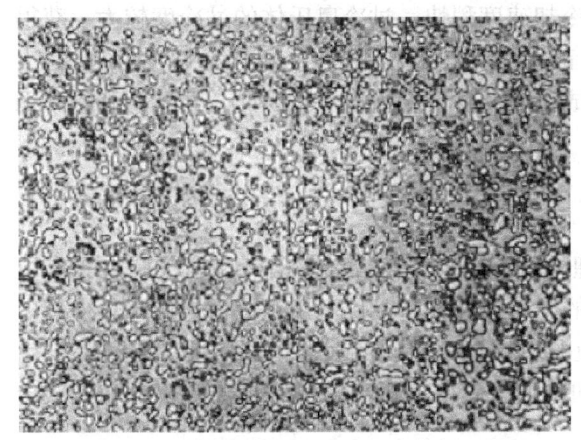

图 5-1　过共析钢（T10 钢）的球化退火组织

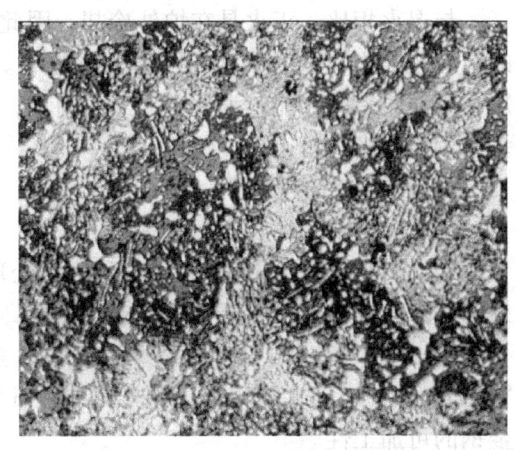

图 5-2　共析钢的球化退火组织

3. 去应力退火

去应力退火又称为低温退火，它是将钢件缓慢加热至低于 A_1 的温度（一般为 500~650℃）并保温一定时间，然后随炉缓冷到 200℃ 再出炉空冷的工艺方法。

去应力退火的目的是消除工件在使用或加工时产生的应力，以提高尺寸稳定性，防止工件在随后的机械加工或长期使用过程中引起变形和开裂。退火温度越高，应力消除得越充分。

去应力退火主要用于消除铸件、锻件、焊接件、冲压件及切削加工件中的残留应力。如果这些残留应力不予以消除，工件在随后的机械加工或长期使用过程中将可能引起变形或开裂。

4. 均匀化退火

均匀化退火的工艺是将铸锭、铸件或锻坯加热到 Ac_3 + (150~200℃) 以上温度，保温 10~15h，然后随炉缓冷至 350℃ 再出炉空冷。

均匀化退火的目的是使钢中成分进行充分扩散，以达到均匀化，退火后可以降低钢的热加工脆裂倾向，提高钢的力学性能。因为均匀化退火的加热温度高、保温时间长，会导致奥氏体晶粒粗大，所以工件经均匀化退火后应进行热压力加工，使晶粒得到充分的细化，否则需要通过完全退火或正火来细化晶粒。

均匀化退火主要用于优质合金钢的铸锭、铸件或锻坯。

退火加热时温度控制应准确，过低达不到退火目的，过高又会造成过热、过烧、氧化、脱碳等缺陷。操作时还应注意零件的放置方法，当退火的主要目的是为了消除内应力时更应注意。例如，对于细长工件的稳定尺寸退火，一定要在井式炉中垂直吊挂工件，以防止工件由于自身重力所引起的变形。

二、正火

正火是将钢件加热到完全转变为奥氏体（对于亚共析钢为 Ac_3 以上 30~50℃，对于过共析钢为 Ac_m 以上 30~50℃），保温一定时间后，在空气中冷却以得到细片状珠光体组织的热处理方法。

1. 正火的特点

与退火相比，正火是在炉外冷却，因此冷却速度稍快，过冷奥氏体的过冷度较大，获得的组织较细小，钢的强度和硬度有所提高。正火还具有不占用加热设备，生产周期比退火短，生产效率高，能量消耗少，工艺简单，成本低，性能好等优点。因此，低碳钢和中碳钢多采用正火来代替退火。

2. 正火的目的和应用

正火的主要目的及应用范围如下：

1) 正火可作为一般结构件的最终热处理。由于正火组织较细，因而比退火状态具有更好的综合力学性能，对于某些要求不是很高的结构件和大型工件可用正火作为最终热处理。

2) 正火可改善亚共析钢的可加工性。亚共析钢退火后硬度偏低，在切削加工时易产生"粘刀"现象。正火可以增加珠光体的数量和分散度，提高硬度，从而改善低碳钢和低碳合金钢的可加工性。

3) 正火可消除或减少过共析钢中的二次渗碳体组织，为球化退火做好组织准备。因为正火冷却速度较大，二次渗碳体来不及沿奥氏体晶界呈网状析出，所以渗碳体呈断续的链状分布。

4) 对于某些大型或形状复杂的零件，当淬火有开裂危险时，可用正火代替淬火、回火处理。

3. 正火与退火的力学性能比较

由于正火比退火的冷却速度快，所以正火工件获得的组织比较细密，比退火工件的强度和硬度稍高，韧性也较好。45 钢正火与退火状态的力学性能对比见表 5-1。

表 5-1 45 钢正火与退火状态的力学性能对比

工艺方法	R_{eL}/MPa	$A_{11.3}$（%）	a_K（J/cm^2）	HBW
正火	700~800	15~20	50~80	≈220
退火	650~700	15~20	40~60	≈180

退火和正火的加热温度范围及热处理工艺曲线如图 5-3 所示。

三、淬火

淬火是将工件加热到 Ac_1 或 Ac_3 以上 30~50℃并保温一定时间，然后快冷，以获得马氏体组织的热处理方法。淬火的主要目的是提高钢的硬度和耐磨性，是强化钢材最重要

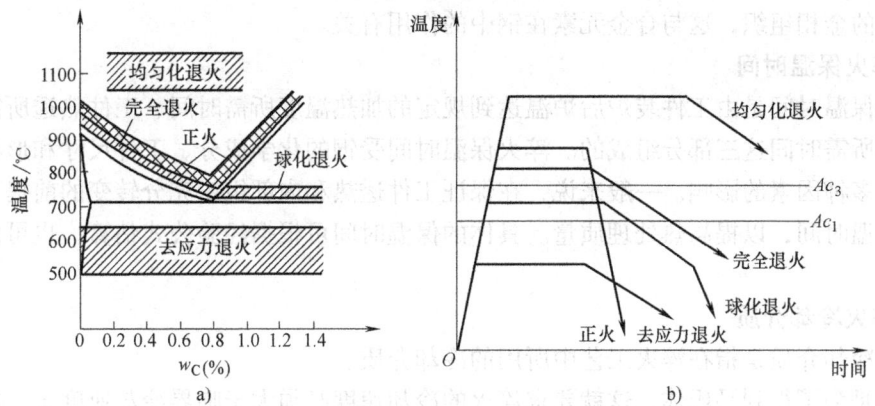

图 5-3 退火和正火的加热温度范围及热处理工艺曲线
a) 加热温度范围 b) 工艺曲线

的工艺方法。

淬火质量取决于淬火三要素，即加热温度、保温时间和冷却速度。

1. 淬火加热温度

钢的淬火加热温度是根据 Fe-Fe$_3$C 相图来选择的，如图 5-4 所示。亚共析钢的淬火加热温度一般选择在 Ac_3 以上 30~50℃，淬火后可获得均匀细小的马氏体组织；而共析钢和过共析钢的淬火加热温度一般选择在 Ac_1 以上 30~50℃，淬火后可获得均匀细小的马氏体和粒状渗碳体的混合组织。若将亚共析钢的加热温度选择在 Ac_1~Ac_3 之间，则组织中必然有一部分铁素体存在，淬火后由于铁素体不能转变而被保留在淬火组织中，这将降低钢的强度、硬度和耐磨性，同时还影响回火后的力学性能；若将过共析钢的加热温度选择在 Ac_m 以上，则不仅由于温度过高而使奥氏体晶粒粗化，而且因为渗碳体全部溶解而使得奥氏体的含碳量过高，工件快速冷却至 Ms 以下时会导致淬火后残留奥氏体量过多，使钢的硬度和耐磨性降低；若加热温度低于 Ac_1，则无论何种钢都不发生相变，达不到淬火的目的。图 5-4 所示为碳钢的淬火加热温度范围示意图。

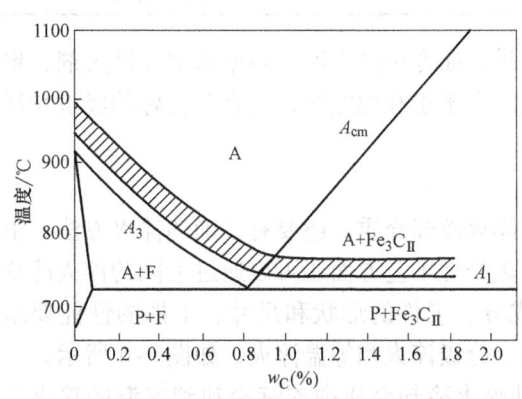

图 5-4 碳钢的淬火加热温度范围示意图

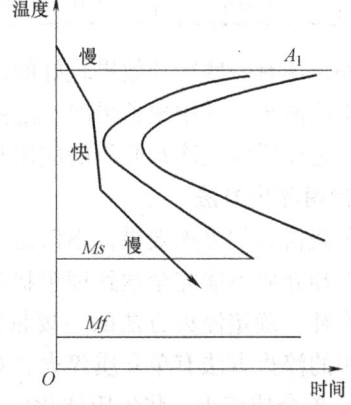

图 5-5 钢的理想淬火冷却速度曲线

而对于合金钢，因为大多数合金元素阻碍奥氏体晶粒长大（Mn、P 除外），所以其淬火温度允许比碳钢的高一些。尤其是有些高合金钢，其淬火加热温度远高于 Ac_1，同样能获得均匀细小的金相组织,这与合金元素在钢中的作用有关。

2. 淬火保温时间

淬火保温时间是由工件装炉后炉温达到规定的加热温度所需时间、工件热透所需时间及组织转变所需时间这三部分组成的。淬火保温时间受钢的化学成分、工件尺寸和形状、加热炉类型等多种因素的影响。一般来说,在保证工件透热和内部组织充分转变的前提下,应尽量缩短保温时间,以提高热处理质量。具体的保温时间可根据经验公式估算,也可由试验来确定。

3. 淬火冷却介质

淬火冷却介质是指在淬火工艺中所用的冷却介质。

淬火是为了得到马氏体,这就要求淬火的冷却速度必须大于临界冷却速度v_k。但冷却速度过大可能会造成很大的内应力,往往会引起钢件的变形和开裂。为了保证工件淬火后得到马氏体,还要减小变形和防止开裂,必须正确选择淬火冷却介质。由等温转变图可知,要想得到马氏体,并不需要在工件的整个冷却过程中都进行快速冷却。理想淬火冷却介质的冷却速度曲线如图5-5所示,在650℃以上由于过冷奥氏体比较稳定,冷却速度可慢些,以减小工件由内外温差引起的热应力,防止变形;在400~650℃范围内(C形曲线鼻尖附近),过冷奥氏体最不稳定,应快速冷却,淬火冷却速度应大于v_k,使过冷奥氏体不发生分解;在200~300℃范围内,过冷奥氏体已进入马氏体转变区,应缓慢冷却。因此,钢的理想淬火冷却速度应是"慢——快——慢"。

常用淬火冷却介质的特点及应用场合见表5-2。

表5-2 常用淬火冷却介质的特点及应用场合

冷却介质	主要类型	冷却特点	应用场合
水	盐水溶液 碱水溶液	在550~650℃范围内冷却能力较强,但在200~300℃范围内冷却能力过强。易使工件获得马氏体组织,但会产生大的淬火应力,容易引起工件变形或开裂	主要用于形状简单、截面尺寸不大的碳钢零件的淬火
油	全损耗系统用油 变压器油 柴油等	在200~300℃范围内冷却能力较弱,有利于减少工件的变形和开裂倾向。但在550~650℃范围的冷却能力不够强,不利于碳钢的淬火	常用于临界冷却速度较低的合金钢和某些小型复杂碳素钢零件的淬火

此外,还有一些冷却效果较好的新型淬火介质,如专用淬火油、新型水溶性淬火剂、聚乙烯醇水溶液等。其中聚乙烯醇水溶液的冷却性能介于水和油之间,且有着良好的经济和环境效益,是今后淬火冷却介质的应用和发展方向。

4. 常用淬火方法

为了获得好的淬火效果,不仅需要合理选用淬火冷却介质,还要有正确的淬火方法。由于淬火冷却介质不能完全达到理想状态,所以在热处理工艺方面还可以通过不同的淬火冷却方法来弥补。确定淬火方法的主要依据是钢的成分、工件的形状和尺寸、工件的性能要求等。常用的淬火方法有单介质淬火、双介质淬火、分级淬火和等温淬火,如图5-6所示。

(1) 单介质淬火 将奥氏体化的工件在一种淬火冷却介质中连续冷却到室温的淬火工艺称为单介质淬火,如图5-6中冷却曲线1所示。例如,碳钢在水中的淬火或合金钢在油中的淬火等都属于单介质淬火。这种方法操作简单,易实现机械化和自动化,应用较广,其缺点是水淬开裂倾向大,油淬冷却速度慢,容易产生硬度不足或硬度不均匀现象,所以常用于形状简单的工件淬火。

(2) 双介质淬火　将奥氏体化的工件先在冷却能力较强的淬火冷却介质中冷却,待冷却到稍高于 M_s 温度后再立即转入另一种冷却能力较弱的淬火冷却介质中,使之发生马氏体转变的淬火工艺称为双介质淬火,如图 5-6 中冷却曲线 2 所示。例如,碳钢常采用先水淬后油淬方法,而合金钢则采用先油淬后空冷方法。双介质淬火充分利用了两种淬火冷却介质的优点,淬火应力小,减少了工件变形和开裂的可能性,但不易控制工件在水或油中停留的时间,对操作技术要求较高。

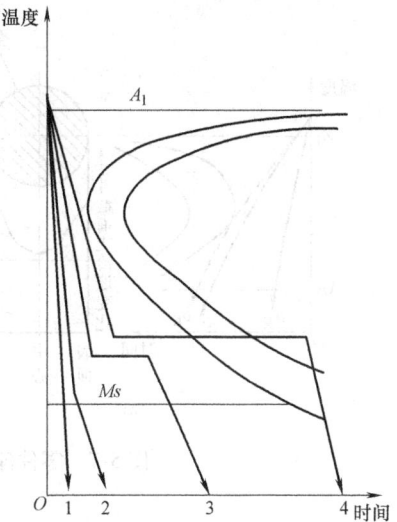

图 5-6　常用淬火方法
1—单介质淬火　2—双介质淬火
3—分级淬火　4—等温淬火

(3) 分级淬火　将奥氏体化的工件浸入温度在 M_s 点附近的盐浴或碱浴中并保温适当时间,待工件内外层都达到淬火冷却介质温度后出炉空冷,以获得马氏体组织的淬火工艺称为分级淬火,如图 5-6 中冷却曲线 3 所示。分级淬火较好地克服了单介质淬火的缺点,并弥补了双介质淬火的不足。但由于受盐浴或碱浴冷却能力的限制,分级淬火只适用于尺寸较小、形状复杂或截面不均匀的零件。

(4) 等温淬火　将奥氏体化的工件浸入温度稍高于 M_s 的盐浴或碱浴中并保持足够时间,使其发生下贝氏体转变后取出空冷的淬火工艺称为等温淬火,如图 5-6 中冷却曲线 4 所示。等温淬火不仅能大幅度降低工件的淬火应力,有效防止变形和开裂,而且能获得具有高强度和良好韧性配合的下贝氏体组织。但由于盐浴或碱浴的冷却能力较低,只适用于形状复杂、尺寸精度要求高的小型工件,如弹簧、板牙、小齿轮等,也可用于较大截面的高合金钢零件的淬火。其缺点是生产周期长、效率低。

分级淬火与等温淬火有些相似,但实质却不同,主要区别是分级淬火的时间很短,随后空冷时发生马氏体转变;而等温淬火的等温时间长(一般在半小时以上),以保证完成贝氏体转变。

5. 钢的淬透性与淬硬性

钢件淬火的目的是为了获得马氏体组织或下贝氏体组织,但是,工件截面上不同区域内外的冷却速度是不同的,只有冷却速度大于临界冷却速度的部分经淬火后转变成马氏体组织。如果冷却速度小于临界冷却速度,则不能转变成马氏体组织,而形成索氏体或托氏体组织。

(1) 淬透性及影响因素　淬透性是指钢在规定条件下淬火时获得淬硬层深度大小的能力,它是钢材最重要的热处理工艺性能之一。

图 5-7 所示为一圆柱形工件,假设工件表面的冷却速度和心部的冷却速度都大于临界冷却速度 v_k,则整个工件的组织全部转变为马氏体,即钢件被完全淬透,如图 5-7a 所示;如果工件心部的冷却速度小于 v_k,则没有被淬透,如图 5-7b 所示。一般规定,以工件表面到半马氏体区(即马氏体和珠光体型组织各占 50% 的区域)的距离为淬透层深度,如图 5-8 所示。

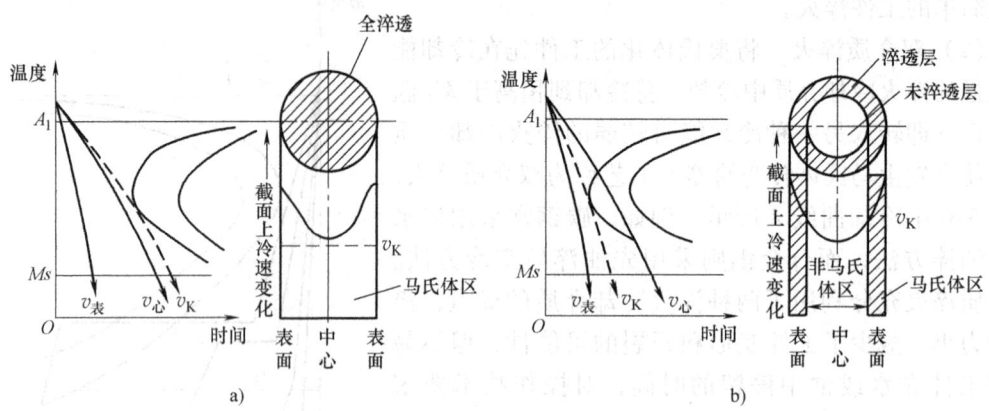

图 5-7 零件淬透情况与截面上冷却速度的关系示意图
a）完全淬透 b）未淬透

影响淬透性的因素主要有以下几种：

1）含碳量。亚共析钢的淬透性随着含碳量的增加而提高；共析钢碳的质量分数为 0.77% 时，淬透性最好；过共析钢的淬透性随着含碳量的增加而降低。

2）合金元素。除了钴以外的大多数合金元素都可以溶入奥氏体中，提高奥氏体的稳定性，减缓过冷奥氏体的转变速度，使钢的临界冷却速度降低，从而提高淬透性。所以在正常加热条件下，合金钢的淬透性比碳钢的好。

3）加热温度。奥氏体化温度越高，奥氏体晶粒越粗大、成分越均匀，因此减少了珠光体的形核率，可以降低钢的临界冷却速度，增加淬透性。

淬透性是选用材料和制订热处理工艺的主要依据之一，具有重要的实用价值。

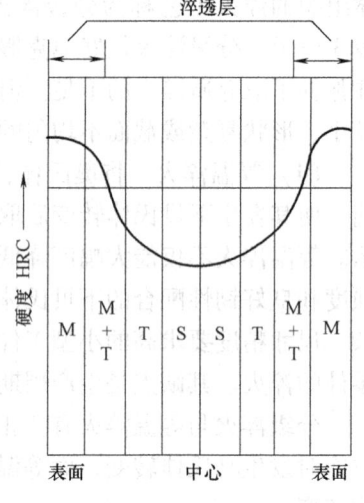

图 5-8 钢的淬透层示意图

1）大截面或形状复杂的重要零件、要承受动载荷的重要零件、承受轴向拉伸或压缩且截面负荷均匀的零件（如高强度螺栓、内燃机连杆等），因要求其整个截面的力学性能均匀一致，所以应该淬透。

2）承受弯曲及扭转应力的轴类零件或仅要求表面耐磨而心部受力小的零件，由于工作应力主要发生在轴的外缘或表面，越靠近心部应力越小，因此不必淬透。

3）承受交变应力的弹簧，由于要求具有高的疲劳强度和足够的塑性、韧性，因此应该淬透。

4）焊接件不宜选择高淬透性的钢，否则在焊缝热影响区容易发生淬火，造成工件变形和开裂。

（2）淬硬性及影响因素 淬硬性是指钢在理想条件下进行淬火硬化时所能达到最高硬度的能力。钢的淬硬性主要取决于加热时固溶于奥氏体中的含碳量，含碳量越高，钢的淬硬性就越好，淬火后的硬度值就越高。

淬透性与淬硬性是两个不同的概念，没有必然的联系，因为淬透性好的钢，其淬透层的硬度未必高。零件淬火得到的淬透层深度不仅取决于钢的淬透性，而且还受零件尺寸大小、形状及淬火冷却介质冷却能力等多方面因素的影响。所以，淬透性好的钢其淬硬性不一定高。例如，低碳合金钢的淬透性很好，但淬硬性却不高；碳素工具钢的淬透性较差，但淬硬性却很高。

6. 淬火操作注意事项

淬火操作时要注意工件浸入淬火液的方法，如果浸入方式不正确，可能会使工件各部分的冷却速度不一致而造成很大的内应力，使工件产生变形和裂纹，或产生局部淬不硬等缺陷。例如，钻头、轴杆等细长类工件应以吊挂的方式垂直浸入淬火液中；圆盘、铣刀等薄而平的工件不能平着放入而必须立着放入淬火液中，以使工件各部分的冷却速度趋于一致。

淬火操作时还必须穿戴防护用品，如工作服、手套、防护眼镜等，以防淬火液飞溅伤人。

四、回火

回火是将淬火后的钢加热到奥氏体转变温度以下某一温度，保温后冷却下来的一种热处理方法。

钢淬火后得到的是脆性马氏体组织，存在内应力，容易变形和开裂；另外，淬火马氏体和其中残留的奥氏体在室温下都是不稳定组织，趋向于分解回到铁素体和碳化物的稳定状态，从而导致工件的尺寸和性能发生变化。因此，淬火钢不能直接使用，必须通过回火处理，以达到要求的强度、硬度、塑性和韧性。

1. 淬火钢回火的目的

淬火钢回火的目的有以下几个方面：

1）降低淬火钢的脆性和内应力，防止变形或开裂。工件淬火后存在很大的应力（等温淬火除外），若不及时回火易造成工件变形甚至开裂。

2）稳定工件的形状和尺寸。工件淬火后的组织主要由马氏体和残留奥氏体组成（等温淬火除外），两者都是不平衡组织，处于有自发转变要求的不稳定状态。通过回火可以使这些组织趋于稳定，使工件的形状和尺寸不再发生变化。

3）获得所需要的力学性能。通过适当的回火可获得所要求的强度、硬度和韧性，以满足各种工件的不同使用要求。

淬火钢经回火后，其硬度随回火温度的升高而降低，回火一般也是热处理的最后一道工序。

2. 淬火钢回火后的组织转变和性能

淬火马氏体与残留奥氏体在回火过程中，会逐渐向稳定的铁素体和渗碳体（或其他结构的碳化物）的两相组织转变。随着回火温度的不同，将发生以下转变。

（1）马氏体的分解（≤200℃）　在80℃以下回火时，淬火钢中没有明显的组织转变，此时在马氏体中只发生碳原子的偏聚。在80~200℃范围内回火时马氏体开始分解，马氏体中过饱和的碳原子以亚稳定的碳化物形式析出，故降低了马氏体中碳的过饱和度。由于这一阶段的温度较低，从马氏体中仅析出了一部分过饱和碳原子，故它仍是碳在 α-Fe 中的过饱和固溶体。析出的亚稳定碳化物极为细小并弥散于过饱和固溶体的相界面上，且与 α 固溶体保持共格（即两相界面上的原子恰好是两相晶格的共用结点原子）关系。

在这一阶段的回火组织是由过饱和的α固溶体和与其晶格相联系的碳化物所组成的，这种组织称为回火马氏体，如图5-9所示。由于该组织中的碳化物极为细小且弥散度极高，所以在低于200℃回火时，钢的硬度并不降低，但由于碳化物的析出，使晶格畸变程度降低，淬火应力有所减小，回火马氏体的硬度与淬火马氏体的相近。

图 5-9　高碳钢的回火马氏体

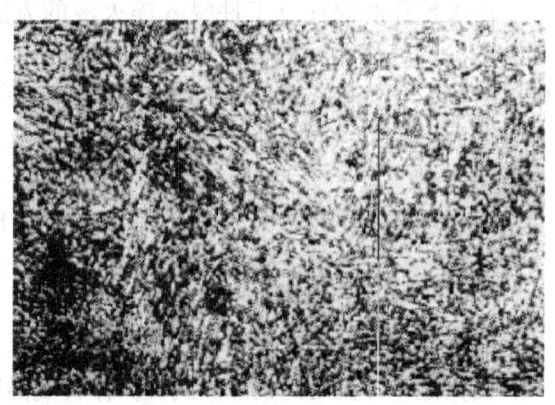
图 5-10　45 钢的回火托氏体

（2）残留奥氏体的分解（200～300℃）　残留奥氏体在本质上与原过冷奥氏体并无不同，在相同的等温温度下，残留奥氏体的回火转变产物与原过冷奥氏体的转变产物相同，即在不同温度下可转变为马氏体、贝氏体和珠光体。

试验证明，当回火温度在200～300℃之间时，残留奥氏体发生明显转变，在此区间转变产物为下贝氏体。应当指出，马氏体分解可延续到350℃左右，因而淬火应力进一步减小，而硬度无明显下降。

（3）碳化物的转变（250～450℃）　在250℃以上回火时，碳化物逐渐向渗碳体转变，到400℃时全部转变为高度弥散分布的、极细小的渗碳体。因为碳化物的不断析出，α固溶体中碳的质量分数已降到平衡成分，即实际上已转变为铁素体，但其形态仍为针状。这时钢的组织由针状铁素体和高度弥散分布的、极细小的渗碳体组成，称为回火托氏体，如图5-10所示。回火后钢的硬度降低，淬火应力基本消除。

（4）渗碳体的聚集长大和α相的再结晶（450～700℃）　在450℃以上回火时，高度弥散分布的极细小的渗碳体逐渐球化成粒状渗碳体，并随着温度升高，渗碳体颗粒逐渐长大。在渗碳体球化长大的同时，铁素体在500～600℃发生再结晶，也就是铁素体由针状转变为多边形晶粒。这种在多边形铁素体基体上分布着粗粒状渗碳体的组织称为回火索氏体，如图5-11所示。如将温度进一步升高到650～A_1温度区间，粒状渗碳体将进一步粗化。这种由多边形铁素体和较大粒状渗碳体组成的组织称为回火珠光体，此时淬火应力完全消除，硬度明显下降。

由上述可知，淬火钢在回火时的组织转变是在不同温度范围内进行的，但多半又是交叉重叠进行的，即在同一回火温度可能进行几种不同的转变。淬火钢回火后的性能取决于组织的变化，随着回火温度的升高，淬火钢的强度、硬度降低，而塑性、韧性升高，如图5-12所示。回火温度越高，其变化越明显。为了防止回火后重新产生应力，一般回火后采用空冷，冷却方式对回火后的性能影响不大。

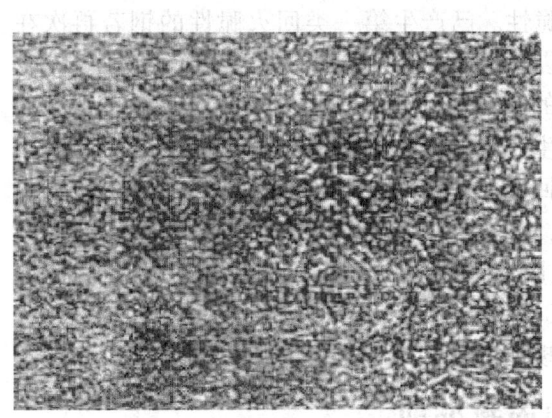

图 5-11　45 钢的回火索氏体

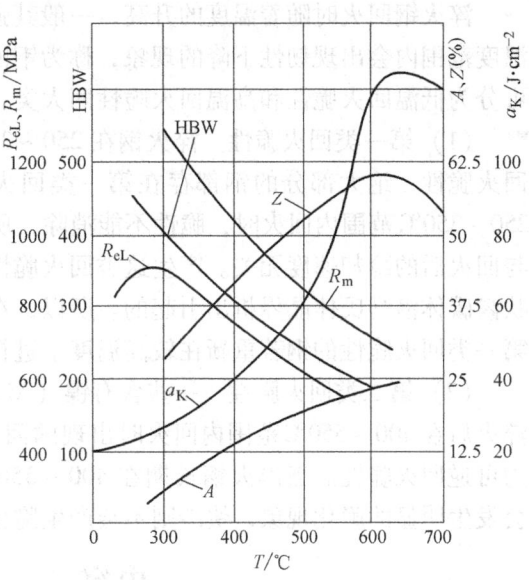

图 5-12　40 钢的回火温度与力学性能的关系

3. 回火的种类和应用

按照回火温度范围不同可将回火分为低温回火、中温回火和高温回火三种类型。各种回火的温度、组织、性能及应用见表 5-3。

表 5-3　各种回火方法及应用范围

回火方法	低温回火	中温回火	高温回火
回火温度	150~250℃	350~500℃	500~650℃
回火组织	回火马氏体	回火托氏体	回火索氏体
回火性能	在保持淬火钢高硬度（通常为 58~64HRC）、高强度和一定的耐磨性及韧性的前提下减小淬火应力、降低钢的脆性	具有极高的弹性极限和屈服强度，同时也有一定的韧性，硬度一般为 35~45HRC	具有良好的综合力学性能（即硬度、塑性、韧性都比较好），硬度一般为 25~35HRC
应用范围	用于刃具、量具、冲模、拉丝模、滚动轴承、渗碳工件以及表面淬火工件等。	主要用于各种弹簧零件及热锻模具的处理	用于要求具有较高综合力学性能的重要结构零件，如机械主轴、坦克的扭力轴等

生产中把淬火与高温回火相结合的热处理方法称为"调质"。由于调质处理后工件可获得良好的综合力学性能，不仅强度较高，而且具有较好的塑性和韧性，这就为零件在工作中承受各种载荷提供了有利条件。因此，重要的、受力复杂的结构零件一般均采用调质处理。

45 钢正火与调质热处理后的力学性能比较见表 5-4。

表 5-4　45 钢正火与调质热处理后的力学性能比较

热处理方法	力 学 性 能			
	抗拉强度 R_m/MPa	断后伸长率 A（%）	冲击韧度 a_K/J·cm^{-2}	硬度 HBW
调质	750~850	20~25	80~120	210~250
正火	700~800	15~20	50~80	162~220

4. 钢的回火脆性

淬火钢回火时随着温度的升高，一般其强度、硬度降低，而塑性、韧性提高，但在某些温度范围内会出现韧性下降的现象，称为钢的回火脆性。回火脆性按出现的温度范围不同，可分为低温回火脆性和高温回火脆性两大类，也称为第一类回火脆性和第二类回火脆性。

（1）第一类回火脆性　淬火钢在250～350℃范围内回火时出现的回火脆性称为第一类回火脆性，绝大部分的钢都存在第一类回火脆性。已产生第一类回火脆性的钢若再次在250～350℃范围内回火时，脆性不能消除，所以又把这类回火脆性称为不可逆回火脆性，它与回火后的冷却速度无关。产生这类回火脆性的原因是由于在250℃以上，碳化物变成薄片状渗碳体沿马氏体晶界析出引起的。所以，在生产中都避免在这个温度范围内回火。已产生第一类回火脆性的钢若重新在较高温度下进行回火处理，其脆性即可消除。

（2）第二类回火脆性　一些含有镍（Ni）、铬（Cr）、锰（Mn）等合金元素的合金钢，淬火后在400～550℃范围内回火时出现的回火脆性称为第二类回火脆性。第二类回火脆性为可逆回火脆性。当淬火钢长期在400～550℃保温或以缓慢冷却速度通过此温度范围时，会发生明显的脆化现象，快冷则不会产生脆化现象。

内容二　表面热处理

在机械设备中有许多零件是在冲击载荷、扭转载荷及摩擦条件下工作的，如机械变速齿轮及传动齿轮轴等。这些零件要求表面具有很高的硬度和耐磨性，而心部要具有足够的塑性和韧性，这一要求如果仅从选材方面去解决是十分困难的。若选用高碳钢，硬度虽然高，但心部韧性不足；相反，若选用低碳钢，心部韧性虽好，但表面硬度低，不耐磨。为了满足上述要求，在实际生产中一般先通过选材和整体热处理来满足心部的力学性能，再通过表面热处理的方法强化零件表面的力学性能，以达到零件"外硬内韧"的性能要求。

表面热处理是一种仅对工件表层进行热处理的方法，也称为表面淬火。其方法是对钢的表面快速加热至淬火温度并立即冷却，以使表层获得马氏体组织。

一、表面淬火的基础知识

1. 表面淬火的原理及特点

表面淬火的原理是通过快速加热，使钢的表层奥氏体化，在热量尚未传到零件中心时就立即予以冷却淬火。表面淬火不改变钢的表层化学成分，但却改变了表层组织。

2. 表面淬火前的热处理

通常钢件在表面淬火前需进行正火或调质处理，表面淬火后应进行低温回火。这样不仅可以保证钢件表面具有高硬度和高耐磨性，而且可以保证心部具有高的强度和韧性。

3. 表面淬火的应用

表面淬火常用于在交变载荷、冲击载荷作用以及在强烈摩擦条件下工作的中碳钢或中碳合金钢零件，如机械传动齿轮等。这些零件要求表面具有高的硬度和耐磨性，而心部要有足够的强度和韧性。

4. 表面淬火的加热方法

表面淬火的关键是加热方法，必须要有较快的加热速度。目前表面淬火的加热方法有很多，如火焰加热、感应加热、电接触加热、激光加热等，但生产中最常用的方法是火焰加热和感应加热。

二、火焰淬火

1. 火焰淬火的原理

火焰淬火是一种利用乙炔-氧气或煤气-氧气混合气体的燃烧火焰，将工件表面迅速加热到淬火温度，随后以浸水或喷水方式进行冷却，使工件表层转变为马氏体而心部组织不发生转变的工艺方法。火焰淬火的示意图如图5-13所示。

2. 火焰淬火的特点

火焰淬火的优点是设备简单、操作方便、成本低、工件大小不受限制，特别适用于大型工件、单件和小批量工件的生产，淬硬层深度一般为2~6mm；其缺点是淬火硬度和淬硬层深度不易控制，易产生过热和加热不均匀的现象，淬火

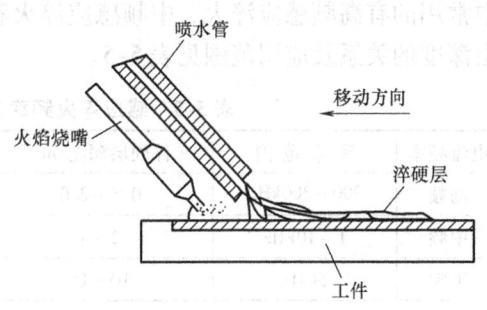

图5-13 火焰淬火示意图

质量不稳定，常取决于操作人员的技术水平和熟练程度，生产效率低，只适合单件和小批量工件生产。

3. 火焰淬火的应用

火焰淬火主要用于由中碳钢和中碳合金钢以及灰铸铁、合金铸铁等材料制成的机械零件，如轧钢机齿轮、轧辊、矿山机械齿轮、轴，以及普通机床导轨、齿轮等零件。

三、感应淬火

1. 感应淬火的原理

感应淬火的原理如图5-14所示。把工件放入由空心铜管绕成的感应器内，感应器中通入一定频率的交流电，在电磁感应作用下感应器中会产生一个频率相同的交变磁场，工件内部就会产生频率相同、方向相反的感应电流，该电流在工件内自成回路，称为"涡流"。涡流在工件截面上的分布是不均匀的，主要集中在工件表面，这种现象称为涡流的"趋肤效应"。由于工件本身具有电阻，因而集中于工件表层的涡流会使工件表面被迅速加热到淬火温度，随后喷水冷却，工件表面即被淬硬，达到了表面淬火的目的。感应器中的电流频率越高，涡流越集中于工件的表层，趋肤效应越明显。这样，生产中只要调整通入感应器的电流频率，就可以有效控制加热层的深度。

2. 感应淬火对工件的要求

感应淬火工件最适宜的钢种是中碳钢和中碳合金钢。若含碳量过高，会增加淬硬层脆性，降低心部塑性和韧性，并增加淬火开裂倾向；若含碳量过低，则达不到提高零件表面淬硬层硬度和耐磨性的目的。

一般感应淬火前应对工件进行调质或正火处理，以保证

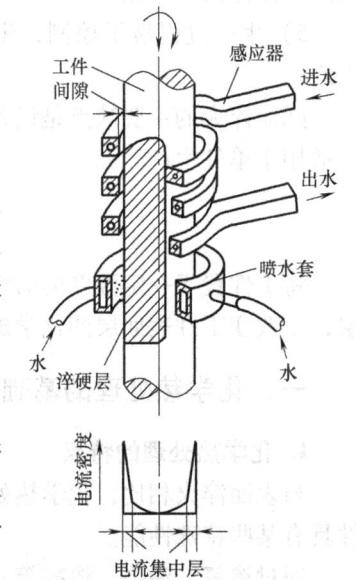

图5-14 感应淬火示意图

心部具有良好的力学性能,并为表面淬火做好组织准备。工件在感应淬火后需进行 180～200℃ 的低温回火处理,以降低内应力和脆性,使表层获得回火马氏体组织。生产中常采用"自回火"方法,即当淬火冷却至 200℃ 时停止喷水,利用工件余热进行回火。

3. 感应淬火的应用

根据对表面淬火淬硬层深度的不同要求,来选择不同的电流频率和感应加热设备。生产中常用的有高频感应淬火、中频感应淬火和工频感应淬火,三种感应淬火的频率范围与淬硬层深度的关系及应用范围见表 5-5。

表 5-5 感应淬火频率与淬硬层深度的关系及应用范围

电流频率	频率范围	淬硬层深度/mm	应用范围
高频	200～300kHz	0.5～2.0	在摩擦条件下工作的零件,如小齿轮、小轴等
中频	1～10kHz	2～8	承受转矩及压力载荷的零件,如曲轴、大齿轮、主轴等
工频	50Hz	10～15	承受转矩及压力载荷的大型零件,如冷轧辊等

4. 感应淬火的特点

与普通加热淬火相比,感应淬火具有以下特点:

1) 感应加热速度极快,没有保温时间,其组织转变只能在更高的温度进行。一般感应淬火加热温度为 $Ac_3 + 80～150℃$。

2) 由于感应加热速度快、时间短,使奥氏体晶粒来不及长大,淬火后工件表层可获得极细小的针状马氏体组织,使工件表层的淬火硬度比普通淬火高出 2～3HRC,且具有较低的脆性。

3) 感应淬火时工件表层发生马氏体转变,产生体积膨胀而形成残留压应力,能够抵消工件在循环载荷作用下产生的拉应力,从而显著提高工件的疲劳强度。

4) 因加热速度快、保温时间极短,工件表面不易氧化、脱碳,而且由于工件内部未被加热,使淬火变形减小。

5) 生产过程易于控制,生产效率高,容易实现机械化和自动化操作,适用于大批量生产。

感应淬火的主要缺点是设备较贵,维修调整要求较高,复杂零件的感应器不易制作,且不适用于单件生产。

内容三 化学热处理

将工件置于一定温度的活性介质中加热和保温,使介质中的一种或几种元素渗入工件表层,以改变工件表面层的化学成分、组织和性能的热处理工艺称为化学热处理。

一、化学热处理的基础知识

1. 化学热处理的特点

与表面淬火相比,化学热处理不仅改变工件表层的组织,而且还改变其成分,从而使工件具有某些特殊性能。

通过渗氮、渗铬、渗硅等,可以提高工件表层的耐蚀性;通过渗铝等可以提高工件表层的抗氧化性;通过渗碳、渗氮、碳氮共渗等可以提高工件表层的硬度、耐磨性及疲劳强度。

由于化学热处理同时改变工件表层的成分和组织，因而使工件能获得一些新的性能，所以，化学热处理是一种发展潜力很大的热处理方法。

2. 化学热处理的过程

无论哪种化学热处理方法，都是由分解、吸收和扩散这三个基本过程组成的。

（1）分解 分解是指在一定条件下，活性介质通过化学反应进行分解，得到所需要的活性原子的过程。

（2）吸收 吸收过程就是活性原子由钢的表面进入铁的晶格的过程，吸收的条件就是工件材料对这种活性原子具有一定的溶解度或能形成化合物，以便被工件表面吸收。碳、氮、硼等原子半径较小的活性原子是以间隙固溶体的方式进入铁的晶格中，铝、铬、硅、锌等活性原子是以置换固溶体的方式进入铁的晶格中。

（3）扩散 被工件表层吸收的渗入原子达到一定浓度后，即由表向里扩散，形成一定浓度的渗层，以达到化学热处理的目的。各种化学热处理都是借助于扩散过程来获得渗层厚度的，扩散时间越长，工件温度越高，则获得的渗层越厚。

扩散过程就是渗入钢中的原子由表面向内部扩散迁移的过程，表面浓度和渗透温度越高，则扩散速度越快，渗层增长速度也越快，即整个化学热处理过程的速度受扩散速度控制。

扩散要有两个基本条件：一是要有浓度差，原子只能由浓度高处向浓度低处扩散；二是扩散原子要有一定的能量，所以化学热处理要在一定的加热条件下进行。

3. 常用化学热处理方法

根据渗入元素的不同，化学热处理可分为渗碳、渗氮、碳氮共渗、渗铝、渗硼、渗铬等。目前，在生产中最常用的化学热处理方法是渗碳、渗氮、碳氮共渗。

二、渗碳

渗碳是将工件置于渗碳介质中，加热到单相奥氏体温度（900～950℃），保温适当时间，使活性碳原子渗入工件表面，以提高工件表面碳浓度的热处理方法。

渗碳的目的是提高工件表层的含碳量，并形成一定的碳浓度梯度，经淬火和低温回火后，可提高工件表层的硬度、耐磨性和疲劳强度，使心部保持良好的塑性和韧性。渗碳用钢一般为低碳钢（$w_C = 0.15\% \sim 0.30\%$）和低碳合金钢。渗碳适用于承受较大冲击载荷和在严重磨损条件下工作的零件，如齿轮、活塞销、套筒等。

1. 渗碳方法及特点

根据所用渗碳介质的不同，可将渗碳方法分为气体渗碳、固体渗碳、真空渗碳和盐浴渗碳等。常用的方法是气体渗碳和固体渗碳。

（1）气体渗碳 气体渗碳法是将工件放入密封的渗碳炉内，加热到900～950℃，然后向炉内滴入煤油、苯、甲醇等有机液体，或直接通入煤气、石油液化气等气体，通过化学反应产生活性碳原子，渗入工件表面，其方法如图5-15所示。渗碳层的深度取决于保温时间，在一定的渗碳温度下，保温时间越长，渗碳层越厚。

气体渗碳法的优点是渗碳速度快、生产效率高、渗碳过程易于控制且渗碳层质量好、劳动强度低、便于直接淬火，因此气体渗碳是目前应用最为广泛的渗碳方法。但气体渗碳的设备成本较高，不适宜单件、小批量生产。

(2) 固体渗碳　固体渗碳是将工件在固体渗碳剂中进行渗碳的方法，如图 5-16 所示。将工件埋入充填有木炭颗粒和 10% 左右催渗剂（$BaCO_3$ 或 Na_2CO_3）的密封铁箱中，然后将密封铁箱放入箱式炉内加热至 900～950℃，使渗碳剂发生化学反应释放出活性碳原子，渗入钢的表层，使工件表面增碳。

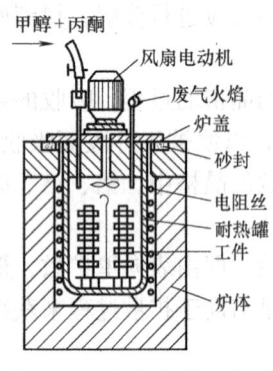
图 5-15　气体渗碳示意图

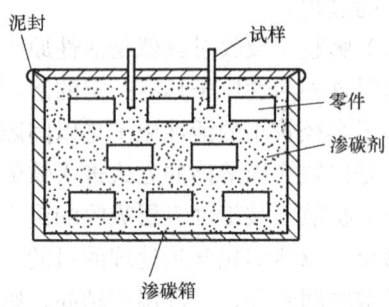
图 5-16　固体渗碳示意图

固体渗碳的特点是设备简单、成本低，操作容易，但渗碳速度慢、效率低，渗碳层质量不易控制，主要用于单件、小批量生产。固体渗碳速度约为 0.1mm/h，渗碳后工件表面碳的质量分数为 1.0%～1.2%，渗碳后不宜直接淬火。

2. 渗碳后的组织

钢经渗碳后，其表层碳的质量分数在 0.8%～1.1% 之间为好。从表层到心部碳的质量分数逐渐减少，至心部为原来低碳钢的含碳量。因此，工件从渗碳温度慢冷至室温后由表及里的组织如图 5-17 所示，依次为表层的过共析组织（P + Fe_3C）、过渡层的共析组织（P）和原始层的亚共析组织（P + F）。

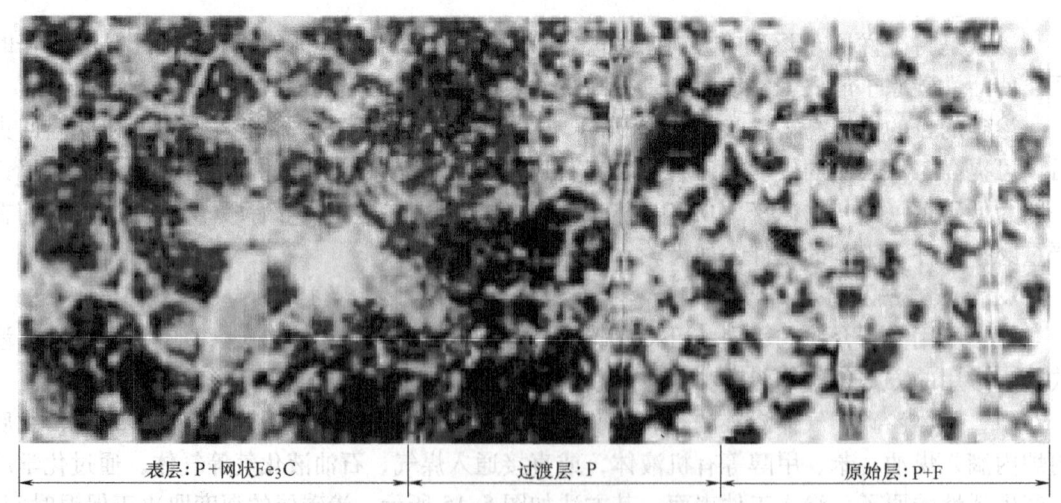
图 5-17　低碳钢渗碳缓冷后的组织

3. 渗碳后的热处理

由工件渗碳后缓冷的组织可知，要使渗碳层发挥出应有的作用，渗碳后还需进行淬火和低温回火处理。工件渗碳后常用的热处理方法有以下三种：

（1）直接淬火法　工件渗碳完毕，出炉经预冷后，可采用直接淬火加低温回火的热处理方法。预冷的目的是为了减少淬火变形及开裂，并使表层析出一些碳化物，降低奥氏体中碳的质量分数，从而降低淬火后的残留奥氏体量，以提高表层硬度。所以预冷温度应略高于钢的 Ar_3，以免工件心部析出铁素体。

直接淬火法操作简单、成本低、生产率高，但由于渗碳时工件在高温下长期保温，奥氏体晶粒容易长大，直接淬火会影响淬火后工件的性能，故只适用于细晶粒钢或受力不大、耐磨性要求不高的零件。

（2）一次淬火法　渗碳件出炉空冷后，再重新加热至淬火温度进行淬火和低温回火的热处理方法称为一次淬火法。

淬火温度的选择应兼顾表层和心部，使表层不过热而心部得到充分的强化。有时也偏重于心部或强化表层，如强化心部则加热到 Ac_3 以上完全淬火，如要强化表层则应加热到 Ac_1 以上不完全淬火。

（3）二次淬火法　将工件渗碳缓冷后再进行两次淬火或正火加一次淬火的方法称为二次淬火法。第一次淬火或正火是为了细化心部晶粒、消除网状渗碳体，其加热温度应高于心部 Ac_3 温度；第二次淬火选在表层 Ac_1 以上加热，这样可细化表层组织，而对于心部影响不大。二次淬火法工艺复杂，周期长，成本高，且工件变形及氧化脱碳倾向增大，应尽量少用。

渗碳件淬火后应进行低温回火（一般160～200℃）处理。直接淬火法和一次淬火法经低温回火后，表层组织为回火马氏体和少量渗碳体；二次淬火法经低温回火后的表层组织为回火马氏体和粒状渗碳体。

渗碳、淬火和回火后的表面硬度58～64HRC。心部组织取决于钢的淬透性，心部未淬透时的组织为索氏体和铁素体；心部淬透时的组织为低碳回火马氏体，具有较高的强度、韧性和一定的塑性。

4. 渗碳处理的注意事项

1）渗碳前正火预备热处理的目的是改善材料的原始组织，减少带状组织，消除材料流线的不合理状态。正火工艺为860～980℃加热，空冷，硬度为179～217HBW。

2）渗碳后需进行机械加工的工件，硬度不应高于30HRC。

3）对于有薄壁或沟槽的渗碳淬火零件，薄壁及沟槽处不能先于渗碳处理之前加工。

二、渗氮

渗氮是在一定温度（一般在 Ac_1 温度）下，使活性氮原子渗入工件表面的化学热处理方法。渗氮后的工件表层具有更高的硬度（68～72HRC）和耐磨性、高的疲劳强度和耐蚀性。

1. 渗氮处理的原理

渗氮是由分解、吸收、扩散这三个基本过程组成的。

渗氮时分解出的活性氮原子被钢件表面吸收，首先溶入固溶体，然后与铁和合金元素形成化合物，最后向心部扩散，形成一定厚度的渗氮层。在渗氮过程中要使气体渗氮剂氨气在高于300℃的高温下与工件表面接触，氨气分解出的活性氮原子供给氮化件吸收，工件表面吸收了活性氮原子后，先形成含氮固溶体，当固溶体中氮浓度达到饱和后再形成氮化物。

2. 渗氮方法

目前常用的渗氮方法有气体渗氮、离子渗氮等方法，其中气体渗氮应用最为广泛。

(1) 气体渗氮　工件在气体介质中进行渗氮的方法称为气体渗氮。它是将工件放入密闭的渗氮炉内，加热到 500～600℃，通入氨气（NH_3），氨气分解出活性氮原子，氮原子被工件表面吸收，与钢中的合金元素 Al、Cr、Mo 形成氮化物，并向心部扩散。渗氮层薄而致密，一般仅为 0.1～0.6mm，渗氮时间取决于所需的渗氮层深度。

(2) 离子渗氮　离子渗氮是一种较为先进的渗氮工艺，它是以真空容器作为阳极，以需要渗氮的工件作为阴极，在真空室中通入氨气，并在阴阳极之间通以 400～700V 的直流电压。在高压电场的作用下，氨气被电离，形成辉光放电，迫使电离后的氮离子高速轰击工件表面，使工件表面温度升高到 450～650℃。同时氮离子在阴极上捕获电子形成氮原子而渗入工件表面，并向内层扩散而形成氮化层。图 5-18 所示为离子渗氮装置示意图。

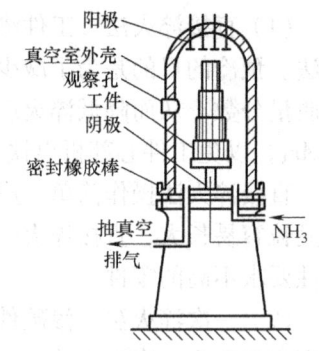

图 5-18　离子渗氮装置示意图

离子渗氮具有速度快，生产周期短（仅为气体渗氮时间的 1/4～1/3），渗氮层脆性低，渗氮质量高，工件变形小，对材料的适应性强等优点。离子轰击还有净化工件表面的作用，能去除工件表面的钝化膜，可使不锈钢、耐热钢工件直接渗氮，其渗层厚度和组织可以控制。离子渗氮发展迅速，已用于机床丝杠、齿轮、模具等工件的渗氮。

3. 渗氮的特点

与渗碳相比，渗氮具有以下优点：

1) 渗氮层具有很高的硬度和耐磨性，钢件渗氮后在表层中形成稳定的金属氮化物，具有极高的硬度，所以渗氮后不用淬火就可得到高硬度，而且具有较高的热硬性。例如，38CrMoAl 钢渗氮层硬度高达 1000HV 以上（相当于 69～72HRC），而且这一硬度在 600～650℃时仍可保持。

2) 渗氮层还具有渗碳层所不具有的耐蚀性，可防止水、蒸汽及碱性溶液的腐蚀。

3) 渗氮温度比渗碳温度低（一般约为 570℃），所以工件变形小。

渗氮虽然具有上述优点，但它的周期长、成本高、渗层薄而脆，不能承受太大的接触应力和冲击载荷，这就使渗氮的应用受到一定限制。因此，在生产中渗氮主要用于耐磨性及精度均要求很高的传动件，或要求耐热、耐磨及耐腐蚀的零件，如高精度机床丝杠、磨床主轴、精密传动齿轮和轴、汽轮机阀门及阀杆等。

4. 渗氮处理的注意事项

1) 工件在渗氮前应进行调质处理，以获得回火索氏体组织。调质处理的回火温度一般高于渗氮温度。

2) 渗氮前应尽量消除在机械加工过程中产生的内应力，以稳定零件尺寸。消除应力的温度均应低于回火温度，保温时间比回火时间要长些，再缓慢冷却到室温。截面尺寸较大的零件不宜采用正火处理，工模具钢必须进行淬火回火，不得采用退火处理。

3) 渗氮零件的表面粗糙度值 Ra 应小于 1.6μm，表面不得有拉毛、碰伤及生锈等缺陷。不能及时处理的零件需涂油保护，以免生锈，吊装入炉时再用清洁汽油擦净以保证工件表面的清洁度。

4) 含有尖角和锐边的工件不宜进行渗氮处理。

5) 表面未经磨削处理的工件不得进行渗氮处理。

三、碳氮共渗

碳氮共渗是在一定温度下，同时将碳、氮原子渗入工件表面的一种化学热处理方法，这种方法是将渗碳与渗氮结合起来，因而兼有两者的优点。

1. 碳氮共渗的方法

常用的碳氮共渗方法有液体和气体碳氮共渗两种。液体碳氮共渗的介质有毒、污染环境、劳动条件差，很少应用。

气体碳氮共渗包括中温碳氮共渗和低温碳氮共渗两种方法，应用较为广泛。

（1）低温气体氮碳共渗　低温气体氮碳共渗也称为"软氮化"，它是以渗氮为主，其主要目的是提高钢的耐磨性和抗咬合性。常用氨气和渗碳气体的混合气、尿素等作为共渗剂，共渗温度为520～570℃。由于处理温度低，实质上以渗氮为主，但因为有活性碳原子与活性氮原子同时存在，渗氮速度大为提高。一般保温时间为13h，渗层深度为0.10～0.20mm。

低温氮碳共渗的生产周期短，成本低，零件变形小，不受钢材限制。工件经氮碳共渗后，其共渗层的硬度比纯气体渗氮的低，但仍具有较高的硬度、耐磨性和高的疲劳强度，渗层韧性好而不易剥落，并有减摩的特点，在润滑不良和高磨损条件下，具有抗咬合、抗擦伤的优点，耐磨性也有明显提高。由于处理温度低、时间短，所以零件变形小，常用于处理小型轴类件、齿轮以及模具、量具、刃具等。

（2）中温气体碳氮共渗　中温气体碳氮共渗实质上是以渗碳为主的共渗方法，其工艺与渗碳相似，主要目的是提高钢的硬度、耐磨性和疲劳强度。中温气体碳氮共渗最常用的方法是在井式气体渗碳炉内滴入煤油，并通入氨气，在共渗温度下，煤油和氨气分解生成活性碳、氮原子，这些活性原子被工件表面吸收并向内扩散形成共渗层。一般共渗温度为820～860℃，保温时间取决于要求的共渗层深度。

工件经共渗处理后需进行淬火和低温回火处理，才能提高表面硬度和心部强度。由于共渗温度不高，钢的晶粒不会长大，故一般都采用直接淬火方法。

碳氮共渗件淬火并低温回火后，其渗层组织为含碳、氮的回火马氏体 + 少量碳氮化合物 + 少量残留奥氏体，心部组织为低碳或中碳回火马氏体。淬透性差的钢也可能出现极细珠光体和铁素体。

2. 碳氮共渗的特点及应用

碳氮共渗的主要优点如下：

（1）渗层性能好　碳氮共渗层比渗碳层的耐磨性和疲劳强度更高，比渗氮层具有更高的抗压强度和较低的表面脆性。

（2）渗入速度快　由于氮的渗入不仅降低了渗层的临界点，同时还增加了碳的扩散速度。

（3）变形小　由于共渗温度比渗碳低，晶粒不会长大，故适宜于直接淬火，可以减小变形。

（4）不受钢种限制　钢铁材料都可以进行碳氮共渗。

碳氮共渗的缺点是共渗层较薄，易产生黑色组织。目前，碳氮共渗常用于处理形状比较复杂、要求热处理变形小的小型零件，如缝纫机、纺织机零件及各种轻载齿轮等。

内容四　热处理新工艺简介

随着科学技术的进步和发展，钢的热处理新技术、新工艺不断出现，大大地提高了钢的热处理质量和性能。

一、可控气氛热处理

可控气氛热处理即向炉内通入一种或几种成分的气体，通过对这些气体成分的控制，达到渗碳、碳氮共渗目的，同时防止氧化脱碳的热处理方法，它是当前热处理的发展方向之一。可控气氛热处理能够有效地控制渗碳、碳氮共渗等化学热处理工件表面碳的浓度，防止工件在加热时产生氧化和脱碳，可节约钢材、提高产品质量，便于实现热处理过程的机械化和自动化，从而提高劳动生产率。

一般可控气氛是由 CO、CO_2、CH_4、H_2、N_2 等气体组成的，通过控制氧气、二氧化碳与水蒸气就可以防止高温下工件表面的氧化和脱碳；而通过控制 CO/CO_2 或 CH_4/H_2 的比例就可以控制炉内气氛的"碳势"（碳势是指炉内气氛与奥氏体之间达到平衡时，钢件表面碳的质量分数）。如气氛的碳势为 0.8%，则共析钢在该气氛中加热时工件表层碳的质量分数不变，亚共析钢在该气氛中加热时工件表层则会增碳，过共析钢工件表层则会脱碳。总之，工件表层碳的质量分数全都趋于 0.8%，达到与气氛的碳势相平衡。

目前可用于热处理的可控气氛种类较多，国内常用的有以下四种：

1. 放热式气氛

将煤气或丙烷等与空气按一定比例混合后发生燃烧反应，由于燃烧释放热量，故称为放热式气氛，常用于防止加热时的氧化，如低碳钢和中碳钢的光亮退火或光亮淬火等。

2. 吸热式气氛

将煤气、天然气或丙烷等与空气按一定比例混合后通入发生器，在催化剂的作用和外部供热的条件下，经吸热反应而制成的气氛称为吸热式气氛。吸热式气氛可用于防止工件的氧化、脱碳，适用于各种含碳量的工件表层的光亮退火、淬火、渗碳或碳氮共渗。

3. 氨分解气氛

氨分解气氛是利用氨气加热分解为氮和氢来形成保护气氛，主要用于含铬较高的合金钢，如不锈钢、耐热钢的光亮退火、淬火或钎焊等。

4. 滴注式气氛

将甲醇、乙醇、丙酮和三乙醇胺等混合滴入热处理炉内所得到的气氛称为滴注式气氛。例如，向井式渗碳炉内同时滴入甲醇和丙酮，甲醇分解为稀释气氛的载气，丙酮分解为渗碳能力很强的渗碳气氛，调整两种液体的滴入比例就可以控制渗碳气氛的碳势。滴注式气氛一般用于渗碳、碳氮共渗、软氮化、保护气氛、淬火、回火等。

二、真空热处理

在真空中进行的热处理称为真空热处理。它是将钢件置于专门的真空炉内加热和冷却，不仅能防止氧化、脱碳，并能使零件表面的氧化物、油脂迅速分解，得到光亮表面，还可以使表面净化，减小热处理变形。

真空热处理时的真空度一般选择在一个大气压以下，若真空度过高会引起金属明显蒸发，使表层合金元素缺乏，导致组织、性能改变，故需充入高纯氮气或氢气以使炉内压力保持在一个大气压以内进行加热。

真空淬火的冷却方式有真空油淬火、负压气淬和高压气淬三种类型。

1. 真空热处理的特点

真空热处理具有以下特点：

1）在真空中加热，升温速度很慢，工件变形小。

2）在高真空中，工件表面的氧化物、油污发生分解，可使工件表面光亮，并可提高耐磨性、疲劳强度，防止工件表面氧化。

3）具有脱气作用，有利于改善钢的韧性，提高工件的使用寿命。

2. 真空热处理的应用

真空热处理包括真空退火、真空淬火和真空化学热处理（真空渗碳）等方法。

（1）真空退火　真空退火可避免工件表面氧化、脱碳，具有脱脂作用。除了钢、铜及其合金外，还可用于处理一些与气体亲和力较强的金属，如钛、钽、铌、锆等。

（2）真空淬火　真空淬火已大量用于各种渗碳钢、合金工具钢、高速钢和不锈钢的淬火，以及各种时效合金、硬磁合金的固溶处理。

（3）真空渗碳　真空渗碳也称为低压渗碳，是近年来在高温渗碳和真空淬火的基础上发展起来的一项新工艺。它与普通渗碳相比具有许多优点，可显著缩短渗碳周期，减少渗碳气体的消耗，能精确控制工件表层的碳浓度及渗碳层深度，不形成反常组织和发生晶间氧化，工件表面光亮，并可显著改善劳动条件等。

三、形变热处理

形变热处理是将形变和相变结合在一起的热处理新方法，它能较大程度地提高金属材料的综合力学性能。形变热处理的形变方式有很多，可以是锻、轧、挤压、拉拔等；其相变类型也有很多，有铁素体相变、珠光体类型相变、贝氏体相变、马氏体相变等。目前常用的形变热处理方法有以下两种：

1. 高温形变热处理

将钢件加热到 Ac_3 以上塑性变形，然后淬火加回火，得到铁素体、珠光体或贝氏体组织，这种方法称为高温形变正火或"控制轧制"。

高温形变热处理能提高钢的强度，又能提高塑性和韧性，而回火脆性显著降低，使钢的综合力学性能得到改善。它适用于各类钢材，可将锻造、压轧同热处理结合起来，减少加热次数，节约能源，同时还能减少工件氧化、脱碳和变形，而对设备则没有特殊要求，目前在连杆、曲轴、板簧和热轧齿轮中应用较多。

2. 中温形变热处理

将钢件加热到 Ac_3 以上，然后迅速冷却到珠光体和贝氏体形成温度之间，对过冷奥氏体进行一定量的塑性变形后淬火回火，这种方法称为中温形变热处理。

中温形变热处理的强化效果非常显著，其塑性和韧性不降低，并稍有提高。由于形变温度较低，因而形变速度要快、加工设备功率要大，所以这种热处理方法的应用受到限制，目前主要用于强度要求极高的零件，如飞机起落架、高速钢刃具、弹簧钢丝、轴承等。

四、激光热处理

激光热处理是利用由激光器发出的能量密度极高的激光，以扫描方式快速加热工件表面而实现淬火的方法。激光束可以在 $10^{-3} \sim 10^{-2}$ s 的时间内将工件表面加热到相变温度，加热

速度可达 $10^5 \sim 10^9$℃/s，冷却速度可达 $10^4 \sim 10^7$℃/s。随着大功率激光器在生产中的应用，激光热处理也得到越来越广泛的应用，其热处理方法主要有以下两种。

（1）激光淬火　激光束可以在极短的时间内将工件表面加热到相变温度，再靠工件本身的传热实现快速冷却淬火。

（2）激光表面合金化　在工件表面涂覆一层合金元素或化合物，再用激光束进行扫描，使涂覆层材料和基体材料的浅表层一起熔化、凝固，形成超细晶粒的合金化层，从而使工件表面具有优良的力学性能或其他一些特殊要求的性能。

激光热处理具有以下特点：

1）加热时间短，相变温度高，形核率高，淬火得到隐晶马氏体组织，故表面硬度高，耐磨性好。

2）加热速度快，表面基本无氧化与脱碳，本身可自冷淬火，不用冷却介质，工件表面清洁、无污染。

3）工件变形小，特别适合于形状复杂零件（如带有拐角、沟槽、不通孔等）的局部热处理。

五、气相沉积

气相沉积是在工件表面涂覆一层过渡族元素（如钛、铌、钒、铬等）的碳、氮、氧及硼的化合物。此法的优点是涂覆层附着力强、均匀、质量好、无污染，而且具有良好的耐磨性、耐蚀性等，涂覆后的零件寿命能提高 2~10 倍以上。气相沉积包括化学气相沉积法（简称 CVD 法）和物理气相沉积法（简称 PVD 法）两大类。将等离子技术引入化学气相沉积法后，又出现了等离子体化学气相沉积法（简称 PCVD）。

1. 化学气相沉积

化学气相沉积是利用气态物质在固态工件表面的化学反应，生成固态沉积物的过程。其特点是速度较快，而且涂层均匀，但由于沉积温度高，工件变形大，只能用于少数几种能承受高温的材料。

2. 物理气相沉积

物理气相沉积是利用在蒸发、电离或溅射等过程中产生的金属粒子与气体反应生成化合物，沉积在工件表面形成涂层。物理气相沉积的温度低（550℃ 以下），可以在刃具、模具的表面沉积一层硬质膜，提高其使用寿命。

3. 等离子体化学气相沉积

等离子体化学气相沉积技术是在化学气相沉积技术的基础上，将等离子体引入到反应室内，使沉积温度从化学气相沉积的 1000℃ 降到了 600℃ 以下，扩大了其应用范围。

此外，气相沉积技术还能用于制造各种润滑膜、磁性膜、光学膜以及其他功能膜，因此在机械制造、航空航天、核能等领域得到了广泛应用。

内容五　碳钢热处理实验

一、实验目的

1）了解碳素钢的普通热处理（退火、正火、淬火、回火）工艺特点，初步掌握操作方法。

2) 分析加热温度、冷却速度及回火温度对碳素钢热处理后的组织和力学性能的影响。

3) 分析碳素钢的含碳量对淬火后硬度的影响。

二、实验设备及试样

实验设备包括箱式加热炉、井式加热炉、淬火水槽、淬火油槽、砂轮机、抛光机、布氏硬度计、读数显微镜、洛氏硬度计和金相显微镜。

试样包括20钢、45钢、T8钢、T12钢若干套。

三、实验内容及步骤

1) 实验时按小组领取试样一套，并打上牌号，以免混淆。
2) 按表5-6所列内容进行热处理实验操作。
3) 热处理后将试样分别用砂轮机磨平，然后测出硬度并记录在表中。
4) 在显微镜下观察各组试样的金相组织并记录在表中。
5) 分析实验结果并总结出规律。

表5-6 热处理实验内容及数据记录表

组别	牌号	热处理方法	加热温度/℃	冷却介质	硬度值				金相组织
					1	2	3	平均	
1	20	淬火	895	水					
	45		830						
	T8		780						
	T12		780						
2	45	淬火	680	水					
			780						
			830						
	T12	淬火	680	水					
			780						
			830						
3	45	淬火	830	水					
		淬火	830	油					
		正火	830	空气					
4	45	回火	200	空气					
			400						
			600						
	T12	回火	200	空气					
			400						
			600						

注：以上试样均由4%硝酸酒精溶液浸蚀。

四、实验注意事项

1）实验前，应先了解加热炉的结构与炉温调节方法。

2）试样淬火时一定要用夹钳夹紧，动作要迅速，并在冷却介质中不断搅动试样。

3）试样入炉时所放位置应尽量靠近热电偶工作端附近，以保证加热温度与所要求加热温度一致。

4）保温时间的计算从试样上升到规定温度时算起，加热时间不能算入保温时间内。

5）热处理时应注意：①取放试样时应切断电路电源。②炉门开关要快，以免炉温下降、损坏炉膛的耐火材料或者降低电阻丝的寿命。③取放试样时夹钳应擦干，不能沾有水或油，同时操作者应戴上手套，以免灼伤。

6）测硬度前必须用砂轮或砂纸将试样表面的氧化皮除去并磨光，每个试样应在不同部位测定三次硬度，然后取其平均值。退火及正火试样测量 HBW 值，其余测量 HRC 值。

五、实验报告

1）列出实验结果，并说明各种热处理方法对碳素钢的显微组织和性能的影响。

2）绘出所给试样的显微组织示意图，用箭头表明图中的各组织组成物，并注明成分、热处理方法、显微组织、放大倍数及浸蚀剂。

3）谈谈实验体会。

模块小结

本模块重点介绍了钢的各种热处理方法、特点及应用。热处理方法包括整体热处理、表面热处理及化学热处理，还简单介绍了钢的热处理新工艺。

1）整体热处理包括退火、正火、淬火、回火，其中淬火与回火关系密切，常配合使用，缺一不可。

2）退火和正火是应用非常广泛的热处理方法，主要用作铸、锻、焊的毛坯件加工前的预备热处理，以消除前一工序所带来的某些缺陷，改善毛坯件的切削加工性能，也可用作性能要求不高的机械零件的最终热处理。

3）淬火可以很大程度地提高钢的硬度和强度，但脆性变大，塑性和韧性降低，因此必须配以不同温度的回火，可以大幅提高钢的强度、硬度、耐磨性、疲劳强度以及韧性等，从而满足各种机械零件和工具的不同使用要求。

4）仅对工件表层进行热处理以改变其组织和性能的方法称为表面热处理，常用的表面热处理方法是表面淬火。

5）化学热处理不仅改变工件表层的组织，而且还改变其成分，从而使工件具有某些特殊性能。

6）热处理新方法主要有可控气氛热处理、真空热处理、形变热处理、激光热处理、气相沉积技术等。

思考与练习

1. 什么是退火？常用的退火方法包括哪几种？简述各自的适用范围。

2. 什么是正火？说明其主要应用范围。
3. 什么是淬火？淬火的主要目的是什么？有哪些常用的方法？
4. 钢在淬火时常见的缺陷有哪些？应如何防止？
5. 什么是回火？淬火钢回火的目的是什么？
6. 常用的回火方法有哪几种？各适用于什么场合？
7. 哪些零件需要进行表面热处理？表面热处理有哪些常用方法？
8. 表面淬火的加热方法有哪两种？各有哪些特点？
9. 什么是化学热处理？它由哪几个过程组成？
10. 什么是渗碳？渗碳的目的是什么？
11. 什么是渗氮？与渗碳相比，渗氮具有哪些特点？
12. 热处理新工艺主要有哪些种类？
13. 什么是真空热处理？真空热处理有哪些特点？

模块六　热处理的质量控制

【任务描述】

热处理质量直接影响机械零件的使用性能及使用寿命。本模块主要介绍影响工件热处理的质量因素及热处理质量的控制方法。

【学习目标】

1) 了解影响工件热处理的质量因素。
2) 明确在热处理生产中产生的各种缺陷及预防措施。
3) 明确热处理的技术条件及标注方法。
4) 能够根据零件的性能特点选择适宜的热处理方法。
5) 掌握各种热处理方法在零件制造中的工序位置安排。

内容一　影响工件热处理的质量因素

热处理工件的质量受多方面因素的影响，其中最主要的是热处理工艺因素和零件的结构因素。

一、热处理工艺因素

在热处理生产中，往往由于热处理工艺控制不当，使工件产生某些缺陷，如氧化、脱碳、过热、过烧、硬度不足、变形和开裂等，这对热处理件的质量影响很大。

1. 过热和过烧

（1）过热　过热是指由于加热温度过高或保温时间过长，导致晶粒显著粗化的现象。其结果是使工件淬火后得到粗针马氏体，导致工件脆性增加、疲劳强度降低。

对于过热不严重的工件，碳素结构钢及合金结构钢一般应经过一次正火或退火后再次加热重新淬火；高碳钢和合金工具钢则应通过多次退火及正火处理，然后按照正确的淬火工艺重新淬火。

（2）过烧　过烧是指钢的加热温度远远超过了正常的加热温度，致使晶界出现融化和氧化的现象。钢的过烧组织晶粒极为粗大，在晶界上有氧化物网络，力学性能急剧恶化。这种缺陷无法挽救，只能报废，应尽量避免。

2. 氧化和脱碳

（1）氧化　当加热介质是空气或熔盐时，钢表层的铁和碳与加热介质中的氧气、二氧化碳和水蒸气等将在高温下发生化学作用，形成铁和碳的氧化物，这种现象称为氧化。

氧化会降低零件的尺寸精度，增加表面粗糙度，影响淬火质量，过分氧化还会造成零件报废。

（2）脱碳　工件表面层的碳由于被氧化而自钢件内逸出，因而降低了工件表层的含碳量，这种现象称为脱碳。

脱碳会使零件的表面硬度及耐磨性降低，同时使疲劳强度大大降低。过分脱碳也会造成零件报废。

为了防止氧化和脱碳，可采用以下处理方法：

1) 隔绝被加热的工件，使之不与炉气接触。

2) 控制炉气中氧化性气体的含量，使炉内为中性气氛，为此通入保护性气体（氨气、氮气、焦炉煤气等）。

3) 在工件表面涂覆防氧化涂料，如硼砂、石墨粉、玻璃粉、耐火粘土等。

4) 高级合金钢及精密零件在真空中采用无氧化加热。

3. 变形和开裂

变形和开裂是热处理中常见的缺陷，其根本原因是由热处理时工件内部产生的内应力引起的。热处理时工件形状和尺寸发生的变化称为变形，变形很难避免，通常是将变形控制在允许范围内。开裂是不允许的，工件开裂后只能报废。

工件在加热和冷却时，其表层与心部及各部位的温度变化是不同的。由于工件各部位的热胀冷缩不一致，引起工件内部一部分金属对另一部分金属的作用，因而产生了内应力，这种内应力称为热应力。加热和冷却的速度越大，热应力也越大。此外，在热处理过程中，由于工件内各部位组织转变的不同时性，导致体积的膨胀与收缩不同，也会产生内应力，这种内应力称为组织应力。特别是奥氏体向马氏体转变时的体积膨胀，由于受到尚未转变部分的阻碍，组织应力更大。在热应力和组织应力的共同作用下，工件在热处理时会产生变形或开裂。

对于变形工件，可在其未冷透前趁热进行校正，或在正火后校正，再进行淬火。但若变形过大或产生开裂，则工件无法补救，只能报废。

为了减小变形、防止开裂应采取以下措施：①淬火时，在马氏体转变区缓慢冷却；②正确选择零件材料；③合理进行结构设计；④合理制订热处理工艺；⑤冷、热加工密切配合，采取正确的操作方法等。

二、零件的结构因素

在设计零件时，设计人员有时只注意到如何使零件的结构形状适合整体机构的需要，而往往忽视了热处理零件的结构工艺性，使零件在热处理过程中因结构形状不合理而给热处理操作带来不便，甚至造成淬火后零件开裂，有时虽未开裂，但由于零件变形严重无法返修而造成废品。因此，在设计零件结构时应充分考虑以下几点：

1) 结构应尽量避免尖角和棱角。零件的尖角和棱角处是产生应力集中的地方，常成为淬火开裂的源头，因此，一般应尽量设计成圆角、倒角，以免开裂。如图6-1所示。

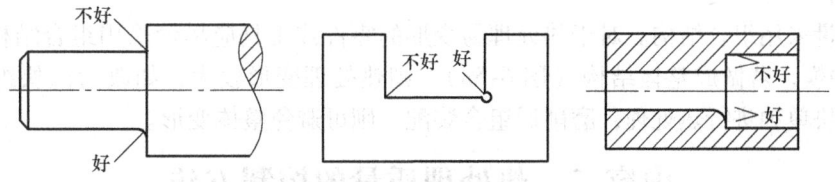

图6-1 零件结构中的尖角和棱角

2) 壁厚力求均匀。零件的壁厚均匀能减小冷却时的不均匀性，避免相变时在过渡区产生应力集中，减小零件变形增大和开裂的倾向。因此，零件的结构应尽量避免厚薄过于悬殊，必要时可增设工艺孔来解决，如图 6-2 所示。

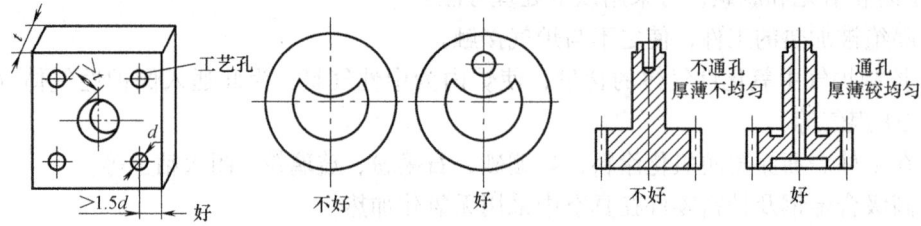

图 6-2 零件结构壁厚的均匀性设计

3）形状结构尽量对称。零件的形状结构应尽量对称，若零件的形状不对称，会使应力分布不均匀，易产生变形和翘曲，如图 6-3 所示。

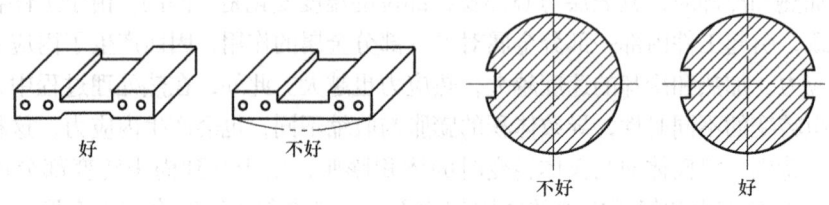

图 6-3 零件的形状结构设计

4）外形应尽量简单。零件结构应尽量减少孔、槽、键槽和深筋，并避免厚薄悬殊的截面，否则在热处理时由于冷却不均匀，易产生变形和开裂。在设计零件时应采取适当措施，如采取开工艺孔、加厚零件过薄部分、合理安排孔的位置、变不通孔为通孔等方法。

5）易变形零件可采用封闭结构。对某些易变形零件可采用封闭结构，这样可有效防止刚性低的零件在热处理后产生变形。如图 6-4 所示，汽车上的拉条要求制成开口型，但在制造

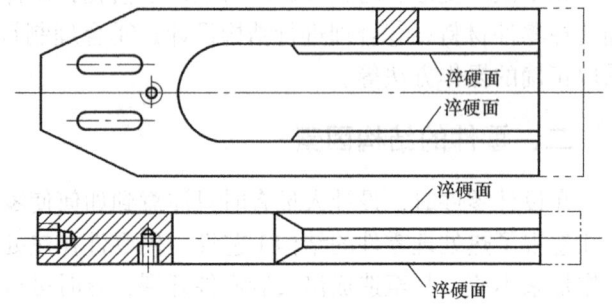

图 6-4 零件的封闭结构

时，应先加工成封闭结构（图中双点画线所示），淬火、回火后再加工成开口形状（用薄片砂轮切开），以减少变形。

6）尽量采用组合结构。对于热处理易变形的零件或工具应尽量采用组合结构，如山字形硅钢片冲模，若做成整体结构（图 6-5a），则热处理变形较大；如改为四块组合件（图 6-5b），每块单独进行热处理，磨削后组合装配，则可避免整体变形。

内容二　热处理质量的控制方法

机械设备中的绝大多数零件都需要进行热处理。因此，正确理解热处理技术条件，合理制订热处理工艺，合理安排热处理在整个加工过程中的位置，对保证零件的加工性能和使用性能具有重要的意义。

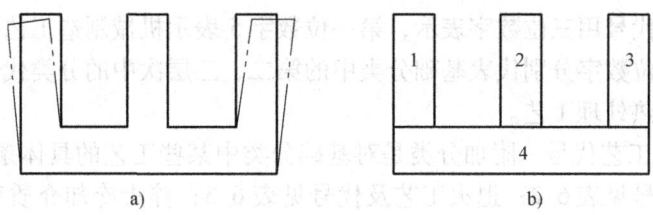

图 6-5 硅钢片冲模
a) 整体结构 b) 组合结构

一、热处理技术条件的标注

1. 热处理技术条件的组成

对工件热处理后的组织、力学性能指标、精度及工艺性能等的要求统称为热处理技术条件。在设计零件或工具时,设计者根据零件的工作条件、所选用的材料及性能要求提出热处理技术条件,标注在零件图上,同时标出硬度值要求,重要零件还应标出对强度、塑性及韧性指标或金相组织的要求;对于化学热处理零件,还应标出对渗层部位和渗层深度的要求。

国家标准(GB/T 12603—2005)规定:热处理工艺代号由基础分类工艺代号和附加分类工艺代号组成。

(1) 基础分类工艺代号 基础分类工艺代号包括工艺总称、工艺类型、工艺名称,将热处理工艺按三个层次进行分类,见表 6-1。

表 6-1 热处理工艺分类及代号

工艺总称	代号	工艺类型	代号	工 艺 名 称	代号
热处理	5	整体热处理	1	退火	1
				正火	2
				淬火	3
				淬火 + 回火	4
				调质	5
				稳定化处理	6
				固溶处理(水韧处理)	7
				固溶处理 + 时效	8
		表面热处理	2	表面淬火 + 回火	1
				物理气相沉积	2
				化学气相沉积	3
				等离子增强化学气相沉积	4
				离子注入	5
		化学热处理	3	渗碳	1
				碳氮共渗	2
				渗氮	3
				氮碳共渗	4
				渗其他非金属	5
				渗金属	6
				多元共渗	7

基础分类工艺代号用三位数字表示，第一位数字5表示机械制造工艺分类中的热处理工艺代号，第二、三位数字分别代表基础分类中的第二、三层次中的分类代号，如512表示整体热处理中的正火热处理工艺。

（2）附加分类工艺代号　附加分类是对基础分类中某些工艺的具体条件更细化的分类，其中加热方式及代号见表6-2；退火工艺及代号见表6-3；淬火冷却介质和冷却方法及代号见表6-4。

表6-2　加热方式及代号

加热方式	可控气氛（气体）	真空	盐浴（液体）	感应	火焰	激光	电子束	等离子体	固体装箱	流态床	电接触
代号	01	02	03	04	05	06	07	08	09	10	11

表6-3　退火工艺及代号

退火工艺	去应力退火	均匀化退火	再结晶退火	石墨化退火	脱氢退火	球化退火	等温退火	完全退火	不完全退火
代号	St	H	R	G	D	Sp	I	F	P

表6-4　淬火冷却介质和冷却方法及代号

冷却介质和方法	空气	油	水	盐水	有机聚合物水溶液	热浴	加压淬火	双介质淬火	分级淬火	等温淬火	形变淬火	气冷淬火	冷处理
代号	A	O	W	B	Po	h	Pr	I	M	At	Af	G	C

附加分类工艺代号接在基础分类工艺代号之后，其中加热方式采用两位数字，退火工艺和淬火冷却介质和冷却方法则采用英文字头。

2. 热处理工艺代号的标注方法

如图6-6所示，螺钉的热处理技术条件要求有两项：①51501，表示利用可控气氛加热方式对螺钉施以整体调质处理，调质后硬度应达到230~250HBW；②52105，表示对螺钉尾部进行火焰淬火和回火，热处理后表面硬度应达到42~48HRC。

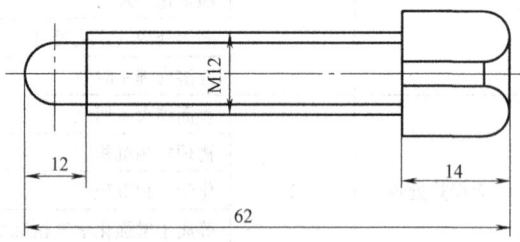

图6-6　热处理技术条件及标注
1）材料：45钢；2）热处理技术条件：51501，230~250HBW；尾部52105，42~48HRC。

二、常用热处理方法的选择

每一种热处理方法都有它的特点，而每一种材料也有其适宜的热处理方法。另外，实际工作中不同零件的结构形状、尺寸大小及性能要求均不相同，对热处理方法的选择也有较大的影响。

1. 预备热处理

常用预备热处理方法有三大类，即退火、正火、调质。钢材通过预备热处理可以使晶粒细化、成分组织均匀、内应力得到消除，为最终热处理做好组织准备。因此，预备热处理是减小应力、防止工件变形和开裂的有效措施。

一般情况下，零件预备热处理大都采用正火，但对成分偏析较严重、毛坯内应力较大以及正火后硬度偏高的零件，应进行退火处理；对毛坯中成分偏析严重的零件应采用高温均匀化退火；共析钢及过共析钢多采用球化退火；亚共析钢则应采用完全退火（一般用等温退火来代替）；要求较彻底地消除内应力应采用去应力退火；如果对零件综合力学性能要求较高时，预备热处理则应采用调质处理。

2. 最终热处理

最终热处理的方法有很多，主要包括淬火、回火、表面淬火及化学热处理等。工件通过最终热处理可获得最终需要的组织及性能，满足工件的使用要求。因此，最终热处理是热处理中保证质量的最后一道关口。

（1）淬火　一般情况下根据工件的材料类型、形状尺寸、淬透性大小及硬度要求等选择合适的淬火方法。例如，对于形状简单的碳素钢工件可采用水中淬火；而对于合金钢工件多采用油中淬火；为了有效地减小淬火内应力，防止工件变形、开裂，则可采用预冷加双液、分级或等温淬火方法；对于某些只需局部硬化的工件可针对相应部位进行局部淬火。

（2）回火　淬火后的工件应及时回火，而且回火应充分。对于要求高硬度并耐磨的工件，应采用低温回火；对于要求高韧性及较高强度的工件，则应进行中温回火；而对于要求具备较高综合力学性能的工件，则应进行高温回火。

（3）表面热处理　若工作条件要求零件表层与心部具有不同性能，则可根据材料化学成分和具体使用性能的不同，选择相应的表面热处理方法。例如，对于要求表层具有高的硬度、强度、耐磨性及疲劳强度，而心部具有足够塑性及韧性的中碳钢或中碳合金钢工件，可采用表面淬火法；对于低碳钢或低碳合金钢工件，可采用渗碳法；而对于承载力不大但精度要求较高的合金钢工件，多采用渗氮法。为了提高化学热处理的效率，生产中还可采用低温气体氮碳共渗及中温气体碳氮共渗。另外，还可根据需要对工件进行渗其他金属或非金属的处理，例如，为了提高工件的高温抗氧化性可渗铝；为了提高工件的耐磨性和热硬性可渗硼等。还有，为了提高零件的表面硬度及耐磨性，减缓材料的腐蚀速度，可在零件表面涂覆其他超硬或耐蚀材料。

（4）其他热处理　对于精密零件和量具等，为了稳定尺寸、提高耐磨性，可采用冷处理或长时间的低温时效处理。

当然，在实际生产过程中，由于零件毛坯的类型及加工工艺过程的不同，具体安排热处理方法及工序位置时并不一定要完全按照上述原则，而应根据实际情况进行灵活调整。例如，对于精密零件，为了消除机械加工造成的残留应力，可在粗加工、半精加工及精加工后都安排去应力退火。

三、热处理工序位置的安排

零件加工都是按照一定工艺路线进行的，其中热处理被穿插在各个冷热加工之间，起着承上启下的作用。因此,合理安排热处理工序位置,对于保证零件质量和改善切削加工性能均具有重要意义。

1. 预备热处理的工序位置

预备热处理一般均安排在毛坯生产之后、切削加工之前,或粗加工之后、半精加工之前。

(1)退火、正火 退火、正火的主要作用是消除毛坯的某些缺陷(如残留应力、晶粒粗大、组织不均等),改善切削加工性能,为最终热处理做好组织准备。其工序位置均安排在毛坯生产之后、切削加工之前,即毛坯生产(铸、锻、焊、冲压等)→退火(正火)→切削加工。

(2)调质 调质的主要目的是提高零件的综合力学性能,或为以后的表面淬火以及易变形的精密零件的整体淬火做好组织准备。调质的工序位置一般安排在粗加工之后、半精加工或精加工之前。若在粗加工前安排调质,则零件表面调质层的优良组织有可能在粗加工中被大部分切除掉,从而失去调质的作用。调质工件的加工路线为:下料→锻造→正火(或退火)→粗加工→调质→半精加工(精加工)。

在实际生产中,灰铸铁件、铸钢件和某些无特殊要求的锻钢件经退火、正火或调质后,已能满足使用要求,往往不再进行最终热处理,这时上述的热处理也就是最终热处理。

2. 最终热处理的工序位置

零件经最终热处理后硬度较高,除磨削外不宜再进行其他切削加工,因此其工序位置一般安排在半精加工之后,磨削加工之前。

(1)淬火和回火 淬火分为整体淬火和表面淬火两种类型。淬火的作用是充分发挥材料潜力,极大幅度地提高材料的硬度和强度。淬火以后应及时回火,以获得稳定的回火组织,一般安排在半精加工之后、磨削之前。

整体淬火件的加工路线为:下料→锻造→退火(或正火)→粗加工→半精加工→淬火+回火(低温、中温)→磨削。

表面淬火件的加工路线为:下料→锻造→退火(或正火)→粗加工→调质→半精加工→表面淬火+低温回火→磨削。

另外,整体淬火的零件一般不进行调质处理,而表面淬火以前一般需进行调质处理,用以改善工件心部的力学性能。

(2)渗碳 渗碳是最常用的化学热处理方法,分为整体渗碳和局部渗碳两种类型。

对于局部渗碳件,在不需渗碳部位采取增大加工余量(增大的余量称为防渗余量)或镀铜的方法,待渗碳后淬火前切去该部位的防渗余量。渗碳件的加工路线为:下料→锻造→正火→粗加工、半精加工→局部渗碳时不需渗碳部位镀铜(或预留防渗余量)→渗碳(渗碳完成后切除防渗余量)→淬火+低温回火→磨削。

对于整体渗碳件,则不需要安排预留及切除防渗余量工序。

(3)渗氮 渗氮的温度低、变形小、渗氮层硬而薄,因而其工序应尽量靠后。通常渗氮后不再磨削,对个别质量要求高的零件应进行研磨或精磨。为了保证渗氮件心部具有良好的综合力学性能,在粗加工和半精加工之间安排调质处理;为了防止因切削加工产生的残留应力使渗氮件变形,渗氮前应进行去应力退火。渗氮件的加工路线为:下料→锻造→退火→粗加工→调质→半精加工→去应力退火→粗磨→渗氮→精磨或研磨或抛光。

模块小结

本模块主要介绍了影响零件热处理的质量因素及热处理质量的控制方法。要保证零件的热处理质量，除了严格控制热处理工艺外，还必须合理设计零件的形状结构。

1) 钢的热处理缺陷主要有氧化、脱碳、过热、过烧、硬度不足、变形和开裂等。
2) 热处理工艺代号由基础分类工艺代号和附加分类工艺代号组成。
3) 预备热处理是减少应力、防止工件变形和开裂的有效措施。一般情况下，预备热处理大都采用正火处理。
4) 预备热处理一般均安排在毛坯生产之后、切削加工之前，或粗加工之后、半精加工之前。
5) 最终热处理的主要方法有淬火、回火、表面淬火及化学热处理等，一般安排在半精加工之后、磨削加工之前。

思考与练习

1. 热处理的缺陷有哪些？
2. 什么是过热与过烧？如何防止过热？
3. 什么是氧化和脱碳？如何防止氧化和脱碳？
4. 设计零件结构时应考虑哪些因素？
5. 预备热处理应如何选用？
6. 最终热处理的主要方法有哪些？
7. 淬火、回火的工序应如何安排？
8. 渗碳工序应如何安排？

第三单元　钢 铁 材 料

钢铁材料又称为黑色金属，是以铁和碳为基本元素的合金，故又称为铁碳合金。铁是自然界中储藏量最多的金属元素之一，其储量仅次于铝。以铁为基体的各种钢铁材料，由于其不可替代的优良性能而成为工业领域中的支柱材料之一，是机械行业用材的主体。

根据含碳量不同，可将钢铁材料分为钢和铸铁两大类。国家标准 GB/T 13304.1—2008 规定，按化学成分分类，可将钢分为非合金钢、低合金钢、合金钢三大类；按习惯可将钢分为碳素钢和合金钢两大类。

模块七　碳 素 钢

【任务描述】

碳素钢是指在铁碳合金中 $0.0218\% < w_C \leq 2.11\%$，且不含有特意加入合金元素的铁碳合金，简称碳钢。本模块主要介绍硅、锰、磷等杂质元素对钢性能的影响，以及碳素钢的组织结构、化学成分、主要性能及在机械行业中的应用等内容，为零件选材奠定良好的基础。

【学习目标】

1) 了解钢中常存杂质元素对钢性能的影响。
2) 掌握碳素钢的分类、牌号、化学成分、性能及用途。

内容一　碳素钢的基础知识

在钢铁材料中，碳素钢具有冶炼方便、加工容易、价格低廉、工艺性能好、力学性能能够满足一般工程和机械制造的使用要求等一系列优点。因此，碳素钢是工业中用量最大的金属材料，主要用于建筑、交通运输及机械制造工业中。

一、常存杂质元素对碳素钢性能的影响

常用碳素钢碳的质量分数一般小于 1.3%。在碳素钢的冶炼过程中，除了铁、碳两个主要元素外，还会带入一些杂质元素，如锰、硅、硫、磷等常存元素。这些杂质元素对钢的质量有很大影响，尤其是硫、磷，必须严格控制在要求的范围内。

1. 锰（Mn）

锰是钢中的有益元素，是炼钢时用锰脱氧而残留在钢中的，经常作为合金元素而特意加入钢中。锰具有很好的脱氧能力，能减少钢中的 FeO，还能与硫化合成 MnS，减轻硫的有害作用。锰能溶解于铁素体和渗碳体中，形成合金固溶体和合金渗碳体，可提高钢的强度和硬度。当锰作为少量常存元素存在时，一般不应超过 1.00%。

2. 硅（Si）

硅也是一种有益元素，也是作为脱氧剂而进入钢中的。硅的脱氧能力比锰强，可有效清除钢中的 FeO。硅在室温下大部分溶入铁素体中，可产生固溶强化，使铁素体的强度和硬度提高。硅作为杂质元素一般其质量分数不应超过 0.4%。

3. 硫（S）

硫是钢中的有害元素，是在冶炼时由矿石带入的，炼钢时很难除净。硫在铁素体中几乎不能溶解，而是以 FeS 形式存在，FeS 与铁形成低熔点的共晶体，熔点为 985℃，分布在晶界，当钢材在 1000~1200℃ 进行压力加工时，共晶体熔化，使钢材变脆，这种现象称为热脆性。为了消除硫的有害作用，可在钢中增加锰的含量，锰与硫形成高熔点（1620℃）的 MnS，并呈粒状分布在晶粒间，在高温下具有一定塑性，从而避免了热脆性。

通常情况下，钢中要严格限制硫的含量，一般应使 $w_S < 0.050\%$。但含硫量较多的钢，可形成较多的 MnS，在切削加工中，MnS 能起到断屑作用，可改善钢的切削加工性。此外，硫对钢的焊接性也有不良影响，容易导致焊缝产生热裂，产生气孔和疏松。

4. 磷（P）

磷是钢中的有害元素。磷在钢中可全部溶解于铁素体中，使钢的强度、硬度有所提高，但塑性、韧性急剧降低，使钢在低温时变脆，这种现象称为冷脆性。因此，钢中含磷量也要严格控制，通常应使 $w_P < 0.045\%$。

在易切削钢中可适当提高磷的含量，以脆化铁素体，改善钢材的切削加工性。钢中加入适量的磷还可以提高钢材的耐大气腐蚀性能。

5. 非金属夹杂物

在炼钢过程中，少量的炉渣、耐火材料及冶炼中的反应产物可能进入钢液，形成非金属夹杂物，如氧化物、硫化物、硅酸盐、氮化物等。它们都会降低钢的力学性能，特别是降低塑性、韧性及疲劳强度，严重时还会使钢在热加工时产生裂纹或在使用时突然脆断。非金属夹杂物也会促使钢形成热加工纤维组织与带状组织，使材料具有各向异性，严重时横向塑性仅为纵向的一半，并使韧性大为降低。因此，对于重要用途的钢（如滚动轴承钢、弹簧钢等）要检查非金属夹杂物的数量、形状、大小与分布情况，并按相应的等级标准进行评级检验。

此外，钢在冶炼时还会吸收和溶解一部分气体，如氮、氢、氧等，给钢的性能带来有害影响，尤其是氢，能造成氢脆，可使钢中产生微裂纹、白点等缺陷。

二、碳素钢的分类

碳素钢的分类方法有以下几种：

（1）**按钢的含碳量分类** 按钢中碳的质量分数不同可分为以下三类：

1) 低碳钢，$w_C \leq 0.25\%$。
2) 中碳钢，$0.25\% < w_C \leq 0.60\%$。
3) 高碳钢，$w_C > 0.60\%$。

（2）**按钢的质量分类** 按钢中有害杂质元素硫、磷的质量分数不同可分为以下三类：

1) 普通质量碳素钢，$w_S \leq 0.050\%$、$w_P \leq 0.045\%$。

2）优质碳素钢，$w_S \leqslant 0.040\%$、$w_P \leqslant 0.040\%$。

3）高级优质碳素钢，$w_S \leqslant 0.030\%$、$w_P \leqslant 0.030\%$。

(3) 按钢的用途分类　按用途不同可分为以下两类：

1）**碳素结构钢**，用于制造工程结构（如桥梁、船舶、建筑、高压容器等）和机械零件（如齿轮、轴、螺钉、螺母、连杆等）。这类钢一般为低碳钢和中碳钢。

2）**碳素工具钢**，用于制造各种工具（如刃具、模具和量具等）。这类钢一般为高碳钢。

(4) 按钢的脱氧程度分类　按脱氧程度不同可分为以下三类：

1）**沸腾钢**，为脱氧程度不完全的钢。

2）**镇静钢**，为脱氧程度完全的钢。

3）**半镇静钢**，为脱氧程度介于沸腾钢和镇静钢之间的钢。

三、钢材的品种

为了便于采购、订货和管理，我国目前将钢材按外形分为型材、板材、管材和金属制品四个大类。

(1) **型材**　包括钢轨、型钢（圆钢、方钢、扁钢、六角钢、工字钢、槽钢、角钢及螺纹钢等）和线材（直径 5~10mm 的圆钢和盘条）等。

(2) **板材**

1）薄钢板，为厚度 $d \leqslant 4\text{mm}$ 的钢板。

2）厚钢板，为厚度 $d > 4\text{mm}$ 的钢板，又可分为中板（$d = 4 \sim 20\text{mm}$）、厚板（$d = 20 \sim 60\text{mm}$）和特厚板（$d > 60\text{mm}$）。

3）钢带，也称为带钢，实际上是长而窄并成卷供应的薄钢板。

4）电工硅钢薄板，也称为硅钢片。

(3) **管材**

1）无缝钢管，用热轧、热轧-冷拔或挤压等方法生产的管壁无接缝的钢管。

2）焊接钢管，将钢板或钢带卷曲成形，然后焊接制成的钢管。

(4) **金属制品**　包括钢丝、钢丝绳、钢绞线等。

内容二　碳素钢的牌号和用途

一、普通碳素结构钢

普通碳素结构钢杂质较多、冶炼容易、工艺性好、价格低廉，其碳的质量分数多在 0.30% 以下，锰的质量分数不超过 0.80%，力学性能也能满足一般工程结构及普通机器零件的要求，因此应用很广泛。但钢中硫、磷和非金属夹杂物的含量比优质碳素结构钢的要多，在相同含碳量及热处理的条件下，其塑性、韧性较低。除少数情况外，普通碳素结构钢加工成形后一般不进行热处理，大都在热轧状态下直接使用，通常轧制成板材、带材及各种型材（圆钢、方钢、角钢、工字钢、钢筋等）。

普通碳素结构钢的用途很广泛，用量很大，主要用于铁道、桥梁及各类建筑工程，用作承受静载荷的各种金属构件及不重要、不需要热处理的机械零件和一般焊接件。

1. 普通碳素结构钢的牌号表示方法

按照 GB/T 700—2006 规定，普通碳素结构钢的牌号由以下四部分组成：

1）表示屈服强度的字母，Q 为"屈"字的汉语拼音首字母。

2）屈服强度数值，单位为 MPa。

3）质量等级符号，包括 A、B、C、D 四级，从 A 到 D 质量依次提高。

4）脱氧方法符号，F 为沸腾钢、Z 为镇静钢、TZ 为特殊镇静钢，在牌号中 Z 和 TZ 可以省略。

例如，Q235AF 表示屈服强度为 235MPa 的 A 级沸腾钢。

2. 常用普通碳素结构钢的牌号及化学成分

常用普通碳素结构钢的牌号及化学成分见表 7-1。

表 7-1 常用普通碳素结构钢的牌号及化学成分（摘自 GB/T 700—2006）

牌号	质量等级	厚度（或直径）/mm	脱氧方法	化学成分（质量分数,%），不大于				
				C	Si	Mn	P	S
Q195			F、Z	0.12	0.30	0.50	0.035	0.040
Q215	A		F、Z	0.15	0.35	1.20	0.045	0.050
	B							0.045
Q235	A		F、Z	0.22	0.35	1.40	0.045	0.050
	B			0.20				0.045
	C		Z	0.17			0.040	0.040
	D		TZ				0.035	0.035
Q275	A		TZ	0.24	0.35	1.50	0.045	0.045
	B	≤40	F、Z	0.21				
		>40		0.22				
	C		Z	0.20			0.040	0.040
	D		TZ				0.035	0.035

3. 常用普通碳素结构钢的力学性能

常用普通碳素结构钢的力学性能见表 7-2。

表 7-2 常用普通碳素结构钢的力学性能（摘自 GB/T 700—2006）

牌号	质量等级	拉伸试验												冲击试验（V 型缺口）	
		$R_{eL}/N \cdot mm^{-2}$，不小于						$R_m/N \cdot mm^{-2}$	A（%），不小于					温度/℃	冲击吸收能量（纵向）/J 不小于
		厚度（或直径）/mm							厚度（或直径）/mm						
		≤16	>16~40	>40~60	>60~100	>100~150	>150~200		≤16	>40~60	>60~100	>100~150	>150~200		
Q195		195	185					315~390	33						
Q215	A	215	205	195	185	175	165	335~450	31	30	29	27	26	+20	27
	B														

(续)

牌号	质量等级	拉伸试验												冲击试验（V型缺口）	
		$R_{eL}/N \cdot mm^{-2}$，不小于					$R_m/$ $N \cdot mm^{-2}$	$A(\%)$，不小于						温度 /℃	冲击吸收能量（纵向）/J 不小于
		厚度（或直径）/mm						厚度（或直径）/mm							
		≤16	>16~40	>40~60	>60~100	>100~150	>150~200		≤16	>16~40	>40~60	>60~100	>100~150	>150~200		
Q235	A	235	225	215	215	195	185	370~500	26	25	24	22	21			
	B													+20	27
	C													0	
	D													-20	
Q275	A	275	265	255	245	225	215	410~540	22	21	20	18	17			
	B													+20	27
	C													0	
	D													-20	

4. 普通碳素结构钢的典型牌号及应用

普通碳素结构钢一般以热轧状态供应，广泛用于工程建筑、车辆、船舶以及一般的桥梁、容器等金属结构中，也常用于制造要求不高的机器零件，如螺钉、螺栓、螺母、垫圈以及手柄、小轴等。

Q195 这种普通碳素结构钢是不分质量等级的；Q215、Q235、Q275 这三种普通碳素结构钢，当其质量等级为"A"级或"B"级时，在保证力学性能要求的前提下，其化学成分可根据需方要求作适当调整。

普通碳素结构钢的典型牌号及应用情况如下：

（1）Q195、Q215 含碳量较低，强度不高，但具有良好的塑性、韧性和焊接性，常用来制造铆钉、地脚螺栓、垫圈、铁钉、钢丝及各种薄板，如黑铁皮、白铁皮（镀锌薄钢板）及镀锡薄钢板等，也可代替 08F 或 10 钢制造冲压和焊接结构件。

（2）Q235 强度较高，用来制作钢筋、型钢、钢板、农业机械件和各种不重要的机器零件，如螺栓、螺母、套环和连杆等。其中 Q235C、Q235D 用来制作建筑及桥梁工程上质量要求较高的焊接结构件。

（3）Q275 属于中碳钢，强度较高，可代替 30 钢、40 钢制造较重要的零件，如齿轮、链轮、吊钩等，以降低原材料的成本。

二、优质碳素结构钢

优质碳素结构钢中的有害杂质及非金属夹杂物的含量较少，化学成分控制得也较严格，塑性、韧性较好，用于制造较重要的机械零件。

1. 优质碳素结构钢的牌号表示方法

优质碳素结构钢的牌号用两位数字表示平均碳的质量分数的万分数，如 45 钢表示 w_C = 0.45% 的优质碳素结构钢。含锰量较高的钢应将锰元素标出。所谓较高含锰量是指 $w_C >$ 0.6%、$w_{Mn} = 0.9\% \sim 1.2\%$，或者 $w_C < 0.6\%$、$w_{Mn} = 0.7\% \sim 1.0\%$ 的优质碳素结构钢。例

如，25Mn 表示平均碳的质量分数为 0.25%、锰的质量分数为 0.7%～1.0% 的优质碳素结构钢。

2. 常用优质碳素结构钢的牌号及化学成分

常用优质碳素结构钢的牌号及化学成分见表 7-3。

表 7-3　常用优质碳素结构钢的牌号及化学成分（摘自 GB/T 699—1999）

牌号	化学成分（质量分数,%）				其他
	C	Mn	Si	Cr	
08F	0.05～0.11	0.25～0.50	≤0.03	≤0.10	
10	0.07～0.13	0.35～0.65	0.17～0.37	≤0.15	
15	0.12～0.18	0.35～0.65	0.17～0.37	≤0.25	
20	0.17～0.23	0.35～0.65	0.17～0.37	≤0.25	
25	0.22～0.29	0.35～0.65	0.17～0.37	≤0.25	
30	0.27～0.34	0.50～0.80	0.17～0.37	≤0.25	
35	0.32～0.39	0.50～0.80	0.17～0.37	≤0.25	
40	0.37～0.44	0.50～0.80	0.17～0.37	≤0.25	
45	0.42～0.50	0.50～0.80	0.17～0.37	≤0.25	
50	0.47～0.55	0.50～0.80	0.17～0.37	≤0.25	
55	0.52～0.60	0.50～0.80	0.17～0.37	≤0.25	
60	0.57～0.65	0.50～0.80	0.17～0.37	≤0.25	
65	0.62～0.70	0.50～0.80	0.17～0.37	≤0.25	w_{Ni}≤0.30
70	0.67～0.75	0.50～0.80	0.17～0.37	≤0.25	w_{Cu}≤0.20
75	0.72～0.80	0.50～0.80	0.17～0.37	≤0.25	w_{S}≤0.035
80	0.77～0.85	0.50～0.80	0.17～0.37	≤0.25	w_{P}≤0.035
85	0.82～0.90	0.50～0.80	0.17～0.37	≤0.25	
15Mn	0.12～0.18	0.70～1.00	0.17～0.37	≤0.25	
20Mn	0.17～0.24	0.70～1.00	0.17～0.37	≤0.25	
25Mn	0.22～0.30	0.70～1.00	0.17～0.37	≤0.25	
30Mn	0.27～0.35	0.70～1.00	0.17～0.37	≤0.25	
35Mn	0.32～0.40	0.70～1.00	0.17～0.37	≤0.25	
40Mn	0.37～0.45	0.70～1.00	0.17～0.37	≤0.25	
45Mn	0.42～0.50	0.70～1.00	0.17～0.37	≤0.25	
50Mn	0.47～0.55	0.70～1.00	0.17～0.37	≤0.25	
60Mn	0.57～0.65	0.70～1.00	0.17～0.37	≤0.25	
65Mn	0.62～0.70	0.70～1.20	0.17～0.37	≤0.25	
70Mn	0.67～0.75	0.70～1.20	0.17～0.37	≤0.25	

3. 常用优质碳素结构钢的力学性能

常用优质碳素结构钢的力学性能见表 7-4。

表 7-4 常用优质碳素结构钢的力学性能

牌号	试样尺寸 /mm	推荐热处理			力学性能					交货状态硬度 HBW	
		正火	淬火	回火	R_m/MPa	R_{eL}/MPa	A（%）	Z（%）	a_k/J·cm^{-2}	未热处理	退火态
					不小于					不大于	
08F	25	930			295	175	35	60		131	
10		930			335	205	31	55		137	
15		920			375	225	27	55		143	
20		910			410	245	25	55		156	
25		900	870	600	450	275	23	50	71	170	
30		880	860	600	490	295	21	50	63	179	
35		870	850	600	530	315	20	45	55	187	
40		860	840	600	570	335	19	45	47	217	187
45		850	840	600	600	355	16	40	39	241	197
50		830	830	600	630	375	14	40	31	241	207
55		820	820	600	645	380	13	35		255	217
60		810			675	400	12	35		255	229
65		810			695	410	10	30		255	229
70		790			715	420	9	30		269	229
75	试样		820	480	1080	880	7	30		285	241
80	试样		820	480	1080	930	6	30		285	241
85	试样		820	480	1130	980	6	30		302	255
15Mn	25	920			410	245	26	55		163	
20Mn		910			450	275	24	50		197	
30Mn		880	860	600	540	315	20	45	63	217	187
35Mn		870	850	600	560	335	19	45	55	229	197
40Mn		860	840	600	590	355	17	45	47	229	207
45Mn		850	840	600	620	375	15	40	39	241	217
50Mn		830	830	600	645	390	13	40	31	255	217
60Mn		810			695	410	11	35		269	229
65Mn		810			735	430	9	30		285	229
70Mn		790			785	450	8	30		285	229

4. 优质碳素结构钢的典型牌号及应用

（1）08F 含碳量低，塑性好，强度低。一般由钢厂轧制成薄钢板或钢带供应，主要用作冲压件，如外壳、容器、罩子等。

（2）10 钢~25 钢 具有良好的冷塑性变形能力和焊接性，常用来制造受力不大、韧性要求高的冲压件和焊接构件，如螺栓、螺钉、螺母、杠杆、轴套和焊接容器等。这类钢经热处理（如渗碳）后，钢材表面具有高的硬度、心部具有一定的强度和韧性，常用作承受冲击载荷的零件，如凸轮、齿轮、销、摩擦片等。

（3）30钢~55钢及40Mn、50Mn　这类钢经调质处理后，可获得良好的综合力学性能，主要用作齿轮、连杆、轴类、套筒等零件，其中以40钢和45钢应用最为广泛。

（4）60钢~85钢及60Mn、65Mn、75Mn　这类钢经适当热处理后，可得到较高的弹性极限、足够的韧性和一定的强度，主要用作弹性零件和易磨损零件，如弹簧、弹簧垫圈、轧辊、犁镜等。

三、碳素工具钢

碳素工具钢的平均碳的质量分数为0.7%~1.3%，属于高碳钢，以保证淬火以后具有足够高的硬度和耐磨性，主要用作低速切削刀具以及对热处理变形要求较低的一般模具、低精度量具等。

碳素工具钢的质量要求较高，要求硫、磷等杂质的含量特别低，是经过精炼的优质钢。所有碳素工具钢都要经过热处理后才能进一步提高硬度和耐磨性。

根据钢中有害杂质元素硫、磷的含量不同，可将碳素工具钢分为优质碳素工具钢（$w_S \leq 0.030\%$，$w_P \leq 0.035\%$）和高级优质碳素工具钢（$w_S \leq 0.020\%$，$w_P \leq 0.030\%$）两大类。

1. 碳素工具钢的牌号表示方法

碳素工具钢的牌号用字母"T"加数字表示，数字表示钢中平均碳的质量分数的千分之几，若为高级优质碳素工具钢则在牌号末尾加"A"。

例如，T8表示平均碳的质量分数为0.8%的碳素工具钢；T12A表示平均碳的质量分数为1.2%的高级优质碳素工具钢。含锰量较高的钢需在牌号后标以"Mn"。

2. 常用碳素工具钢的牌号及化学成分

常用碳素工具钢的牌号及化学成分见表7-5。

表7-5　常用碳素工具钢的牌号及化学成分（摘自GB/T 1298—2008）

类别	牌号	化学成分（质量分数,%）				
		C	Mn	Si	S	P
优质钢	T7	0.65~0.74	≤0.40	≤0.35	≤0.030	≤0.035
	T8	0.75~0.84	≤0.40	≤0.35	≤0.030	≤0.035
	T8Mn	0.80~0.90	0.40~0.60	≤0.35	≤0.030	≤0.035
	T9	0.85~0.94	≤0.40	≤0.35	≤0.030	≤0.035
	T10	0.95~1.04	≤0.40	≤0.35	≤0.030	≤0.035
	T11	1.05~1.14	≤0.40	≤0.35	≤0.030	≤0.035
	T12	1.15~1.24	≤0.40	≤0.35	≤0.030	≤0.035
	T13	1.25~1.35	≤0.40	≤0.35	≤0.030	≤0.035
高级优质钢	T7A	0.65~0.74	≤0.40	≤0.35	≤0.020	≤0.030
	T8A	0.75~0.84	≤0.40	≤0.35	≤0.020	≤0.030
	T8MnA	0.80~0.90	0.40~0.60	≤0.35	≤0.020	≤0.030
	T9A	0.85~0.94	≤0.40	≤0.35	≤0.020	≤0.030
	T10A	0.95~1.04	≤0.40	≤0.35	≤0.020	≤0.030
	T11 A	1.05~1.14	≤0.40	≤0.35	≤0.020	≤0.030
	T12A	1.15~1.24	≤0.40	≤0.35	≤0.020	≤0.030
	T13A	1.25~1.35	≤0.40	≤0.35	≤0.020	≤0.030

3. 常用碳素工具钢的硬度及用途

常用碳素工具钢的硬度及用途见表 7-6。所有碳素工具钢淬火后的硬度差别不大，但随着含碳量的增加，渗碳体含量增大，钢的耐磨性提高，同时韧性下降。

表 7-6 常用碳素工具钢的硬度及用途

牌号	硬度		用途
	供应态 HBW	淬火后 HRC≥	
T7	187	62	用作硬度适当、韧性较好、耐冲击的工具，如扁铲、手钳、大锤、木工工具等
T8	187	62	用作承受冲击、要求较高硬度的工具，如冲头、压缩空气工具、木工工具等
T9	192	62	用作韧性中等、硬度较高的工具，如冲头、木工工具、凿岩工具等
T10	197	62	用作无剧烈冲击、要求高硬度、高耐磨性的工具，如车刀、刨刀、丝锥、钻头、手锯条等
T11	207	62	
T12	207	62	用作不受冲击、要求高硬度、高耐磨性的工具，如锉刀、刮刀、精车刀、丝锥、量具等
T13	217	62	用作不受冲击、要求更高强度和耐磨的工具，如刮刀、剃刀等

四、铸造碳钢

铸造碳钢（简称为铸钢）属于中碳钢或低碳钢，其碳的质量分数一般在 0.15% ~ 0.60% 范围内。如果碳的质量分数过高，则钢的塑性差，铸造时易产生裂纹。

由熔融的碳钢直接浇注而成的构件或机械零件称为铸钢件。铸钢件主要用于受冲击载荷作用而形状复杂的零件，如轧钢机机架、重载大型齿轮、飞轮等。因为形状复杂的零件很难用锻压或切削加工等方法成形，而铸铁又难以满足性能要求，故常需选用铸钢件。

铸钢件在铸造加工后晶粒粗大，化学成分不均匀，并存在较大的残留应力，故不宜直接使用。因此铸钢件一般采用正火或退火处理，以改善组织，消除残留应力，从而提高工件的力学性能。重要的铸钢件还应进行调质处理，要求表面耐磨性高的工件可进行表面淬火 + 低温回火处理。但是，铸钢件与相应的锻钢件相比仍存在一些缺陷，如夹砂、气孔、缩松等，采用热处理并不能消除这些缺陷。

1. 铸造碳钢的牌号表示方法

铸钢的牌号由"铸钢"两字的汉语拼音首字母"ZG"和两组数字组成，前一组数字表示铸件屈服强度的最低值，后一组数字表示抗拉强度的最低值。

例如，ZG200-400 表示屈服强度不小于 200MPa、抗拉强度不小于 400MPa 的铸钢。

2. 常用铸造碳钢的化学成分及力学性能

常用铸造碳钢的化学成分及力学性能见表 7-7。

表 7-7 常用铸造碳钢的化学成分及力学性能（摘自 GB/T 11352—2009）

牌号	化学成分（质量分数,%）不大于			力学性能，不小于				
	C	Mn	Si	R_{eL}/MPa	R_m/MPa	A（%）	Z（%）	a_K/J·cm^{-2}
ZG200-400	0.20	0.80	0.50	200	400	25	40	600
ZG230-450	0.30	0.90	0.50	230	450	22	32	450
ZG270-500	0.40	0.90	0.50	270	500	18	25	350
ZG310-570	0.50	0.90	0.60	310	570	15	21	300
ZG340-640	0.60	0.90	0.60	340	640	10	18	200

3. 常用铸造碳钢的用途

常用铸造碳钢的用途见表7-8。

表7-8 常用铸钢的用途

牌 号	用 途
ZG200-400	用作受力不大、要求韧性较好的各种机械零件，如机座、变速箱壳等
ZG230-450	用作受力不大、要求韧性较好的各种机械零件，如砧座、外壳、轴承盖、底板、阀体等
ZG270-500	用作轧钢机机架、轴承座、连杆、箱体、曲轴、缸体、飞轮、蒸汽锤等
ZG310-570	用作承受较高载荷的零件，如大齿轮、缸体、制动轮、辊子等
ZG340-640	用作起重运输机中的齿轮、联轴器及重要的机件

模 块 小 结

本模块主要介绍了碳素钢的概念、特点，杂质元素对钢性能的影响，普通碳素结构钢、碳素工具钢及铸钢的牌号、成分、性能、应用等内容。

1) $w_C \leq 2.11\%$ 的铁碳合金称为碳素钢。碳素钢容易冶炼，价格低廉，易于加工，能够满足一般机械零件的使用性能要求，因此是工业中用量最大的金属材料。

2) 在常存杂质元素中，锰、硅是有益元素，硫、磷是有害元素。

3) 普通碳素结构钢含杂质较多，价格低廉，用于对性能要求不高的零件，其碳的质量分数多在0.30%以下，锰的质量分数不超过0.80%，强度较低，但塑性、韧性、冷变形性能好。

4) 碳素工具钢是用于制造刃具、模具、量具及其他工具的钢，其特点是生产成本低，加工性能优良，强度、硬度较高，耐磨性好，但塑性和韧性较差，适于制作各种手用工具。

5) 铸钢主要用于制造形状复杂、力学性能要求高、在工艺上又很难用锻压等方法成形的比较重要的机械零件。

思考与练习

1. 在碳素钢常存杂质元素中，为什么锰和硅是有益元素，而硫和磷是有害元素？
2. 按外形不同可将钢材分为哪几个品种？
3. 按用途不同，碳素钢可分为哪两类？其各自的用途有哪些？
4. 简述普通碳素结构钢的应用。
5. 简述铸钢的应用。
6. 说明下列各牌号钢的类型、碳的质量分数及用途。
   Q195、Q345、20钢、45钢、65Mn、T8、T12、ZG200-400。

模块八 合 金 钢

【任务描述】

随着现代工业和科学技术的发展，对钢的性能提出了更高的要求，有些性能碳钢不能满足要求，为此发展了合金钢。为了提高钢的力学性能、工艺性能或物理、化学等特殊性能，有目的地向钢中加入一种或几种一定量的化学元素（金属或非金属），这种钢就称为合金钢。本模块主要介绍合金元素对钢性能的影响，以及合金钢的组织结构、化学成分、主要性能及在机械零件中的应用等内容。

【学习目标】

1) 了解钢中合金元素的作用及其组织结构。
2) 掌握合金钢的分类、牌号、化学成分、性能及用途。
3) 熟悉常用合金钢的热处理方法。

内容一 合金钢的基础知识

碳素钢价格低廉，便于获得，容易加工；通过改变含碳量并进行不同的热处理，能够满足许多工程上的需求，因而在机械工业中得到广泛应用。但是，碳素钢也存在一定的缺点，例如淬透性差、综合性能（如耐热、耐蚀、耐磨等）不能满足特殊工作零件的性能要求等，而这些都需要通过钢的合金化来实现，即向钢中加入一定量的合金元素。

合金钢中除了含有硅、锰、硫、磷外，常加入的元素有锰（Mn）、硅（Si）、铬（Cr）、镍（Ni）、钼（Mo）、钨（W）、钒（V）、钛（Ti）、铌（Nb）、锆（Zr）、钴（Co）、铝（Al）、硼（B）、稀土（RE）等。这些合金元素与钢中的铁、碳两种元素的作用以及它们彼此之间的作用，会促使钢的晶体结构和显微组织发生有利的变化，可提高和改善钢的性能。

一、合金元素在钢中的存在形式

铁素体和渗碳体是碳钢中的两个基本相，当合金元素加入钢中时，合金元素可以溶于铁素体内，也可以溶于渗碳体内。与碳亲和力弱的合金元素，如镍、硅、铝、钴等，主要溶于铁素体中形成合金铁素体；而与碳亲和力强的碳化物形成元素，如锰、铬、钼、钨、钒、铌、钛、锆等，则主要与碳结合形成合金渗碳体或碳化物。

1. 形成合金铁素体

除了铅以外的绝大部分合金元素，如镍、硅、铝、硼、铜、钴等在钢中都能溶于铁素体中，形成合金铁素体。其中原子半径较小的合金元素（如氮、硼等）与铁形成间隙固溶体；原子半径较大的合金元素（如锰、镍、钴等）与铁形成置换固溶体。

由于合金元素与铁的晶格类型和原子半径上的差异，当合金元素溶入铁素体后，必然会引起铁素体的晶格畸变，产生固溶强化，使铁素体的强度、硬度提高，但塑性、韧性却有下降，从而对铁素体起到了强化的作用。

2. 形成合金碳化物

合金元素按其与钢中碳的亲和力的大小不同，可分为碳化物形成元素和非碳化物形成元素两大类。

常用非碳化物形成元素有 Ni、Co、Cu、Si、Al、N、B 等，它们不与碳形成化合物。除了在少数高合金钢中可形成金属间化合物以外，基本上都溶于铁素体和奥氏体中。

常用碳化物形成元素有 Mn、Cr、Mo、W、V、Nb、Ti、Zr（按形成碳化物稳定性程度由弱到强的顺序排列）。这些碳化物形成元素在元素周期表中都是位于铁的左边的过渡族金属元素，离铁越远，则其与碳的亲和力越强，形成碳化物的能力越强，形成的碳化物越稳定而不易分解。其中 V、Nb、Ti、Zr 为强碳化物形成元素；Mo、W 为中强碳化物形成元素；Mn、Cr 为弱碳化物形成元素。

钢中形成的合金碳化物的类型主要有以下两种：

(1) 合金渗碳体　锰一般溶入渗碳体中，形成合金渗碳体 $(Fe,Mn)_3C$；铬、钼、钨在钢中的质量分数为 0.5%～3% 时形成合金渗碳体，如 $(Fe,Cr)_3C$、$(Fe,Mo)_3C$。

合金渗碳体较渗碳体略为稳定，硬度也较高，是一般低合金钢中碳化物的主要存在形式。

(2) 合金碳化物　由中强或强碳化物形成元素所构成的碳化物称为合金碳化物。强碳化物形成元素即使其含量较少，但只要钢中有足够的碳，就倾向于形成碳化物；中强碳化物形成元素只有当其含量较高（质量分数大于 5%）时，才倾向于形成碳化物。

合金碳化物比合金渗碳体具有更高的熔点、硬度及耐磨性，并且更为稳定，不易分解。

二、合金元素对钢热处理的影响

合金元素对钢的热处理具有以下影响：

1) 阻碍奥氏体晶粒长大。除了合金元素锰以外，几乎所有合金元素都在加热时具有抑制钢中奥氏体晶粒长大的作用，从而达到细化晶粒的目的。

当合金元素形成难熔化合物（TiC、NbC、Al_2O_3、AlN 等）时，这些化合物存在于奥氏体晶界上，能够阻止奥氏体晶粒长大，使奥氏体冷却转变组织细小，强度、硬度和塑性、韧性均有提高。

2) 提高钢的淬透性。除了合金元素钴以外，几乎所有合金元素溶于奥氏体后均可增加过冷奥氏体的稳定性，推迟奥氏体向珠光体的转变，使等温转变曲线向右移动，即提高钢的淬透性，这是钢中加入合金元素的主要目的之一。其中非碳化物形成元素及弱碳化物形成元素使等温转变曲线右移，其等温转变曲线形状与碳钢类似，如图 8-1a 所示；碳化物形成元素溶入奥氏体后，由于它们对推迟珠光体转变与贝氏体转变的作用有所不同，如钛、铌、钒、钨、钼等元素会强烈推迟

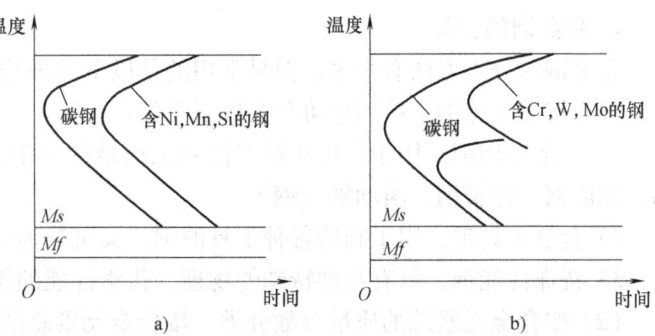

图 8-1　合金元素对等温转变曲线的影响
a) 非碳化物形成元素　b) 碳化物形成元素

珠光体转变，对贝氏体转变的推迟较少，同时升高珠光体最大转变速度的温度，降低贝氏体最大转变速度的温度，如图8-1b所示，因此在其等温转变曲线上出现了两个过冷奥氏体最不稳定区，上部分是珠光体转变区，下部分是贝氏体转变区，而在两组等温转变曲线之间有一个稳定的过冷奥氏体存在区。

由于合金元素使等温转变曲线右移，故降低了钢的临界冷却速度，所以增大了钢的淬透性。在淬火条件相同的情况下，合金钢可获得较深的淬硬层，可使大截面零件获得均匀一致的组织，从而得到较好的力学性能。

能显著提高钢的淬透性的合金元素有钼、锰、铬、镍等，微量的硼（$w_B<0.005\%$）也可显著提高钢的淬透性。多种元素同时加入对钢淬透性的提高远比各元素单独加入更为有效，因此，淬透性好的钢多采用"多元少量"的合金化原则，如铬-镍、铬-锰、铬-硅、硅-锰组合等。

3）提高钢的耐回火性。耐回火性是指淬火钢在回火时抵抗软化的能力。碳钢在回火时，随着回火温度的升高硬度下降；合金钢在回火时，由于淬火时溶入马氏体中的合金元素阻碍了马氏体的分解，碳化物不易析出，即使析出也不易聚集长大，而保持较大的弥散性，因此合金钢在回火时保持着较强的抵抗强度和硬度下降的能力，即耐回火性。高的耐回火性可以使钢在较高的温度下仍能保持高的硬度和耐磨性。例如，钼、钒、钨等强碳化物形成元素在400℃以下回火时，会从马氏体中析出合金渗碳体，使钢的硬度下降，但当回火温度升高到500~600℃时，会形成细小弥散的特殊碳化物，如Mo_2C、W_2C等，析出的特殊碳化物弥散地分布在马氏体基体上，阻碍位错移动，使钢在回火后的硬度有所提高；同时淬火后残留奥氏体中碳及合金元素的浓度由于特殊碳化物的析出而降低，提高了Ms点温度，故在随后冷却时会有部分残留奥氏体转变为马氏体，使钢回火后的硬度显著提高，这两种现象被称为"二次硬化"。

高的耐回火性和二次硬化使合金钢在较高温度（500~600℃）下仍能保持高硬度（≥60HRC），这种性能称为热硬性。热硬性对热变形模具及高速切削刀具等非常重要，如高速切削时刀具温度很高，若刀具材料的耐回火性高，就可以提高刀具的使用寿命。

在相同的回火温度下，合金钢比相同含碳量的碳钢具有更高的硬度和强度；在强度要求相同的条件下，合金钢可在更高的温度下回火，以充分消除内应力，而使韧性更好。

三、合金钢的分类及牌号表示方法

1. 合金钢的分类

合金钢的分类方法有很多，但最常用的是以下两种分类方法：

（1）按用途分类　按用途可分为以下三类：

1）合金结构钢，用于制造机械零件和工程结构的钢，又可分为低合金高强度钢、渗碳钢、调质钢、弹簧钢、滚动轴承钢等。

2）合金工具钢，用于制造各种工具的钢，又可分为刃具钢、模具钢和量具钢等。

3）特殊性能钢，具有某种特殊的物理、化学性能的钢，如不锈钢、耐热钢、耐磨钢等。

（2）按合金元素总的质量分数分类　按合金元素总的质量分数可分为以下三类：

1）低合金钢，合金元素总的质量分数小于5%。

2）中合金钢，合金元素总的质量分数为5%~10%。

3) 高合金钢，合金元素总的质量分数大于10%。

2. 合金钢的牌号表示方法

合金钢的牌号应反映其主要成分和用途。我国合金钢是按照含碳量、合金元素的种类和含量以及质量级别来编号的，十分简单明了、实用。

（1）低合金高强度结构钢　低合金高强度结构钢的牌号由"屈"字的汉语拼音首字母"Q"、屈服强度值、质量等级符号（A、B、C、D）及脱氧方法符号（F、Z、TZ）这四个部分按顺序组成。脱氧方法符号"F、Z、TZ"分别表示沸腾钢、镇静钢和特殊镇静钢，"Z、TZ"在牌号表示中可省略不写。例如，Q390A 表示屈服强度为390MPa、A级质量的低合金高强度镇静结构钢。

（2）合金结构钢　合金结构钢的牌号采用"两位数字 + 元素符号（或汉字）+ 数字"表示。前面两位数字表示钢的平均碳的质量分数的万分数；元素符号（或汉字）表明钢中含有的主要合金元素，后面的数字表示该元素的质量分数。合金元素的平均质量分数小于1.5%时不标，平均质量分数为 1.5% ~2.5%、2.5% ~3.5%…时，则相应地标以2、3…，依次类推。

例如：

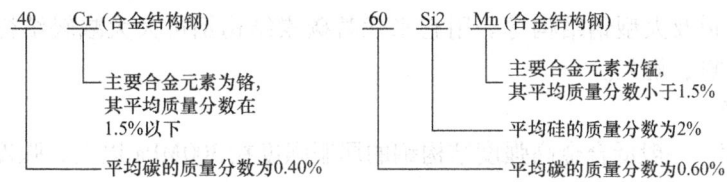

（3）合金工具钢　合金工具钢的牌号与合金结构钢的区别仅在于碳的质量分数的表示方法不同，它用一位数字表示以名义千分数表示的碳的平均质量分数，当 $w_C \geq 1.0\%$ 时不予标出。

例如：

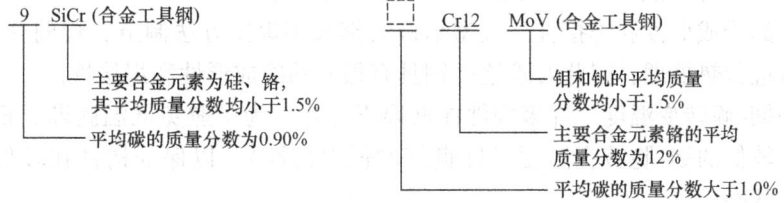

（4）高速钢　高速钢碳的质量分数均不标出，只写出所含合金元素符号及其含量。例如，W18Cr4V 表示钢的平均碳的质量分数为 0.7% ~0.8%、钨的平均质量分数为 17.5% ~19.0%、铬的平均质量分数为 3.8% ~4.4%、钒的平均质量分数为 1.0% ~1.4% 的高速钢。

（5）特殊性能钢　特殊性能钢的牌号表示方法与合金结构钢的相同。例如，不锈钢 20Cr13 表示碳的平均质量分数为 0.20%、铬的平均质量分数为 13%。

（6）特殊专用钢　特殊专用钢在其牌号前面冠以表示用途的汉语拼音首字母，而不标注碳的质量分数，合金元素质量分数的标注也与上述有所不同。例如，滚动轴承钢在其牌号前面标注"滚"字的汉语拼音首字母"G"，如 GCr15，牌号中铬元素后面的数字为铬的平均质量分数的千分数，其他元素仍用百分数表示。例如，GCr15SiMn 表示铬的平均质量分数为 1.5%，硅、锰的平均质量分数均小于 1.5% 的滚动轴承钢。易切削钢在牌号前冠以"易"字的汉语拼音首字母"Y"，如 Y15 表示碳的平均质量分数为 0.15% 的易切削钢。

（7）高级优质合金钢　各种高级优质合金钢在牌号的最后标上"A"，如 38CrMoAlA 表示碳的平均质量分数为 0.38% 的高级优质合金结构钢。

内容二　合金结构钢

合金结构钢是合金钢中应用最为广泛的钢材，主要用于制造各类工程结构件和各种机械零件。合金结构钢是在碳素结构钢的基础上适当加入一种或几种合金元素制成的，加入的合金元素主要有 Cr、Mn、Si、Nb、Ni、Mo、W、Ti、V 等。其质量等级都属于特殊质量等级，大多数需经热处理后才能使用。

根据用途及热处理特点不同，可将合金结构钢分为低合金高强度结构钢、合金调质钢、合金弹簧钢、滚动轴承钢等。

一、低合金高强度结构钢

1. 主要用途

低合金高强度结构钢是一种低碳结构用钢，它是在低碳钢的基础上加入少量的合金元素，合金成分总的质量分数不超过 3%，主要用于制造桥梁、船舶、车辆、锅炉、高压容器、输油输气管道及大型钢结构等。用它来代替碳素结构钢可大大减轻结构质量，节省钢材，保证使用可靠、耐久。

2. 性能要求

（1）高强度　一般低合金高强度结构钢的屈服强度在 300MPa 以上，强度高才能减轻结构自重，节约钢材，降低费用。因此，在保证塑性和韧性的条件下，应尽量提高其强度。

（2）高韧性　为了避免发生脆断，同时使冷弯、焊接等工艺容易进行，要求断后伸长率为 15%~20%，室温冲击韧度为 $600~800J/cm^2$。对于大型焊接构件，因为不可避免地存在各种缺陷（如焊接冷、热裂纹），还要求有较高的断裂韧度。

（3）良好的冷成形性和焊接性　大型结构大都采用焊接方法制造，焊前往往要冷成形，而焊后又很难进行热处理，因此要求这类钢具有很好的冷成形性和焊接性。

（4）低的韧-脆转变温度　许多构件在低温下工作，为了避免低温脆断，低合金高强度结构钢应具有较低的韧-脆转变温度（即良好的低温韧性），以保证构件在较低的使用温度下仍处在韧性状态。

（5）良好的耐蚀性　许多构件在潮湿大气或海洋性气候条件下工作，而且用低合金高强度结构钢制造的构件壁厚比碳钢构件的小，所以要求具有良好的耐大气、海水或土壤腐蚀的能力。

3. 成分特点

（1）低碳　低合金高强度结构钢碳的质量分数一般小于 0.2%，以保证一定的韧性、焊接性和冷成形性的要求。

（2）加入以锰为主的合金元素　我国的低合金高强度结构钢基本上不用贵重的镍、铬等元素，而以资源丰富的锰作为主要合金元素，其使用量占合金元素总量的 0.8%~1.8%。锰可以大大降低奥氏体的分解温度，细化铁素体晶粒，并使珠光体片变细，消除晶界上粗大的片状碳化物，提高钢的强度和韧性。锰还使共析点的含碳量降低，从而与相同含碳量的碳钢相比，增加了珠光体的含量，提高了钢的强度。

(3) 加入铌、钛或钒等辅加元素　少量的铌、钛或钒能在钢中形成细碳化物或碳氮化物，阻碍钢在热轧时奥氏体晶粒的长大，有利于获得细小的铁素体晶粒；另外，这些元素热轧时部分固溶在奥氏体内，而冷却时弥散析出，可起到一定的强化作用，从而提高钢的强度和韧性。

此外，加入少量铜和磷（$w_{Cu} \leq 0.4\%$，$w_P \leq 0.1\%$）可提高钢的耐腐蚀性能；加入少量稀土元素可以脱硫、去气，使钢材净化，改善钢的韧性和工艺性能。

4. 典型牌号

列入国家标准的低合金高强度结构钢有五个质量等级，分别是 A、B、C、D、E，表示钢材中 S、P 的质量分数（依次降低）。低合金高强度结构钢的牌号、化学成分、力学性能及用途见表 8-1 及表 8-2。

表 8-1　低合金高强度结构钢的牌号、化学成分（摘自 GB/T 1591—2008）

牌号	质量等级	化学成分（质量分数,%）											
		C	Si	Mn	Nb	V	Ti	Cr	Ni	Cu	N	Mo	B
		不大于											
Q345	A、B、C	0.20	0.50	1.70	0.07	0.15	0.20	0.30	0.50	0.30	0.012	0.10	
	D、E	0.18											
Q390	A、B、C、D、E	0.20	0.50	1.70	0.07	0.20	0.20	0.30	0.50	0.30	0.015	0.10	
Q420	A、B、C、D、E	0.20	0.50	1.70	0.07	0.20	0.20	0.30	0.80	0.30	0.015	0.20	
Q460	C、D、E	0.20	0.60	1.80	0.11	0.20	0.20	0.30	0.55	0.55	0.015	0.20	0.004
Q500	C、D、E	0.18	0.60	1.80	0.11	0.12	0.20	0.60	0.80	0.55	0.015	0.20	0.004
Q550	C、D、E	0.18	0.60	2.00	0.11	0.12	0.20	0.80	0.80	0.80	0.015	0.30	0.004
Q620	C、D、E	0.18	0.60	2.00	0.11	0.12	0.20	1.00	0.80	0.80	0.015	0.30	0.004
Q690	C、D、E	0.18	0.60	2.00	0.11	0.12	0.20	1.00	0.80	0.80	0.015	0.30	0.004

(1) Q345（16Mn）　在较低强度级别的钢中，以 Q345 最具代表性。该钢使用状态的组织为细晶粒的铁素体+珠光体，强度比普通碳素结构钢 Q235 高 20%～30%，耐大气腐蚀性能高 20%～38%。用它制造的工程结构的质量可减轻 20%～30%，且低温性能较好。

(2) Q420（15MnVN）　Q420 是中等级别强度钢中使用最多的钢种。钢中加入钒、氮后生成钒的氮化物，可细化晶粒，强度有较大提高，而且韧性、焊接性及低温韧性也较好，广泛用于制造桥梁、锅炉、船舶等大型结构。

(3) Q550　强度级别要求超过 500MPa 后，铁素体加珠光体的组织难以满足要求，因此发展了这种低碳贝氏体钢。加入 Cr、Mo、Mn、B 等元素可阻碍奥氏体转变，有利于空冷条件下得到贝氏体组织，从而获得更高的强度及塑性，焊接性也较好，多用于高压锅炉、高压容器等。

目前我国低合金高强度结构钢的成本与碳素结构钢相近，故推广使用低合金高强度结构钢在经济上具有重大意义。

5. 热处理特点

低合金高强度结构钢一般在热轧空冷状态下使用，不需要进行专门的热处理。在有特殊

表 8-2 低合金高强度结构钢的力学性能（摘自 GB/T 1591—2008）

牌号	质量等级	拉伸试验 R_{eL}/MPa 公称厚度（直径，边长）/mm						R_m/MPa 公称厚度（直径，边长）/mm				$A(\%)$ 公称厚度（直径，边长）/mm			冲击试验（V型）冲击吸收能量（纵向）/J 公称厚度/mm	
		≤16	>16~40	>40~63	>63~80	>80~100		≤40	>40~63	>63~80	>80~100	≤40	>40~63	>63~100		应用举例
Q345	A,B	≥345	≥335	≥325	≥315	≥305		470~630	470~630	470~630	470~630	≥20	≥19	≥19	12~150	桥梁，车辆，船舶，压力容器，建筑结构
	C,D,E															
Q390	A,B,C,D,E	≥390	≥370	≥350	≥330	≥330		490~650	490~650	490~650	490~650	≥21	≥20	≥20	≥34	桥梁，船舶，起重设备，压力容器，管道
Q420	A,B,C,D,E	≥420	≥400	≥380	≥360	≥360		520~680	520~680	520~680	520~680	≥20	≥19	≥19		桥梁，高压容器，大型船舶，电站设备，管道
Q460	C,D,E	≥460	≥440	≥420	≥400	≥400		550~720	550~720	550~720	550~720	≥19	≥18	≥18		中温高压容器（<120℃），锅炉，化工，石油高压厚壁容器（<100℃）
Q500	C,D,E	≥500	≥480	≥470	≥440	≥440		610~770	600~760	590~750	540~730	≥17	≥17	≥16		起重和运输设备，塑料模具，石油、化工、热交换器、球罐、油罐、气罐器，核反应堆压力容器，锅炉汽包，液化石油气罐等
Q550	C,D,E	≥550	≥530	≥520	≥490	≥490		670~830	620~810	600~790	590~780	≥17	≥16	≥16	质量等级 C：≥55 质量等级 D：≥47 质量等级 E：≥31	
Q620	C,D,E	≥620	≥600	≥590	≥570			710~880	690~880	670~860		≥16	≥15	≥15		
Q690	C,D,E	≥690	≥670	≥660	≥640			770~940	750~920	730~900		≥14	≥14	≥14		

需要时,如为了改善焊接性能,可进行一次正火处理。使用状态下的显微组织一般为铁素体加细珠光体(索氏体)。

6. 应用实例

1) 1957年建成的武汉长江大桥使用碳素结构钢Q235(A3)制造;1968年建成的我国自行设计和建造的南京长江大桥使用强度较高的合金结构钢Q345(16Mn)制造;1991年建成的九江长江大桥则用强度更高的合金结构钢Q420(15MnVN)制造。

2) 2008年北京奥运会主会场——国家体育场"鸟巢"的钢结构所用钢材为Q460E,屈服强度为460MPa。Q460E由我国自主创新研发生产,其厚度比用普通钢材减小了一半,且焊接性能好,使国人为之骄傲。

二、合金渗碳钢

用于制造渗碳零件的合金钢称为合金渗碳钢。

1. 主要用途

合金渗碳钢主要用于制造汽车及拖拉机中的变速齿轮,内燃机上的凸轮轴及活塞销等机器零件。这类零件的工作条件比较复杂,一方面零件表面承受强烈的摩擦和交变应力的作用,遭受强烈的摩擦磨损,另一方面又经常承受较强烈的冲击载荷作用。

2. 性能要求

(1) 表面渗碳层高硬度　以保证优异的耐磨性和接触疲劳抗力,同时具有适当的塑性和韧性。

(2) 心部高韧性高强度　心部韧性不足时,在冲击载荷或过载作用下容易断裂;心部强度不足时,则较脆的渗碳层因缺乏足够的支撑而易碎裂、剥落。

(3) 良好的热处理工艺性能　在较高的渗碳温度(900~950℃)下,奥氏体晶粒不易长大,并有良好的淬透性。

3. 成分特点

(1) 低碳　碳的质量分数一般在0.10%~0.25%之间,以保证零件心部具有足够的塑性和韧性。

(2) 加入提高淬透性的合金元素　常加入Cr、Ni、Mn、B等合金元素,以提高钢件热处理后心部的强度和韧性。铬还能细化碳化物、提高渗碳层的耐磨性,镍则对渗碳层和心部的韧性非常有利。另外,微量硼也能显著提高淬透性。

(3) 加入阻碍奥氏体晶粒长大的元素　主要加入少量强碳化物形成元素Ti、V、W、Mo等,以形成稳定的合金碳化物,能有效地阻止渗碳时奥氏体晶粒的长大,起到细化晶粒的作用。细晶粒组织对防止渗碳层剥落及提高心部性能都有利,并且渗碳后可以直接淬火,从而简化了热处理工序。同时,稳定的合金碳化物能增加渗碳层硬度,提高渗碳层的耐磨性。

4. 典型牌号

常用合金渗碳钢的牌号见表8-3,按其淬透性大小可分为以下三类:

(1) 低淬透性合金渗碳钢　钢中合金元素总的质量分数小于3%,属于这类钢的有15Cr、20Cr、20Mn2、20MnV等,典型钢种为20Cr。这类钢的淬透性差,心部强度较低,强度与韧性配合较差,只适用于制造受冲击载荷较小的耐磨件,如小轴、活塞销、滑块、小齿轮等。

(2) 中淬透性合金渗碳钢　钢中合金元素总的质量分数为4%左右,属于这类钢的有20CrMnTi、12CrNi3A、20CrMnMo、20MnVB等,典型钢种为20CrMnTi。这类钢具有良好的

表 8-3 常用渗碳钢的牌号、化学成分、力学性能及用途（摘自 GB/T 3077—1999）

类别	牌号	主要化学成分（质量分数,%）					第一次淬火或正火	回火	主要力学性能				供应态硬度 HBW≤	用途
		C	Mn	Si	Cr	其他			R_m/MPa	R_{eL}/MPa	A (%)	Z (%)		
									不小于					
低淬透性	15Cr	0.12~0.18	0.40~0.70	0.17~0.37	0.70~1.00		880 水、油	200 水、空	735	490	11	45	179	船舶主机螺钉、齿轮、活塞销、滑阀、活塞销等
	20Cr	0.18~0.24	0.50~0.80	0.17~0.37	0.70~1.00		880 水、油	200 水、空	835	540	10	40	179	截面不大的机床变速器齿轮、活塞销、凸轮、蜗杆等
	20Mn2	0.17~0.24	1.40~1.80	0.17~0.37			850 水、油	200 水、空	785	590	10	40	187	小齿轮、小轴、汽车变速器操纵杆等
	20MnV	0.17~0.24	1.30~1.60	0.17~0.37		V 0.07~0.12	880 水、油	200 水、空	785	590	10	40	187	活塞销、齿轮、锅炉、压容器等焊接结构件
中淬透性	20CrMn	0.17~0.23	0.90~1.20	0.17~0.37	0.90~1.20		850 油	200 水、空	930	735	10	45	187	截面不大、中等负荷的齿轮、轴、蜗杆、活塞销等
	20CrMnTi	0.17~0.23	0.80~1.10	0.17~0.37	1.00~1.30	Ti 0.04~0.10	880 油	200 水、空	1080	850	10	45	217	截面直径在 30mm 以下，承受中等或重负荷及耐冲击、摩擦的零件
	20MnTiB	0.17~0.24	1.30~1.60	0.17~0.37		Ti 0.04~0.10 B 0.0005~0.0035	860 油	200 水、空	1130	930	10	45	187	汽车、拖拉机上的齿轮、齿轮轴、十字头等
	20MnVB	0.17~0.24	1.20~1.60	0.17~0.37		V 0.07~0.12 B 0.0005~0.0035	860 油	200 水、空	1080	885	10	45	207	重型机床的齿轮和轴、车齿轮等
高淬透性	18Cr2Ni4WA	0.13~0.19	0.30~0.60	0.17~0.37	1.35~1.65	Ni 4.0~4.5 W 0.80~1.2	950 空	200 水、空	1180	835	10	45	269	大型渗碳齿轮、机发动机齿轮
	20Cr2Ni4	0.17~0.23	0.30~0.60	0.17~0.37	1.25~1.65	Ni 3.25~3.65	880 油	200 水、空	1180	1080	10	45	269	大截面渗碳件，如大型齿轮、轴等
	Al2Cr2Ni4A	0.10~0.16	0.30~0.60	0.17~0.37	1.25~1.65	Ni 3.25~3.65	880 油	200 水、空	1080	835	10	50	269	承受高负荷的齿轮、蜗杆、转向轴等

注：各种钢在 930℃ 渗碳以后再进行淬火 + 回火热处理。

力学性能和工艺性能，淬透性较高，过热敏感性较小，渗碳过渡层比较均匀，渗碳后可直接淬火，热处理变形较小，因此大量用于制造承受高速中载、要求抗冲击和耐磨损的零件，特别是汽车和拖拉机上的重要零件。为了节约铬元素，我国采用过 20Mn2TiB、20MnVB 等钢种，它们的缺点是淬透性不够稳定，热处理变形稍大，且缺乏规律。

(3) 高淬透性合金渗碳钢　钢中合金元素总的质量分数为 4%~6%，属于这类钢的有 12Cr2Ni4A、18Cr2Ni4W、20Cr2Ni4A 等，典型牌号为 18Cr2Ni4WA。因钢中含有较多的铬、镍等元素，不但淬透性很高，而且具有很好的韧性，特别是低温冲击韧度值高，主要用于制造大截面、高载荷和强烈磨损的重要耐磨件，如飞机、坦克中的曲轴及重要齿轮等。

常用渗碳钢的牌号、化学成分、力学性能及用途见表 8-3。

5. 热处理方法

(1) 预备热处理　低、中淬透性合金渗碳钢锻后空冷的组织为珠光体和铁素体，采用正火提高渗碳钢零件的毛坯硬度，以利于切削加工。高淬透性合金钢锻后空冷的组织为马氏体，采用高温回火得到回火索氏体，降低硬度，以改善切削加工性。

(2) 最终热处理　为了保证零件的表面高硬度和高耐磨性，一般在渗碳后进行一次淬火及低温回火处理。热处理后零件表层的组织由合金渗碳体与回火马氏体及少量残留奥氏体组成，硬度为 60~62HRC；心部组织与钢的淬透性及零件的截面尺寸有关，完全淬透时为低碳回火马氏体，硬度为 40~48HRC，多数情况下是托氏体、回火马氏体和少量铁素体，硬度为 25~40HRC，心部韧性一般都高于 $700kJ/m^2$，满足"外硬里韧"的要求。

6. 应用实例

1) 用 20Cr 钢制造活塞销，机加工后 930℃ 渗碳，预冷至 880℃ 油冷淬火，200℃ 低温回火，$R_m > 540MPa$，表面硬度达 60HRC。

2) 用 20CrMn 钢制造蜗杆，棒料锻造后正火，机加工后 930℃ 渗碳，预冷至 850℃ 油冷淬火，200℃ 低温回火，$R_m > 736MPa$，表面硬度 62~65HRC。蜗杆整体强韧，表面耐磨。

三、合金调质钢

合金调质钢是指经调质处理后使用的中碳合金钢。

1. 主要用途

合金调质钢广泛用于制造承受很大交变载荷与冲击载荷或各种复合应力的重要零件，如汽车、拖拉机、机床和其他机器上的各种齿轮、轴类零件、连杆、螺栓及内燃机曲轴等。

2. 性能要求

根据调质钢的用途可知，调质件大多承受多种工作载荷，受力情况比较复杂，要求既具有高的强度，又要有良好的塑性和韧性，即具有高的综合力学性能。为了保证零件整个截面力学性能的均匀性和高的强韧性，合金调质钢要求具有很好的淬透性。但不同零件的受力情况不同，对淬透性的要求也不同。截面受力均匀的零件，如连杆，要求整个截面都淬透；截面受力不均匀的零件，如承受扭转或弯曲应力的传动轴，主要要求受力较大的表面区具有较好的性能，心部要求可低一些，则不要求截面全部淬透。

3. 成分特点

(1) 中碳　碳的质量分数一般在 0.25%~0.50% 之间，以 0.40% 居多，属于中碳钢。含碳量过低不易淬硬，回火后强度不够；含碳量过高则韧性不够。

(2) 加入提高淬透性的元素 常加入提高淬透性的元素有 Cr、Mn、Mo、Si、B 等。调质件的性能与钢的淬透性密切相关，尺寸较小时，碳素调质钢与合金调质钢的性能相差不多，但当零件截面尺寸较大而不能淬透时，其性能与合金钢相比差别就比较大。45 钢与 40Cr 调质处理后的性能对比见表 8-4，可见 40Cr 的性能比 45 钢有明显提高。合金元素 Cr、Mn、Mo、Si 除了提高淬透性外，还能形成合金铁素体，提高钢的强度。

表 8-4 45 钢与 40Cr 调质后的性能比较

牌号及热处理状态	截面尺寸/mm	R_{eL}/MPa	R_m/MPa	A (%)	Z (%)	a_K/kJ·cm^{-2}
45 钢 （850℃水淬，570℃回火）	50	500	700	15	45	700
40Cr （850℃水淬，550℃回火）	50	670	850	16	58	1000

(3) 加入防止高温回火脆性的元素 含 Ni、Cr、Mn 的合金调质钢在高温回火慢冷时易产生回火脆性。合金调质钢一般用于制造大截面零件，用快冷来抑制这类回火脆性往往有困难。在钢中加入 Mo、W 可以防止高温回火脆性，其适宜的质量分数为 $w_{Mo}=0.15\%\sim0.30\%$ 或 $w_W=0.8\%\sim1.2\%$。

4. 典型牌号

合金调质钢的种类有很多，常用钢种的牌号见表 8-5。

合金调质钢按淬透性高低大致可分为以下三类：

(1) 低淬透性合金调质钢 钢中合金元素总的质量分数小于 3%，属于这类钢的有 35SiMn、40Cr、40MnB、40MnVB 等。油淬临界直径为 30～40mm，最典型的钢种是 40Cr，广泛用于制造一般尺寸的重要零件。40MnB、40MnVB 是为了节约铬而发展的代用钢，其淬透性不太稳定，切削加工性能也差一些，主要用于制造截面尺寸小的、受交变载荷的调质工件，如齿轮、轴、螺栓等。

(2) 中淬透性合金调质钢 钢中合金元素总的质量分数为 4% 左右，属于这类钢的有 35CrMo、38CrMoAl、40CrMn、40CrNi 等。油淬临界直径为 40～60mm，含有较多的合金元素，典型钢种有 35CrMo 等，用于制造截面较大的零件，如曲轴、连杆等。加入钼不仅可以提高淬透性，而且可以防止高温回火脆性。

(3) 高淬透性合金调质钢 这类钢的合金元素含量比前两类调质钢多，钢中合金元素总的质量分数为 4%～10%，属于这类钢的有 38CrMoAl、40CrMnMo、25Cr2Ni4WA 等。油淬临界直径为 60～100mm，主要钢种为铬镍钢。铬、镍的适当配合可大大提高淬透性，并获得优良的力学性能，例如 37CrNi3 钢，但它对回火脆性十分敏感，因此不宜于制作大截面零件。在铬镍钢中加入适当的钼，不但具有好的淬透性，还可消除回火脆性，例如 40CrNiMo 钢，用于制造大截面、重载荷的重要零件，如汽轮机主轴、叶轮、航空发动机轴等。

5. 热处理方法

(1) 预备热处理 合金调质钢零件毛坯锻造后的预备热处理一般为正火或退火处理，以改善锻件的组织性能，为切削加工和淬火做好准备。淬透性差的钢利用正火来满足切削加工性，比较经济；淬透性好的钢利用退火来降低硬度，以利于切削加工。

(2) 最终热处理 多数合金调质钢属于中碳钢，需经淬火加高温回火热处理。这类钢的

表 8-5 常用合金调质钢的牌号、化学成分、力学性能及用途（摘自 GB/T 3077—1999）

类别	牌号	主要化学成分（质量分数,%）					热处理/℃		主要力学性能				供应态硬度 HBW≤	用途
		C	Mn	Si	Cr	其他	淬火	回火	R_m /MPa	R_{eL} /MPa	A (%)	Z (%)		
									不小于					
低淬透性	35SiMn	0.32~0.40	1.10~1.40	1.10~1.40			900 水	570 水、油	885	375	15	45	229	制作中等负荷、中等转速的机械零件，如传动齿轮、主轴、飞轮等
	40Cr	0.37~0.44	0.50~0.80	0.17~0.37	0.80~1.10		850 油	520 水、油	520	980	90	45	207	重要的调质件，用作轴类、连杆螺栓、机床齿轮、蜗杆、进气阀等
	45MnB	0.42~0.49	1.10~1.40	0.17~0.37		B 0.0005~0.0035	840 油	500 水、油	1030	835	9	40	271	代替40Cr作直径小于50mm的重要调质件，如钻床主轴、机床齿轮、蜗杆、凸轮等
	40MnVB	0.37~0.44	1.10~1.40	0.17~0.37		V 0.05~0.10 B 0.0005~0.0035	850 油	520 水、油	980	785	10	45	207	用作汽车、拖拉机和机床的重要调质件，如机床主轴、汽车齿轮、半轴等
中淬透性	40CrNi	0.37~0.44	0.50~0.80	0.17~0.37	0.45~0.75	Ni 1.00~1.40	820 油	500 水、油	980	785	10	45	241	制作较大截面的重要零件，如曲轴、主轴、齿轮、连杆等
	40CrMn	0.37~0.45	0.90~1.20	0.17~0.37	0.90~1.20		840 油	550 水、油	980	835	9	45	229	主要制作受冲击载荷不大的零件，如齿轮轴、离合器等
	30CrMnSiA	0.27~0.34	0.80~1.10	0.90~1.20	0.80~1.10		880 油	520 水、油	1080	855	10	45	229	用作飞机起落架、螺栓等调质件
	38CrMoAl	0.35~0.42	0.30~0.60	0.20~0.46	1.35~1.65	Mo 0.15~0.25	940 水、油	640 水、油	980	835	14	50	229	高级氧化钢，用作重要丝杠、自动车床主轴、精密齿轮、高压阀门等
高淬透性	37CrNi3	0.34~0.41	0.30~0.60	0.17~0.37	1.20~1.60	Ni 3.00~3.50	820 油	500 水、油	1130	980	10	50	269	主要用作高强韧性的大型重要零件，如汽轮机叶片、转子等
	25Cr2Ni4WA	0.21~0.28	0.30~0.60	0.17~0.37	1.35~1.65	Ni 4.00~4.50 W 0.80~1.20	850 油	550 水、油	1080	930	11	45	269	制作大截面、高负荷、叶片等
	40CrNiMoA	0.37~0.44	0.50~0.80	0.17~0.37	0.60~0.90	Mo 0.15~0.25 Ni 1.25~1.65	850 油	600 水、油	980	835	12	55	269	主要用作高强韧性的大型重要零件，如机起落架、航空发动机轴等
	40CrMnMo	0.37~0.45	0.90~1.20	0.17~0.37	0.90~1.20	Mo 0.20~0.30	850 油	600 水、油	980	785	10	45	217	用于制作大截面、高强度、高韧性的调质件，如齿轮、连杆及气轮机轴等

淬透性较高，一般采用油淬，淬透性特别高时甚至可以空冷，这样能减少热处理缺陷。调质处理后的组织为回火索氏体，具有高的强度、良好的塑性与韧性，即具有良好的综合力学性能。有时采用淬火加中温或低温回火处理，得到回火托氏体或回火马氏体，获得比调质处理更高的强度、硬度和冲击疲劳抗力，用于制造承受小能量多次冲击的零件或高强度耐磨件。

另外，某些零件（如齿轮、轴等）不仅要求有良好综合力学性能，还要求表层具有高硬度和高耐磨性，则在调质后还要进行表面淬火或氮化处理。

6. 应用实例

1）用 40Cr 钢制造汽车发动机连杆，经调质处理（850℃加热油淬，520℃回火油冷）后 $R_{eL}>785$ MPa，冲击吸收功达 47J，强度高，韧性好。

2）用 35CrMo 钢制造传动轴，整体经调质处理（850℃加热油淬，550℃回火油冷，轴颈部位经高频感应淬火加低温回火。整根轴的 $R_{eL}>835$ MPa，冲击吸收功达 63J，强度高，韧性好；轴颈表面硬度达 55~58HRC，耐磨性好。

四、合金弹簧钢

用于制造各种弹簧或弹性元件的合金钢称为合金弹簧钢。

1. 主要用途

弹簧钢是一种专用结构钢，主要用于制造各种弹簧和弹性元件。

2. 性能要求

弹簧是机器和仪表中的重要零件，工作时弹簧产生的弹性变形能够起到缓冲和吸振的作用，或者储存能量以驱动机件，使机械完成规定的动作。由于弹簧都是在动负荷下使用，在长期交变应力作用下常见的破坏形式就是疲劳破坏，因此弹簧应具有以下性能：

（1）高的弹性极限 尤其是高的屈强比，以保证弹簧具有足够高的弹性变形能力和较大的承载能力。

（2）高的疲劳强度 以防止在振动和交变应力作用下产生疲劳断裂。另外，合金弹簧钢零件的表面不应有脱碳、裂纹、折叠、斑疤和夹杂等缺陷。

（3）足够的塑性和韧性 足够的塑性可以防止弹簧产生塑性变形，足够的塑性加韧性能够承受冲击，以免弹簧受冲击时脆断。

此外，合金弹簧钢还要求具有较好的淬透性，不易脱碳和过热，容易绕卷成形等；一些特殊合金弹簧钢还要求耐热性、耐蚀性等。

3. 成分特点

（1）高碳 为了保证高的弹性极限和疲劳强度，合金弹簧钢碳的质量分数比合金调质钢的要高，一般为 0.50%~0.70%。碳的质量分数过高时，塑性、韧性降低，疲劳强度也下降。

（2）加入以 Si、Mn 为主的提高淬透性的元素 硅和锰的作用主要是提高淬透性，同时也提高屈强比，而以硅的作用更为突出，但它在加热时促进表面脱碳，锰则使钢易于过热。因此，重要用途的合金弹簧钢必须加入 Cr、V、W 等元素。例如，Si-Cr 弹簧钢表面不易脱碳；Cr-V 弹簧钢的晶粒细小，不易过热，耐冲击性能好，高温强度也较高。

此外，弹簧的冶金质量对疲劳强度也有很大影响，所以合金弹簧钢均为优质钢或高级优质钢。

4. 典型牌号

常用弹簧钢的牌号、化学成分、力学性能及用途见表 8-6。

表 8-6 常用弹簧钢的牌号、化学成分、力学性能及用途（摘自 GB/T1222—2007）

牌号	主要化学成分（质量分数,%）					热处理/℃		主要力学性能				用途
	C	Si	Mn	Cr	其他	淬火	回火	R_m /MPa	R_{eL} /MPa	A (%)	$A_{11.3}$ (%)	Z (%)	
65Mn	0.62~0.70	0.17~0.37	0.90~1.20	≤0.25		830 油	540	980	785		8	30	厚度或直径不大于25mm的弹簧，如车厢缓冲卷簧、汽车板簧、离合器弹簧
55SiMnVB	0.52~0.60	0.70~1.000	1.00~1.30	≤0.35	V 0.08~0.16 B 0.0005~0.0035	860 油	460	1375	1225		5	30	
60Si2Mn	0.56~0.64	1.50~2.00	0.70~1.00	≤0.35		8470 油	480	1275	1180		5	25	厚度或直径不大于35mm的重要弹簧，如汽车弹簧、扭杆弹簧、低于350℃的耐热弹簧、阀门弹簧、气门弹簧等
55SiCrA	0.51~0.59	1.20~1.60	0.50~0.80	0.50~0.80		860 油	450	1450~1750	1300 ($R_{0.2}$)	6		25	
55CrMnA	0.52~0.60	0.17~0.37	0.65~0.95	0.65~0.95		830~860 油	460~510	1225	1080 ($R_{0.2}$)	9		20	
60CrMnA	0.56~0.64	0.17~0.37	0.70~1.00	0.70~1.00		830~860 油	460~520	1225	1080 ($R_{0.2}$)	9		20	
50CrVA	0.46~0.54	0.17~0.37	0.50~0.80	0.80~1.10	V 0.10~0.20	850 油	500	1275	1130	10		40	
60CrMnBA	0.56~0.64	0.17~0.37	0.70~1.00	0.70~1.00	B 0.0005~0.0040	830~860 油	460~520	1225	1080 ($R_{0.2}$)	9		20	
30W4Cr2VA	0.26~0.34	0.17~0.37	≤0.40	2.00~2.50	V 0.50~0.80 W 4.00~4.50	1050~1100 油	600	1470	1325	7		40	500℃以下耐热弹簧，锅炉安全阀弹簧、汽轮机弹簧、汽车厚截面板簧
28MnSiB	0.24~0.32	0.60~1.00	1.20~1.60	≤0.25	B 0.0005~0.0035	900 油	320	1275	1180		5	25	

常用弹簧钢按加入的元素不同可分为以下三类：

(1) 锰弹簧钢　65Mn 钢的锰含量约为 1.0%，属于含锰量较高的优质碳素结构钢。锰的加入能提高其淬透性、强化铁素体，12mm 直径的钢材油中可以淬透，脱碳倾向比硅钢小；缺点是有过热敏感性和回火脆性倾向，淬火时开裂倾向也较大。65Mn 钢可用于制作一般截面尺寸小于 15mm 的小型弹簧，如弹簧环、气门簧、离合器簧片、制动弹簧等。

(2) 硅锰弹簧钢　常用的硅锰弹簧钢有 55Si2MnV、55SiMnMoVNb、55SiMnVB、60Si2Mn 等，典型牌号为 60Si2Mn。硅锰弹簧钢是在硅锰钢的基础上加入少量的 Mo、V、Nb、B 等元素，这类钢具有较高的淬透性（油中临界淬透直径为 20~30mm）和力学性能，且脱碳倾向比一般硅锰弹簧钢小，适用于 8t、15t、25t 汽车的大截面（厚度或直径不大于 25mm）板簧。

(3) 铬钒弹簧钢　常用的铬钒弹簧钢有 50CrVA、55CrMnA 等，典型牌号为 50CrVA。由于加入 Cr、V 元素，使淬透性大大提高（油中临界淬透直径为 30~50mm），且能细化晶粒，增加耐回火性，可用于制造在 300~450℃ 下工作的大截面弹簧，如高速柴油机的气门弹簧、安全阀等耐热弹簧。

5. 成形加工与热处理方法

弹簧钢按加工工艺不同可分为热成形弹簧及冷成形弹簧。热成形弹簧用来制作截面尺寸较大的弹簧，冷成形弹簧用来制作截面尺寸较小的弹簧。

(1) 热成形弹簧　用热轧钢丝或钢板制成，然后淬火和中温（450~550℃）回火，获得回火托氏体组织，具有很高的屈服强度，特别是弹性极限高，并有一定的塑性和韧性，一般用来制作较为大型的弹簧。

(2) 冷成形弹簧　小尺寸弹簧一般用冷拔弹簧钢丝（片）卷成，其制作方法包括以下三种：

1) 铅淬冷拔钢丝。冷拔前进行"淬铅"处理，即加热到 Ac_3 以上，然后在 450~550℃ 的熔铅中等温淬火，获得适于冷拔的索氏体组织，然后经多次冷拔至所需直径，其屈服强度可达 1600MPa 以上。弹簧卷成后不再淬火，只进行消除应力的低温（200~300℃）退火，使弹簧定形。

2) 油淬回火钢丝。冷拔至要求尺寸后，利用淬火（油冷）、回火来进行强化，再冷绕成弹簧，并进行去应力退火，之后不再热处理。

3) 退火钢丝。冷拔钢丝经退火后冷卷成形，然后和热成形弹簧一样进行淬火和中温回火。

为了提高弹簧的疲劳寿命，在成形及热处理过程中要特别注意防止表面氧化、脱碳及伤痕的发生，并对成形的弹簧进行喷丸处理以实现表面强化，使表层形成残留压应力并消除表面缺陷，以提高弹簧的寿命。

6. 应用实例

用 50CrMn 钢制造火车螺旋弹簧，将钢棒热卷成形后加热至 850~860℃ 保温，油冷淬火，500℃ 中温回火，得到回火索氏体，其屈服强度可达 1100MPa 以上，硬度为 42~47HRC，冲击韧度为 250~300J/cm^2。

五、滚动轴承钢

滚动轴承钢是指用于制造各类滚动轴承的内外套圈及滚动体（滚珠、滚柱、滚针）的专用钢。

1. 主要用途

滚动轴承钢主要用来制造滚动轴承的滚动体及内外套圈等,属于专用结构钢。从化学成分上看它属于工具钢,所以也用于制造精密量具、冲模、机床丝杠等耐磨件。

2. 性能要求

滚动轴承的工况复杂而苛刻,因此对轴承钢的性能要求很高。

(1) 高的韧性和接触疲劳强度　轴承零件如滚珠与套圈在运动时为点或线接触,接触处的压应力高达 1500~5000MPa,应力交变次数每分钟达几万次甚至更多,往往造成接触疲劳破坏,产生麻点或剥落,所以轴承钢应具有高的韧性和接触疲劳强度。

(2) 高的硬度和耐磨性　滚动体和套圈之间不但有滚动摩擦,而且有滑动摩擦,轴承也常因过度磨损而失效,因此必须具有高而均匀的硬度,硬度一般为 62~64HRC。

(3) 足够的淬透性　足够的淬透性可以保证轴承钢淬火以后获得高的硬度和耐磨性。

(4) 一定的耐蚀性　滚动轴承在工作时会受到润滑剂的化学侵蚀,因此要求滚动轴承钢在大气和润滑介质中具有一定的耐蚀能力和良好的尺寸稳定性。

3. 成分特点

(1) 高碳　为了保证高硬度、高耐磨性和高强度,碳的质量分数一般高达 0.95%~1.10%,以保证淬火后具有足够的硬度和一定数量的合金碳化物,从而提高其耐磨性。

(2) 以铬为基本合金元素　铬的作用是提高钢的淬透性并与碳形成合金渗碳体,阻碍加热时奥氏体晶粒长大,进而提高钢的硬度、韧性和接触疲劳强度。但铬的质量分数过高会产生大量的残留奥氏体,不仅使钢的硬度下降,也会使轴承尺寸不稳定,因而轴承钢中铬的质量分数为 0.40%~1.65%。

(3) 加入硅、锰、钒等　硅、锰的加入可以进一步提高钢的强度、弹性极限和淬透性,以便于制造大型轴承。钒部分溶于奥氏体中,部分形成碳化物 VC,可提高钢的耐磨性并防止过热(防止锻轧或热处理加热时奥氏体晶粒长大)。

(4) 应为高级优质钢　为了保证钢的疲劳强度,提高轴承的使用寿命,对轴承冶金质量要求很高,硫的质量分数应小于 0.020%,磷的质量分数应小于 0.027%,即轴承钢都应为高级优质钢。

(5) 严格控制夹杂物含量　非金属夹杂物和碳化物的不均匀性对轴承钢的性能,尤其是接触疲劳强度影响很大。因为夹杂物往往是接触疲劳破坏的发源点,其危害程度与夹杂物的类型、数量、大小、形状和分布有关。因此,轴承钢一般采用电炉冶炼和真空去气处理,以保证高的冶金质量。在热处理过程中,则应充分保证碳化物弥散分布在基体上。

4. 典型牌号

常用轴承钢的牌号、化学成分、退火硬度及用途见表 8-7。

(1) 铬轴承钢　目前我国以铬轴承钢的应用最为广泛(占使用量的 90% 左右)。在铬轴承钢中,又以 GCr15、GCr15SiMn 应用最多,前者用于制造中、小型轴承的内外套圈及滚动体,后者应用于较大型滚动轴承。由于 GCr15 与低铬工具钢的化学成分相近,所以也用它制造形状复杂的刃具、冲模、冷轧辊、精密量具、机床丝杠及柴油机喷油器等。

(2) 合金渗碳钢　对于承受很大冲击的轴承或特大型轴承常用合金渗碳钢制造,目前最常用的渗碳轴承钢有 20Cr2Ni4、20CrMo 等,经渗碳淬火后表面硬度为 58~62HRC,耐磨性好,心部具有良好的韧性。对于要求耐腐蚀的不锈轴承,可采用马氏体型不锈钢制造。

表 8-7 常用轴承钢的牌号、化学成分、退火硬度及用途（GB/T 18254—2002）

牌号	主要化学成分（质量分数,%）									退火硬度 HBW	用途
	C	Si	Mn	Cr	Mo	P	S	Ni	Cu		
						不大于					
GCr4	0.95~1.05	0.15~0.30	0.15~0.30	0.35~0.50	≤0.08	0.025	0.020	0.25	0.20	179~207	直径小于10mm的滚珠、滚柱和滚针
GCr15	0.95~1.05	0.15~0.35	0.25~0.45	1.40~1.65	≤0.10	0.025	0.025	0.30	0.25	179~207	壁厚不大于12mm、外径不大于250mm的轴承套、模具、精密量具及耐磨件
GCr15SiMn	0.95~1.05	0.40~0.75	0.95~1.25	1.40~1.65	≤0.10	0.025	0.025	0.25	0.25	179~217	大尺寸轴承套、模具、量具、丝锥及耐磨件
GCr15SiMo	0.95~1.05	0.65~0.85	0.20~0.40	1.40~1.70	0.30~0.40	0.027	0.020	0.30	0.25	179~217	大尺寸轴承套、滚动体、模具、精密量具及高硬度耐磨件
GCr18Mo	0.95~1.05	0.20~0.40	0.25~0.40	1.65~1.95	0.15~0.25	0.025	0.020	0.25	0.25	179~207	与GCr15相同

（3）无铬轴承钢　结合我国资源条件，冶金工作者研制出了不含铬的轴承钢，如GSiMoV、GSiMnMoV、GSiMnMoVRE等。与含铬轴承钢相比，它们具有较好的淬透性、物理性能和锻造性能，但易脱碳、耐蚀性较差。

5. 热处理方法

（1）预备热处理　预备热处理是球化退火，其目的不仅是降低钢的硬度，以利于切削加工，更重要的是获得细的球状珠光体和均匀分布的细粒状碳化物，为零件的最终热处理做好组织准备。

（2）最终热处理　最终热处理是淬火加低温回火，这是决定轴承钢性能的重要热处理工序。淬火温度要求十分严格，温度过高会过热，使晶粒长大，导致韧性和疲劳强度下降，且易淬裂和变形；温度过低则奥氏体中溶解的铬和碳量不够，钢淬火后硬度不足，如加热到800℃油淬，硬度只有770HV。GCr15钢的淬火温度严格控制在820~840℃范围内，回火温度一般为150~160℃。GCr4的淬火温度为800~820℃，回火温度为150~170℃。GCr15SiMn的淬火温度为820~840℃，回火温度为170~200℃。

轴承钢淬火回火后的组织为极细的回火马氏体、均匀分布的粒状碳化物以及少量残留奥氏体，硬度大于62HRC。

精密轴承必须保证在长期存放和使用中不变形，引起变形和尺寸变化的原因主要是存在内应力和残留奥氏体发生转变。为了稳定尺寸，淬火后可立即进行"冷处理"（-60~50℃），并在回火和磨削加工后进行低温时效处理（120~130℃，保温5~10h）。

内容三　工　具　钢

碳素工具钢虽然能达到较高的硬度和耐磨性，但其淬透性差，淬火变形倾向大，并且韧性和热硬性差（只能在200℃以下保持高硬度）。因此，尺寸大、精度高、承受冲击载荷和在较高工作温度下工作的工具，都要采用工具钢制造。

工具钢按主要性能及使用特性可分为合金工具钢和高速工具钢。

一、合金工具钢

合金工具钢主要用于制造各种金属切削刀具，如车刀、铣刀、钻头等。刀具在切削时受到工件的压力，其刃部与切屑之间产生强烈的摩擦。由于切削时发热，切削部分的温度高达500～600℃，切削速度越大，刃部温度越高，会使刃部硬度降低，甚至丧失切削功能。此外，刀具还承受一定的冲击和振动。

根据刀具的工作条件，对合金工具钢提出以下基本性能要求：

（1）高硬度　金属切削刀具刃部的硬度一般都在60HRC以上。切削某些高硬度材料时，刃部的硬度还要更高。

（2）高耐磨性　耐磨性直接影响刀具的寿命，它不仅取决于钢的硬度，而且与钢中硬化物的性质、数量、大小和分布有关。通常硬度越高，耐磨性越好。

（3）高热硬性　热硬性是指钢在高温下保持高硬度的能力。当切削速度很高时，刃部温度可达800℃以上，所以热硬性是对刀具钢最主要的性能要求。热硬性与钢的耐回火性和特殊碳化物的弥散析出有关。

（4）足够的塑性和韧性　以防刀具在切削过程中因受到冲击振动而造成断裂和崩刃。

合金工具钢按用途主要分为两类，一类为量具刃具用钢；另一类为模具钢。

1. 量具刃具用钢

量具刃具用钢是在碳素工具钢的基础上，为了改进其淬透性差、淬火易变形、开裂和热硬性不足等缺陷而加入少量合金元素发展起来的。这类钢的最高工作温度不超过300℃。

（1）主要用途　主要用于制造对尺寸精度要求较高而形状或截面尺寸较复杂，但对热硬性要求不太高的工具和各种测量工具，如铰刀、车刀、量块、塞规等。

（2）成分特点

1）高碳，碳的质量分数为0.75%～1.25%，以保证高硬度和高耐磨性。

2）加入Cr、Mn、Si、W、V等合金元素。铬、锰、硅主要用于提高钢的淬透性，硅还能提高钢的耐回火性；钨、钒能提高钢的硬度和耐磨性，并防止钢在加热时过热，保持细小的晶粒。

（3）典型牌号　我国常用量具刃具用钢的牌号、化学成分、热处理和用途见表8-8。在合金工具钢中9SiCr及8MnSi这两个牌号应用最为广泛，9SiCr具有高的淬透性及耐回火性，热硬性可达250℃以上，适宜于要求变形小的各种薄刃刀具，如丝锥、板牙、搓丝板、滚丝模等；8MnSi由于不含铬，故价格较低，其淬透性、韧性和耐磨性均优于碳素工具钢，一般多用作木工凿子、锯条等。

（4）热处理方法　量具刃具用钢的预备热处理为球化退火，最终热处理为淬火加低温回火。

由于量具刃具用钢属于过共析钢，钢中碳化物较多，一般要通过锻造来改善碳化物的分布，但锻造后硬度较高，难以切削加工，故锻后应进行球化退火。

量具刃具钢的最终热处理为淬火加低温回火。由于加入了合金元素，钢的淬透性较好，可采用油淬或分级淬火，以便降低淬火应力和淬火变形。淬火和低温回火后的组织为细的回火马氏体、碳化物颗粒和少量残留奥氏体，硬度可达60HRC以上。

表8-8 常用量具刃具用钢的牌号、化学成分、热处理和用途（摘自 GB/T 1299—2000）

牌号	化学成分（质量分数,%）					淬火		交货状态硬度 HBW	用途
	C	Si	Mn	Cr	W	温度/℃ 冷却剂	硬度 HRC		
9SiCr	0.85~0.95	1.20~1.60	0.30~0.60	0.95~1.25		820~860 油	≥62	241~197	丝锥、板牙、钻头、铰刀、齿轮铣刀、冲模、冷轧辊
8MnSi	0.75~0.85	0.30~0.60	0.80~1.10			800~820 油	≥60	≤229	錾子、铣刀、车刀、刨刀
Cr06	1.30~1.45	≤0.40	≤0.40	0.50~0.70		780~810 水	≥64	241~187	剃刀、刮刀、刻刀、外科医疗刀具
Cr2	0.95~1.10	≤0.40	≤0.40	1.30~1.65		820~850 油	≥62	229~179	铣刀、车刀、铰刀、量规、冷轧辊等
9Cr2	0.80~0.95	≤0.40	≤0.40	1.30~1.70		820~850 油	≥62	217~179	冷轧辊、冷冲头及木工工具等
W	1.05~1.25	≤0.40	≤0.40	0.10~0.30	0.80~1.20	800~830 水	≥62	229~187	低速切削硬金属的刀具，如麻花钻、车刀、量规、量块等

（5）应用实例 用9SiCr钢制造丝锥，钢材经球化退火后加工成形，860~880℃加热，油淬，180~200℃回火，组织为回火马氏体+碳化物+少量残留奥氏体，硬度为60~62HRC。

2. 合金模具钢

用于制造冲模、锻模、挤压模、压铸模等的钢称为模具钢。根据模具的工作条件不同，可将模具钢分为冷作模具钢和热作模具钢两种类型。

常用模具钢的牌号、化学成分及用途见表8-9。

表8-9 常用模具钢的牌号、化学成分及用途（摘自 GB/T 1299—2000）

类别	牌号	主要化学成分（质量分数,%）						用途
		C	Si	Mn	Cr	Mo	其他	
冷作模具钢	9Mn2V	0.85~0.95	≤0.40	1.70~2.00			V 0.10~0.25	滚丝模、冲模、冷压模
	CrWMn	0.90~1.05	≤0.40	0.80~1.10	0.90~1.20		W 1.20~1.60	冲模
	Cr12	2.00~2.30	≤0.40	≤0.40	11.50~13.00			冲模、拉延模、滚丝模
	Cr12MoV	1.45~1.70	≤0.40	≤0.40	11.00~12.50	0.40~0.60	V 0.15~0.30	冲模、冷镦模、压印模
	Cr4W2MoV	1.12~1.25	0.40~0.70	≤0.40	3.50~4.00	0.80~1.20	W 1.90~2.60 V 0.80~1.10	零件模、拉延模
热作模具钢	5CrMnMo	0.50~0.60	0.25~0.60	1.20~1.60	0.60~0.90	0.15~0.30		中型模锻（模高275~400mm）
	5CrNiMo	0.50~0.60	≤0.40	0.50~0.80	0.50~0.80	0.15~0.30	Ni 1.40~1.80	大型模锻（模高大于400mm）
	4Cr5MoSiV	0.33~0.43	0.80~1.20	0.20~0.50	4.75~5.50	1.10~1.60	V 0.30~0.60	热镦模、压铸模、精锻模
	3Cr3Mo3W2V	0.32~0.42	0.60~0.90	≤0.65	2.80~3.30	2.50~3.00	W 1.20~1.80 V 0.80~1.20	热镦模
	5Cr4W5Mo2V	0.40~0.50	≤0.40	≤0.40	3.40~4.40	1.50~2.10	W 4.50~5.30 V 0.70~1.10	热镦模、温挤压模

(1) 冷作模具钢

1) 主要用途：用于制造各种冲模、冷镦模、冷挤压模和拉丝模等，工作温度不超过 200~300℃。

2) 性能要求：由于冷作模具在工作时其刃口部位承受很大的压力、弯曲力和冲击力，模具与坯料之间有强烈的摩擦，因此它的主要失效形式是磨损，其性能要求与刃具钢相似，要求具有高强度、高硬度、足够的韧性、疲劳抗力及良好的耐磨性。高精度模具还要求热处理变形小，以保证模具的加工精度；大型模具还要求具有良好的淬透性。

3) 成分特点：碳的质量分数在 1.0% 以上，有的甚至高达 2%。高碳既要保证与铬、钼、钒等形成足够数量的碳化物，又要保证马氏体中存在一定的碳过饱和度，以获得高硬度、高耐磨性以及较高的热硬性。

加入铬、钼、钨、钒等合金元素，主要是提高淬透性、耐磨性和耐回火性。钼和钒除了能改善钢的淬透性和耐回火性外，还起到细化晶粒、改善碳化物不均匀性的作用，可提高钢的强度和韧性。铬是钢中的主要合金元素，它与碳形成具有极高硬度的碳化物，极大地增加了钢的耐磨性。

4) 典型牌号。

低合金冷作模具钢的优点是价格便宜，加工性能好，能基本满足模具的工作要求，其中应用较广泛的牌号有 9Mn2V、9SiCr。

Cr12 型冷作模具钢是目前较常用的冷作模具钢，相对于碳素刃具钢和低合金刃具钢来说，这类钢具有更高的淬透性、耐磨性和强度，且淬火变形小，广泛用于尺寸大、形状复杂、精度要求高的重载冷作模具，常用的牌号为 Cr12 和 Cr12MoV。Cr12 钢碳的质量分数高达 2.0%~2.3%，属于莱氏体钢，具有优良的淬透性和耐磨性（比低合金冷作模具钢高 3~4 倍），但韧性较差；Cr12MoV 钢碳的质量分数较 Cr12 钢的低，（w_C = 1.45%~1.70%），并加入合金元素钼、钒，除了进一步提高耐回火性外，还起到细化组织、改善韧性的作用。

高碳中铬型冷作模具钢是针对 Cr12 型高铬模具钢碳化物多而粗大，且分布不均匀的缺点发展起来的，典型牌号为 Cr4W2MoV、Cr6WV、Cr5MoV。此类钢碳的质量分数降至 1.00%~1.25%，突出的优点是韧性明显改善，且具有淬火变形小、淬透性好、耐磨性高等优点。

5) 热处理特点。冷作模具钢的热处理和量具刃具钢相似，模具经淬火 + 低温回火处理，得到回火马氏体 + 粒状碳化物 + 少量残留奥氏体，硬度为 58~62HRC。

6) 应用实例。

黄铜接线板落料模采用 CrWMn 钢制造。钢材经球化退火后进行切削加工，820℃加热后进行分级淬火，冷却介质为 50% KNO_3 + 50% $NaNO_2$，再进行 180~200℃低温回火，最后进行磨削加工。落料模组织为回火马氏体 + 碳化物 + 少量残留奥氏体，硬度为 58~60HRC，硬度均匀。

用 9SiCr 钢制造长剪刀片（剪切模）。钢材经球化退火后进行切削加工，860~870℃油淬，150~200℃回火 3~4h，硬度为 58~62HRC。

(2) 热作模具钢　热作模具钢是使加热的金属或液态金属获得所需要形状的模具钢。

1) 主要用途：主要用于制造在受热状态下对金属进行变形加工的模具，如热锻模、热镦模、热挤压模、精密锻造模、高速锻模等，也称为热变形模具。

2）性能特点：热作模具在工作中承受很大的冲击载荷和塑变摩擦及强烈的冷热循环，因此引起不均匀热应变和热应力及高温氧化，导致出现崩裂、磨损、塌陷、龟裂等失效现象。因此，要求热作模具钢具有高的热硬性和高温耐磨性、高的抗氧化能力、高的热强性和足够高的韧性，尤其是受冲击较大的热锻模具钢。此外，由于热作模具钢的体积比较大，还要求具有较高的淬透性和导热性。

3）成分特点。

热作模具钢碳的质量分数在 0.50% ~ 0.60% 之间。从热锻模的工作条件出发，碳的质量分数不能过高，以免降低钢的导热性和韧性，但也不能过低，否则无法保证强度、硬度和耐磨性的要求。

加入铬、镍、钨、钼等合金元素。铬是提高淬透性的重要元素，同时还能提高钢的耐回火性。在5CrNiMo钢中，镍与铬能显著提高钢的淬透性；镍固溶于铁素体中，在强化铁素体的同时，还可以增加钢的韧性，使5CrNiMo钢获得良好的综合力学性能，可用作大型热锻模具。在5CrMnMo钢中，锰能显著提高钢的淬透性，但锰固溶于铁素体中，在强化铁素体的同时使韧性有所降低，因此5CrMnMo钢只适用于中、小型热锻模具。以上两种钢中均含有质量分数为 0.16% ~ 0.30% 的钼，其主要作用是防止钢件产生高温回火脆性，钼还有细化晶粒、提高淬透性、提高耐回火性等作用。

4）典型牌号：热作模具钢的典型牌号为 5CrNiMo 和 5CrMnMo，它们具有较高的强度、韧性和耐磨性，以及优良的淬透性和良好的抗热疲劳性能。根据我国的资源情况，对于强度和耐磨性要求较高，而韧性要求不是很高的各种中、小型热锻模具应尽量选用5CrMnMo钢；而对于形状复杂、承受较大冲击载荷的大型或特大型热锻模具可选用5CrNiMo钢。在静压下使金属变形的挤压模和压铸模由于其变形速度小，模具与炽热金属的接触时间长，故对高温性能的要求比热锻模的高，可采用 3Cr2W8V 钢（用作挤压钢及铜合金的模具）或4Cr5W2VSi 钢（用作挤压铝及镁合金的模具）制作。

5）热处理方法。

预备热处理：预备热处理为退火，目的是消除锻造内应力、细化组织、降低硬度、改善切削加工性。

最终热处理：最终热处理为淬火加中温回火或高温回火，以获得均匀的回火索氏体（或回火托氏体）组织。淬火加热温度为 840 ~ 870℃，回火温度根据零件的大小确定。

6）应用实例：用5CrNiMo钢制作汽车连杆锻模，加工后于 840 ~ 860℃ 加热淬火。为了减小大型模具的淬火变形，应预冷（空冷）到 780℃ 左右油淬，200℃ 出油空冷，480 ~ 510℃ 回火，硬度为 39 ~ 44HRC。

二、高速工具钢

高合金工具钢简称高速钢或锋钢。

（1）主要用途　由于高速钢具有良好的热硬性、高硬度及高耐磨性，在工作温度高达600℃左右时，其硬度仍无明显下降。高速钢广泛用于制造高速切削刀具和形状复杂、载荷较大的成形刀具，如车刀、铣刀、拉刀、钻头及刨刀等，还可用于制造冷挤压模及耐磨零件。

（2）成分特点

1）高碳。碳的质量分数在 0.70% 以上，最高可达 1.5% 左右。高碳一方面要保证能与 W、Cr、V 等元素形成足够数量的碳化物，另一方面还要有一定数量的碳溶于高温奥氏体中以获得过饱和碳的马氏体，使高速钢具有良好的热硬性及高硬度、高耐磨性。

2）加入 Cr、W、Mo、V 等合金元素。加入铬能提高淬透性，几乎所有高速钢铬的质量分数均为 4%。铬的碳化物在淬火加热时几乎全部溶于奥氏体中，能增加过冷奥氏体的稳定性，大大提高钢的淬透性；铬还能提高钢的抗氧化及脱碳能力。钨和钼是提高钢的热硬性的主要元素。钒能形成 VC，非常稳定，极难溶解，硬度极高且颗粒细小，分布均匀，因此能大大提高钢的硬度和耐磨性，同时能阻止奥氏体晶粒长大，细化晶粒。

（3）典型牌号　常用高速钢的牌号、化学成分、力学性能及用途见表 8-10。

表 8-10　常用高速钢的牌号、化学成分、力学性能及用途（摘自 GB/T 9943—2008）

类别	牌号	主要化学成分（质量分数,%）						淬火温度/℃		回火温度/℃	回火硬度 HRC	用途
		C	Cr	V	W	Mo	其他	盐浴炉	箱式炉			
钨系	W18Cr4V	0.73~0.83	3.80~4.50	1.00~1.20	17.20~18.70			1250~1270	1260~1280	550~570	≥63	高速车刀、钻头、铣刀、刨刀等
	W12Cr4V5Co5	1.50~1.60	3.75~5.00	4.50~5.25	11.75~13.00		Co 4.70~5.25	1220~1240	1230~1250	540~560	≥65	拉刀、滚刀、铣刀、车刀、刨刀、钻头、丝锥、螺纹梳刀等
钨钼系	W3Mo3Cr4V2	0.95~1.03	3.80~4.50	2.20~2.50	2.70~3.00	2.50~2.90		1120~1180	1120~1180	540~560	≥63	机用锯条、钻头、铣刀、拉刀、刨刀等
	W2Mo8Cr4V	0.77~0.87	3.50~4.50	1.00~1.40	1.40~2.00	8.00~9.00		1120~1180	1120~1180	550~570	≥63	丝锥、铣刀、铰刀、拉刀、锯片等
	W6Mo5Cr4V2	0.80~0.90	3.80~4.40	1.75~2.20	5.50~6.75	4.50~5.50		1200~1220	1210~1230	540~560	≥64	冲击较大的刀具、插齿刀具、钻头等
	W9Mo3Cr4V	0.77~0.87	3.80~4.40	1.30~1.70	8.50~9.50	2.70~3.30		1200~1220	1220~1240	540~560	≥64	切削刀具、冷热模具等
	W6Mo5Cr4V2Co5	0.87~0.95	3.80~4.50	1.70~2.10	5.90~6.70	4.70~5.20	Co 4.50~5.00	1190~1210	1200~1220	540~560	≥64	高速振动刀具、插齿刀具、铣刀等
	W2Mo9Cr4VCo8	1.05~1.15	3.50~4.25	0.95~1.35	1.15~1.85	9.00~10.00	Co 7.75~8.75	1170~1190	1180~1200	540~560	≥66	高精度复杂刀具、成形铣刀、精密拉刀等

注：1. 预热温度为 800~900℃。
　2. 淬火冷却介质为油或盐浴。
　3. 回火温度为 550~570℃时回火二次，每次 1h；回火温度为 540~560℃时回火二次，每次 2h。

我国常用的高速钢有两种，一种是钨系，如 W18Cr4V；另一种是钨钼系，如 W6Mo5Cr4V2。W6Mo5Cr4V2 是用钼代替部分钨而形成的钨钼系高速工具钢。由于钼的碳化物细小且分布均匀，所以其热塑性、韧性和耐磨性均优于 W18Cr4V，热硬性相当。W6Mo5Cr4V2 的密度小、价格较便宜，但磨削加工性不如 W18Cr4V，可用于制造要求耐磨性和韧性很好结合的高速切削工具，尤其适宜于轧制加工成形的刃具，如丝锥、钻头等；而 W18Cr4V 用于制造一般高速切削的车刀、刨刀、铣刀、插齿刀等。

（4）热处理方法

1）预备热处理。预备热处理为锻后球化退火。高速钢中的奥氏体非常稳定，锻后缓冷硬度也很高，并产生残留内应力。为了改善碳化物形态和分布状态，同时改善切削加工性并消除残留内应力，为最终热处理做好组织准备，应先进行球化退火处理。球化退火后的组织为索氏体和粒状碳化物。

2）最终热处理。最终热处理为淬火加回火。由于高速钢中的合金元素含量高，导热性差，淬火温度又很高，所以淬火加热时必须在800～850℃进行预热，待工件内、外温度均匀后再进行热处理。对于截面大或形状复杂的工件可进行两次预热（500～600℃，800～850℃），预热的目的是减少热应力和变形、防止开裂，并可缩短工件在淬火温度的高温停留时间，有利于防止产生氧化、脱碳等缺陷。

因为高速钢中含有大量W、Mo、Cr、V等的难溶碳化物，它们只有在1200℃以上才能大量溶于奥氏体中，故使得高速钢淬火加热温度很高，一般为1220～1280℃。淬火后的组织为马氏体、剩余合金碳化物和大量残留奥氏体。

为了消除淬火内应力，减少残留奥氏体数量，高速钢淬火后一般要进行三次回火，回火温度为550～570℃。一般第一次回火可使奥氏体量降至10%～15%，第二次回火后残留奥氏体量可降至3%～5%，第三次回火后残留奥氏体量可降至1%～2%。有时为了减少回火次数，可在淬火后立即进行冷处理（-78℃干冰处理），再进行一次回火。其组织由回火马氏体+少量残留奥氏体+碳化物组成。

为了进一步提高高速钢刃具的切削性能，一般在淬火、回火后还要进行软氮化、氧氮共渗、硫氮共渗及离子氮化等表面化学热处理。使刃具表面形成具有高硬度、高耐磨性及良好抗咬合性的化合物层。

近年来，高速钢的等温淬火获得了广泛应用。等温淬火后的组织为下贝氏体+残留奥氏体+碳化物。等温淬火可减少变形，提高韧性，适用于形状复杂的大型刃具和冲击韧度要求高的刃具。

（5）应用实例 用W18Cr4V钢制造车刀，在1220～1280℃加热淬火，550～570℃回火三次，硬度为63～65HRC。热处理后硬度高，热硬性好，用于高速切削。

内容四 特殊性能钢

具有特殊的物理和化学性能的钢称为特殊性能钢。特殊性能钢的种类有很多，在机械制造行业中常用的特殊性能钢有不锈钢、耐热钢、耐磨钢等。

一、不锈钢

不锈钢是不锈钢和耐酸钢的统称，能抵抗大气腐蚀的钢称为不锈钢；而在一些化学介质（如酸类）中能抵抗腐蚀的钢称为耐酸钢。一般不锈钢不一定耐酸，而耐酸钢一般都具有良好的耐蚀性能。

1. 不锈钢的基础知识

（1）金属的腐蚀 金属的腐蚀是指金属与周围介质发生化学或电化学作用而引起其表层变质、损耗甚至破坏的现象。根据腐蚀过程进行的机理不同，可将腐蚀分为化学腐蚀和电化学腐蚀两种类型。

1）化学腐蚀。化学腐蚀是指金属与外界介质发生化学反应而引起的腐蚀，如金属在高温下与空气中的氧作用而发生的氧化现象即属于化学腐蚀。化学腐蚀产物覆盖在金属表面,形成一层氧化膜,在腐蚀过程中不产生电流。

2)电化学腐蚀。电化学腐蚀是由于金属与周围介质之间发生作用而引起的。电化学腐蚀的基本特点是在金属不断受到破坏的同时还有电流产生,大部分金属的腐蚀都属于电化学腐蚀。当两种电极电位不同的金属互相接触,而且有电解质溶液存在时,将形成微电池,使电极电位较低的金属成为阳极并不断被腐蚀,电极电位较高的金属作为阴极而不被腐蚀。在同一种合金中,也有可能产生电化学腐蚀。例如,碳钢中的珠光体是由铁素体和渗碳体组成的,铁素体的电极电位比渗碳体的低,当有电解质溶液存在时,铁素体就成为阳极而被腐蚀,其表面会变得凹凸不平。

(2)不锈钢的合金化原理　不锈钢的合金化原理就是通过向金属中加入合金元素来提高耐蚀性。

1)提高钢基体的电极电位。在钢中加入合金元素铬、镍、硅等,能提高钢中基体相(铁素体、奥氏体、马氏体)的电极电位,使基体相与碳化物的电位差减小,从而提高其抵抗电化学腐蚀的能力。在铁素体中溶入质量分数大于17%的铬后,铁素体的电极电位由原来的-0.56V跃升至+0.20V,其耐蚀性也明显提高。

2)形成单相组织。在钢中加入大量的铬、镍或锰等合金元素,使钢能形成单相的铁素体或奥氏体组织,以阻止形成微电池,从而显著提高钢耐电化学腐蚀的能力。

3)形成钝化膜。在钢中加入铬、硅、铝等合金元素后,可以在钢的表面形成一层致密的、结合牢固的氧化膜(如Cr_2O_3、SiO_2、Al_2O_3等,也称为钝化膜),使钢与周围介质隔绝,其腐蚀过程受阻,从而提高钢的耐蚀性。

(3)不锈钢的用途　不锈钢在石油、化工、原子能、宇航、海洋开发、国防工业和一些尖端科学技术及日常生活中得到了广泛应用,主要用来制造在各种腐蚀介质中工作并具有较高耐蚀性的零件或结构。例如,化工装置中的各种管道、阀门和泵,热裂解设备零件,医疗手术器械,防锈刀具和量具等。

(4)性能要求　对不锈钢最主要的性能要求是耐蚀性。此外,对用于制作工具的不锈钢还要求高硬度、高耐磨性;制作重要结构零件时要求具有高强度;某些不锈钢则要求具有较好的加工性等。

(5)不锈钢分类　不锈钢按化学成分可分为铬不锈钢、铬镍不锈钢、铬锰不锈钢等。按正火状态的金相组织可分为马氏体型不锈钢、铁素体型不锈钢、奥氏体型不锈钢、奥氏体-铁素体型不锈钢及沉淀硬化型不锈钢这五种类型。

2. 铁素体型不锈钢(Cr17型)

(1)成分特点　铁素体型不锈钢的成分特点是碳的质量分数低($w_C<0.15\%$),铬的质量分数高($w_{Cr}=12\%\sim32\%$),属于铬不锈钢。这类钢从室温到高温均为单相铁素体组织,因而不能用热处理的方法强化,通常在退火状态下使用。

(2)性能特点　铁素体型不锈钢的耐酸性强,具有良好的耐大气腐蚀及抗高温氧化性,以及良好的塑性、切削加工性和焊接性,但强度较低。

(3)牌号及应用　铁素体型不锈钢的典型牌号是10Cr17(1Cr17)、10Cr17Mo(1Cr17Mo)等,主要用于对综合力学性能要求不高,而对耐蚀性要求很高的零件或结构件,如化工行业中的硝酸吸收塔、热交换器、耐酸及耐碱的管路等。

3. 马氏体型不锈钢

（1）成分特点　马氏体型不锈钢的 $w_C = 0.08\% \sim 1.2\%$、$w_{Cr} = 12\% \sim 18\%$，也属于铬不锈钢。

（2）性能特点　马氏体型不锈钢随着钢中含碳量的增加，其强度、硬度及耐磨性提高，但耐蚀性则下降。根据含碳量不同，马氏体型不锈钢主要有以下几个牌号：

1）12Cr13（1Cr13）、20Cr13（2Cr13）。钢中的含碳量较低，性能类似调质钢，并具有较高的耐大气及蒸汽等介质腐蚀的能力，常作为耐蚀结构钢使用。可对这类钢进行冲压、弯曲、卷边及焊接成形，但其切削性能较差，主要用作力学性能与耐磨性要求较高、又要有一定耐蚀性的零件，如汽轮机叶片及锅炉管附件等。

2）30Cr13（3Cr13）及40Cr13（4Cr13）。钢中的含碳量相对前者高，性能类似于工具钢，强度、硬度均高于前者，但变形及焊接性比前者差，主要用作耐磨零件及医疗工具、刃具、量具等。

（3）热处理特点　马氏体型不锈钢锻造后或冲压后需进行退火处理，以消除硬化、改善切削加工性能，其最终热处理采用淬火 + 低温回火工艺，得到回火马氏体组织。

4. 奥氏体型不锈钢

（1）成分特点　奥氏体型不锈钢碳的质量分数较低（$w_C = 0.08\% \sim 0.15\%$），铬、镍的含量高（$w_{Cr} = 15\% \sim 24\%$，$w_{Ni} = 13.5\% \sim 22\%$），属于铬镍钢，也称为18-8型不锈钢。因镍的加入扩大了奥氏体相区，在室温下可获得单相奥氏体组织。

（2）性能特点　奥氏体型不锈钢具有很高的耐蚀性和耐热性，以及优良的塑性（$A = 40\%$）、良好的焊接性及低温韧性，不具有磁性，但价格昂贵，易加工硬化（硬化后抗拉强度可由600MPa提高到1200~1400MPa），切削加工性较差。

（3）牌号及应用　奥氏体型不锈钢的典型牌号是12Cr18Ni9（1Cr18Ni9）、06Cr18Ni11Ti（0Cr18Ni10Ti）等，主要用于在腐蚀介质（硝酸、磷酸、碱等）中工作的零件、容器或管道、医疗器械以及抗磁仪表等。

（4）热处理特点　奥氏体型不锈钢固态下无相变，所以不能用热处理方法强化。常用的热处理方法有固溶处理、稳定化处理及去应力处理等。因为奥氏体型不锈钢在退火状态下并非是单相奥氏体组织，还有少量的碳化物，为了获得单相奥氏体，提高耐蚀性，需在1100℃左右加热，使所有碳化物都溶入奥氏体中，然后通过水淬快冷至室温，即可获得单相奥氏体组织，这种处理称为固溶处理。固溶处理后奥氏体型不锈钢的耐蚀性、塑性、韧性提高，但强度、硬度降低。

常用不锈钢的牌号、化学成分、热处理、力学性能及用途见表8-11。

二、耐热钢

耐热钢是指在高温下具有较好的抗氧化性并兼有高温强度的钢。

1. 耐热钢的基础知识

（1）主要用途　耐热钢主要用于制造动力机械（如内燃机、汽轮机、燃气轮机等）、锅炉、石油化工设备及航空航天设备中某些在高温下工作的零件或构件。

（2）主要性能　在高温条件下工作的构件需具备很好的耐热性，耐热性包括高温抗氧化性和高温强度。

表 8-11 常用不锈钢的牌号、化学成分、热处理、力学性能及用途（GB/T 1220—2007）

类别	牌号（旧牌号）	主要化学成分（质量分数,%)					热处理温度/℃ 冷却方式①	力学性能 不小于				用途
		C	Ni	Cr	其他			$R_{p0.2}$/MPa	R_m/MPa	A(%)	Z(%)	硬度 HBW
铁素体型	06Cr13Al (0Cr13Al)	≤0.08	≤0.06	11.50~14.50	Al 0.10~0.30	退火 780~830	175	410	20	60	183	用于石油精致装置、压力容器衬里、蒸汽透平叶片等
	10Cr17Mo (1Cr17Mo)	≤0.12	≤0.06	16.00~18.00	Mo 0.75~1.25	退火 780~850	205	450	22	60	183	主要用作汽车轮毂、紧固件及汽车外装饰材料
马氏体型	12Cr13 (1Cr13)	0.08~0.15		11.50~13.50	Si ≤1.00 Mn ≤1.00	950~1000 淬火 700~750 回火	345	540	25	55	159	用于韧性较高且受冲击载荷的刃具、叶片紧固件等
	20Cr13 (2Cr13)	0.16~0.25		12.00~14.00	Si ≤1.00 Mn ≤1.00	920~980 淬火 600~750 回火	440	640	20	50	192	用于承受高负荷的零件，如汽轮机叶片、热油泵等
	30Cr13 (3Cr13)	0.26~0.35		12.00~14.00	Si ≤1.00 Mn ≤1.00	920~980 淬火 600~500 回火	540	735	12	40	217	用于300℃以下工作的刃具、弹簧、400℃以下工作的轴承等
	40Cr13 (4Cr13)	0.36~0.45		12.00~14.00	Si ≤0.60 Mn ≤0.80	1050~1100 淬火 200~100 回火					50	用于外科医疗器具、阀门、弹簧等
	95Cr18 (9Cr18)	0.90~1.00	≤0.06	17.5~19.00	Si ≤0.80 Mn ≤0.80	1000~1050 淬火 200~300 回火					55	用于高度耐蚀、高强度耐磨件，如轴、泵、弹簧、紧固件等
奥氏体型	12Cr17Ni7 (1Cr17Ni7)	≤0.015	6.00~8.00	16.00~18.00	N ≤0.10	固溶处理 1010~1150	205	520	40	60	187	最易冷变形强化的钢，用于铁道车辆、传输带、紧固螺钉等
	12Cr18Ni9 (1Cr18Ni9)	≤0.015	8.00~10.00	17.00~19.00	N ≤0.10	固溶处理 1010~1150	205	520	40	60	187	经冷加工有高的强度，用装饰部件等用作建筑
	06Cr18Ni11Ti (0Cr18Ni10Ti)	≤0.08	9.00~12.00	17.00~19.00	Ti 0.5~0.7	固溶处理 920~1150	205	520	40	60	187	耐晶间腐蚀性能优越，用作耐酸容器、抗磁仪表、医疗器械等

① 铁素体型钢退火以后空冷或缓冷；奥氏体型钢固溶处理以后快冷；马氏体型钢的淬火冷却介质为油，回火以后快冷或空冷。

1) 高温抗氧化性。金属的高温抗氧化性是指金属表面在高温下能迅速氧化形成一层致密的氧化膜，使金属不再继续氧化的能力。一般钢铁材料在570℃以上的温度下表面容易氧化，这主要是由于在较高温度下钢的表面生成疏松多孔的FeO，氧原子容易通过FeO向钢的内部进行扩散，使其不断被氧化。温度越高，氧化速度越快，致使零件被破坏。为了提高钢材在高温时的抗氧化能力，通常在耐热钢中加入合金元素铬、硅、铝等，它们与氧的亲和力大，优先被氧化，在钢的表面形成一层致密的、高熔点的、牢固的氧化膜，使金属与外界的高温氧化性气体隔绝，达到金属不再继续被氧化的目的。如钢中加入质量分数为15%的铬，其抗氧化温度可达900℃；当钢中铬的质量分数达到20%~25%时，其抗氧化温度可达1100℃。

2) 高温强度。高温强度是指金属在高温下抵抗塑性变形和断裂的能力。金属在高温下所表现的力学性能与室温下大不相同：一是温度升高，金属原子间的结合力减弱，强度下降；二是在再结晶温度以上，即使金属所受应力不超过该温度下的弹性极限，它也会缓慢地发生塑性变形，且变形量随时间的增长而增大，最后导致金属破坏，这种现象称为蠕变。

(3) 成分特点　耐热钢中的主要合金元素是铬、硅、铝，特别是铬。它们的加入主要用于提高钢的抗氧化性，铬还有利于提高热强性。钼、钨、钒、钛等元素加入钢中能形成细小弥散的碳化物，起到弥散强化的作用，提高室温和高温强度。但钢中含碳量较高时，由于碳化物在高温下易聚集，致使高温强度显著下降；同时，过多的碳也使钢的塑性、抗氧化性及焊接性降低，所以耐热钢的含碳量一般都不高。

(4) 耐热钢的分类　耐热钢根据用途不同可分为抗氧化钢和热强钢两大类；按正火状态下的组织不同，可分为铁素体型耐热钢、马氏体型耐热钢、奥氏体型耐热钢及沉淀硬化型耐热钢等。

常用耐热钢的牌号、化学成分、热处理、力学性能及用途见表8-12。

2. 铁素体型耐热钢

铁素体型耐热钢的含碳量较低，常用牌号有06Cr13Al（0Cr13Al）、10Cr17（1Cr17）、16Cr25N（2Cr25N）等。这类钢的主要合金元素是铬，铬能扩大铁素体区，通过退火可得到铁素体组织，强度不高，但耐高温氧化性能好，用于油喷嘴、炉用部件、燃烧室等。

3. 马氏体型耐热钢

马氏体型耐热钢是在Cr13型不锈钢中加入钼、钨、钒、铌等合金元素，形成Cr13型马氏体耐热钢。在这类钢中含有大量的铬，抗氧化性及热强性均高，淬透性也很好，经调质处理后组织为回火索氏体。

马氏体型耐热钢有两种类型，一类是铬的质量分数为12%左右的马氏体型热强钢，在大气及蒸汽中虽具有耐蚀性和较高强度，但其碳化物弥散效果差，稳定性也低，常用牌号为12Cr13（1Cr13）、20Cr13（2Cr13），多用于工作温度在450~700℃范围内受力较大的零件；另一类为加入硅、钼等合金元素的低铬马氏体型耐热钢，常用牌号为42Cr9Si2（4Cr9Si2）、14Cr11MoV（1Cr11MoV）、22Cr12NiWMoV（2Cr12NiMoWV）等，其工作温度可达700~750℃，常用于汽轮机叶片、内燃机气阀等。

4. 奥氏体型耐热钢

奥氏体型耐热钢含有较多的奥氏体稳定化元素镍，固溶处理后的组织为奥氏体，其热化学稳定性和热强性都比铁素体型和马氏体型耐热钢高，冷塑性变形及焊接性能较好，但切削加工性差。一般工作温度在600~700℃，广泛用于航空航天、舰艇、石油化工等领域，用于

表 8-12 常用耐热钢的牌号、化学成分、热处理、力学性能及用途（摘自 GB/T 1221—2007）

类别	牌号 (旧牌号)	主要化学成分（质量分数,%）					热处理/℃ 冷却剂	力学性能				用途
		C	Si	Mn	Cr	Ni		$R_{p0.2}$ /MPa	R_m /MPa	A (%)	Z (%)	硬度 HBW
								不小于				≤	
奥氏体型	16Cr23Ni13 (2Cr23Ni13)	≤0.02	≤1.00	≤2.00	22.00~24.00	12.0~15.0	固溶处理 1030~1150 水冷	205	560	45	50	201	980℃以下可反复加热，用于加热炉部件，重油燃烧器
	20Cr25Ni20 (2Cr25Ni20)	≤0.25	≤1.50	≤2.00	24.00~26.00	19.0~22.0	固溶处理 1030~1180 水冷	205	590	40	50	201	1035℃以下可反复加热，用于炉用部件，喷嘴、燃烧室
	45Cr14Ni14W2Mo (4Cr14Ni14W2Mo)	0.40~0.50	≤0.80	≤0.70	13.00~15.00	13.00~15.00	退火 820~850	310	705	20	35	248	700℃以下内燃机、柴气油机，重负荷进、排气阀和紧固件
	16Cr25Ni20Si2 (1Cr25Ni20Si2)	≤0.20	1.50~2.50	≤1.50	24.00~27.00		固溶处理 1080~1130 水冷	295	590	35	50	187	用于石油裂解装置
铁素体型	022Cr12 (00Cr12)	≤0.03	≤1.00	≤1.00	11.00~13.00		退火 700~820 空冷	195	360	22	60	183	汽车排气处理装置，锅炉燃烧室
	10Cr17 (1Cr17)	≤0.12	≤1.00	≤1.00	16.00~18.00		退火 780~850 空冷	205	450	22	50	183	900℃以下耐压热器部件、散热器，炉用部件、喷油器
	16Cr25N (2Cr25N)	≤0.02	≤1.00	≤1.50	23.00~27.00		退火 780~880 空冷	275	510	20	40	201	常用于耐硫气氛，如燃烧室、退火箱、阀等
马氏体型	12Cr13 (1Cr13)	0.08~0.15	≤0.10	≤0.10	11.50~13.50	≤0.60	950~1000 油淬 700~750 回火	345	540	22	55	159	主要用作 800℃以下的耐氧化部件
	12Cr5Mo (1Cr5Mo)	0.10~0.15	≤0.50	0.30~0.50	11.50~13.00	0.30~0.60	950~1000 油淬 720~750 回火	550	685	18	60	217~248	属于铬钼马氏体耐热钢，主要用作汽轮机叶片
	14Cr11MoV (1Cr11MoV)	0.12~0.16	≤0.50	0.50~0.90	11.00~13.00	0.40~0.80	1050~1100 油淬 720~740 回火	490	685	16	35	200	热强性较好，减振性良好，主要用作叶片
	42Cr9Si2 (4Cr9Si2)	0.35~0.50	2.00~3.00	≤0.70	8.00~10.00	≤0.60	1020~1040 油淬 700~780 回火	590	885	19	50	269	内燃机进气阀，轻负荷发动机的排气阀

制造汽轮机叶片、发动机汽阀等零件。常用的牌号有 06Cr18Ni11Ti（0Cr18Ni10Ti）、20Cr25Ni20（2Cr25Ni20）、16Cr23Ni13（2Cr23Ni13）等。

三、耐磨钢

耐磨钢是指在强烈冲击载荷作用下才能产生硬化的高锰钢。

1. 用途及性能要求

耐磨钢用作承受严重磨损和强烈冲击的零件，如车辆履带、挖掘机铲斗、破碎机鄂板和铁轨分道岔等。耐磨钢要求具有很高的耐磨性和韧性，高锰钢是目前最主要的耐磨钢。

2. 成分特点

（1）高碳 $w_C = 1.0\% \sim 1.3\%$，以保证钢的耐磨性和强度。但含碳量过高时，淬火后韧性下降，且易在高温时析出碳化物；含碳量过低则降低钢的耐磨性。因此，耐磨钢碳的质量分数不能超过 1.4%。

（2）高锰 $w_{Mn} = 11\% \sim 14\%$，锰和碳配合保证完全获得奥氏体组织，提高钢的加工硬化效果及获得良好的韧性。

（3）一定量的硅 硅可以改善钢液的流动性，并起到固溶强化的作用。但含硅量过高时容易导致晶界出现碳化物，引起开裂，故硅的质量分数为 0.3% ~ 0.8%。

3. 典型牌号

耐磨钢因锰的含量很高而称为高锰钢，由于冷变形强化效果明显，所以切削加工很困难，故一般多采用铸造成形的方法，其牌号由"铸钢"两字的汉语拼音首字母"ZG"加锰的元素符号及其平均质量分数的百分数再加顺序号组成。例如，ZGMn13-3 表示锰的平均质量分数为 13% 的 3 号耐磨钢。

4. 热处理特点

高锰钢铸造成形并加工后应进行水韧处理，即将高锰钢加热到 1000 ~ 1100℃ 保温，使碳化物全部溶解，然后在水中快冷，在室温获得均匀单一的奥氏体组织，此时钢的硬度很低（约为 210HBW），而塑性、韧性很高。当工件在工作中受到强烈冲击或强大压力而变形时，表面层会产生强烈的加工硬化，并且还发生马氏体转变，使表面硬度可提高到 50HRC 以上，而心部则仍保持原来的高韧性状态。当旧的表面层磨损后，新露出的表面又可在强烈冲击和摩擦作用下获得新的耐磨层。高锰钢只有在强烈冲击和摩擦条件下才能显示出高的韧性及耐磨性，如果在一般工作条件下，其耐磨性甚至不及碳钢。

常用耐磨钢的牌号、化学成分、力学性能及用途见表 8-13。

表 8-13 常用耐磨钢的牌号、化学成分、力学性能及用途（摘自 GB/T 5680—1998）

牌号	化学成分（质量分数,%）						力学性能（经水韧处理后的试样数据）					用途
	C	Mn	Si	S≤	P≤	其他	R_{eL}/MPa	R_m/MPa	A(%)	a_K/J·cm^{-2}	HBW	
ZGMn13-1	1.00 ~ 1.45	11.00 ~ 14.00	0.30 ~ 1.00	0.040	0.090			≥635	≥20			低冲击耐磨件，如齿板、衬板、铲齿等
ZGMn13-2	0.90 ~ 1.35	11.00 ~ 14.00	0.30 ~ 1.00	0.040	0.070			≥685	≥25	≥147	≤300	

(续)

牌号	化学成分（质量分数，%）						力学性能（经水韧处理后的试样数据）					用 途
	C	Mn	Si	S≤	P≤	其他	R_{eL} /MPa	R_m /MPa	A (%)	a_K /J·cm^{-2}	HBW	
ZGMn13-3	0.95~1.35	11.00~14.00	0.30~0.80	0.035	0.070			≥735	≥30	≥147	≤300	承受强烈冲击载荷的零件，如斗前壁、履带板等
ZGMn13-4	0.90~1.30	11.00~14.00	0.30~0.80	0.040	0.070	Cr 1.50~2.50	≥390	≥735	≥20		≤300	
ZGMn13-5	0.75~1.30	11.00~14.00	0.30~1.00	0.040	0.070	Mo 0.90~1.20						特殊耐磨件，磨煤机衬板等

模块小结

本模块主要介绍了合金钢的牌号、组织结构、化学成分、主要性能及应用等内容。

1) 加入一种或几种一定量的化学元素的钢就称为合金钢。

2) 合金钢按用途可分为合金结构钢、合金工具钢和特殊性能钢。

3) 我国合金钢是按碳的质量分数、合金元素的种类和质量分数以及质量级别来编号的。

4) 合金结构钢的牌号采用"两位数字（碳的质量分数）+元素符号（或汉字）+数字"表示。

5) 在合金钢中经常加入的合金元素主要有锰（Mn）、硅（Si）、铬（Cr）、镍（Ni）、钼（Mo）、钨（W）、钒（V）、钛（Ti）、铌（Nb）、锆（Zr）、稀土元素（RE）等。

6) 合金元素对钢的力学性能、热处理性能和加工性能都有很大的影响。

7) 用于制造各类机械零件以及建筑工程结构的钢称为结构钢，主要包括工程构件用合金钢（低合金高强度钢）和机械制造用合金钢（渗碳钢、调质钢、弹簧钢、滚动轴承钢）。

8) 合金工具钢用于制造刃具、模具和量具等各种工具，按用途分为刃具钢、模具钢和量具钢。

9) 特殊性能钢是指具有特殊物理及化学性能的钢，包括不锈钢、耐热钢和耐磨钢等。

10) 不锈钢是不锈钢和耐酸钢的统称，能抵抗大气腐蚀的钢称为不锈钢；而在一些化学介质（如酸类）中能抵抗腐蚀的钢称为耐酸钢。

11) 耐热钢是指在高温下具有较好的抗氧化性并兼有高温强度的钢。

12) 耐磨钢是指在强烈冲击载荷作用下才能产生硬化的高锰钢，主要用于在运转过程中承受严重磨损和强烈冲击的零件。

思考与练习

1. 碳素钢在性能上主要有哪几方面的不足？
2. 什么叫合金钢？按用途合金钢可分为哪些类型？
3. 合金元素在钢中有哪些主要作用？

4. 列举三个低合金高强度结构钢的牌号及用途。
5. 简述合金渗碳钢的主要合金元素及作用。
6. 列举两个常用低合金刃具钢的牌号及用途。
7. 弹簧的主要作用有哪些？对弹簧钢有哪些性能要求？
8. 什么叫特殊性能钢？在机械制造行业中常用的特殊性能钢有哪些？
9. 什么叫不锈钢？不锈钢是如何分类的？简述不锈钢中主要合金元素的作用。
10. 说明 20CrMnTi 属于什么类型钢的牌号，其含义是什么。
11. 说明耐磨钢的应用特点。

模块九 铸 铁

【任务描述】

铸铁是碳的质量分数大于2.11%,并常含有较多的硅、锰、硫、磷等元素的铁碳合金。本模块主要介绍铸铁材料的组织结构、化学成分、主要性能及在机械制造行业中的应用等内容。

【学习目标】

1) 理解铸铁的石墨化过程。
2) 掌握铸铁的组织结构、分类、牌号、性能和用途。
3) 了解常用铸铁的热处理方法。

内容一 铸铁的基础知识

铸铁是人类社会最早使用的金属材料之一,是Fe-Fe_3C相图中碳的质量分数大于2.11%的铁碳合金,它是以铁、碳、硅为主要组成元素。与钢相比,铸铁中锰、硫、磷等元素的含量较高,具有很高的耐磨减振性及低的缺口敏感性等,目前仍然是机械制造业中最重要的材料之一。在农用机械、汽车、拖拉机、机床等行业中,铸铁件占总质量的45%~90%。

工业上常用铸铁的成分范围大致为: w_C = 2.5%~4.0%、w_{Si} = 1.0%~3.0%、w_{Mn} = 0.5%~1.4%、w_P = 0.01%~0.50%、w_S = 0.02%~0.20%等。

一、铸铁的分类及应用

在铸铁中,碳以三种形式存在:一是固溶在铁素体(F)及奥氏体(A)中,二是化合物态的渗碳体(Fe_3C),三是游离态石墨(G)。渗碳体为亚稳相,具有复杂的斜方结构,在一定条件下能分解为铁和石墨(Fe_3C→3Fe + C)。

石墨为稳定相,具有特殊的简单六方晶格,呈层状排列,同一层面上的原子呈六方网格排列,其结构如图9-1所示。石墨的原子间距小(1.42),结合力很强,而层面之间的间距大(3.04),结合力较弱,极易沿层与层之间进行滑移,所以石墨的强度、硬度和塑性都很差。

1. 按碳的存在形式分类

根据碳的存在形式不同,可将铸铁分为以下三种类型:

(1) 白口铸铁 铸铁中的碳主要以渗碳体形式存在,其断口呈银白色,故称为白口铸铁。白口铸铁的硬度高、脆性大,很难进行切削加工,故很少直接用来制造机械零件,只用于少数要求耐磨而不受冲击的零件,如拔丝模、球磨机铁球等,大多用作炼钢和可锻铸铁的坯料。

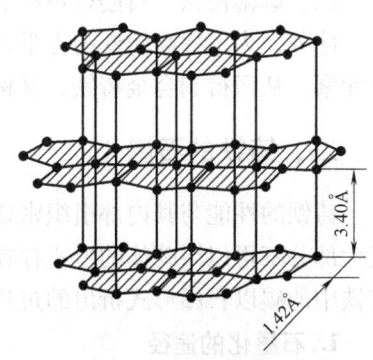

图9-1 石墨的晶体结构

（2）灰铸铁　铸铁中的碳以石墨形式存在，其断口呈暗灰色，也称为灰口铸铁。灰铸铁具有良好的铸造性能，切削加工性好，减振性及耐磨性也好，加上它的熔化配料简单，成本低，因此广泛用于制造结构复杂的铸件和耐磨件，是目前工业上应用最广泛的一种铸铁。

（3）麻口铸铁　铸铁中的碳大部分以渗碳体形式存在，少部分以石墨形式存在，其断口呈灰白色，故称为麻口铸铁。麻口铸铁的硬度高，脆性较大，工业上很少直接使用。

2. 按石墨的形状分类

根据石墨的形状不同，可将铸铁分为以下几种，如图9-2所示。

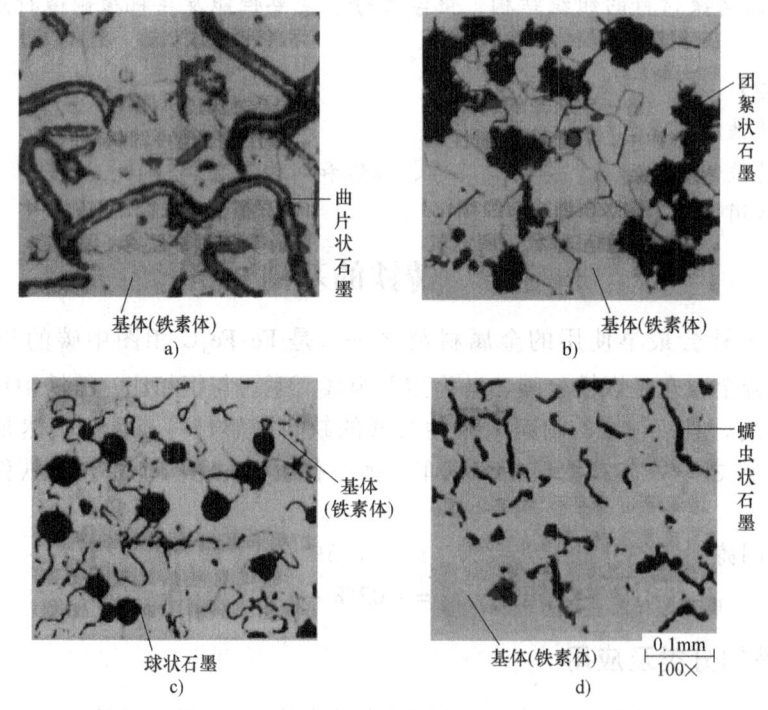

图9-2　退火状态下的铸铁组织

（1）灰铸铁　石墨以片状形式存在于铸铁中，如图9-2a所示。

（2）可锻铸铁　石墨以不规则的团絮状形式存在于铸铁中，如图9-2b所示。

（3）球墨铸铁　石墨以球状形式存在于铸铁中，如图9-2c所示。

（4）蠕墨铸铁　石墨以短小的蠕虫状形式存在于铸铁中，如图9-2d所示。

此外，为了提高铸铁的力学性能及物理和化学性能，常会在铸铁中有目的地加入一些合金元素，从而得到合金铸铁，又称为特殊性能铸铁，如耐热铸铁、耐蚀铸铁、耐磨铸铁等。

二、铸铁的石墨化

铸铁的性能与其内部组织密切相关，由于铸铁中的含碳量及含硅量较高，所以铸铁中的碳大部分不再以渗碳体的形式存在，而是以游离的石墨状态存在（碳的质量分数为100%）。铸铁中的碳以石墨形式析出的过程称为铸铁的石墨化。

1. 石墨化的途径

铸铁中的石墨可以从液态中直接结晶出来或从奥氏体中直接析出，也可以先结晶出渗碳体，再由渗碳体在一定条件下分解而得到石墨（$Fe_3C \rightarrow 3Fe + C$）。例如，灰铸铁和球墨铸铁中的石墨主要是从液体中析出；可锻铸铁中的石墨则完全由白口铸铁经过长时间退火，由渗碳体分解而得到。

石墨化的过程可以分为以下三个阶段。

（1）第一阶段 一次渗碳体和共晶渗碳体在高温下分解析出石墨。

（2）第二阶段 二次渗碳体分解析出石墨。

（3）第三阶段 共析渗碳体分解析出石墨。

铸铁石墨化的过程是碳原子的一个扩散过程，温度的高低将影响碳原子的扩散。铸铁在高温冷却过程中，第一、第二阶段的石墨化容易进行；第三阶段由于温度较低，碳原子的扩散能力较差，石墨化往往难以进行。铸铁石墨化的程度不同，将获得不同基体的铸铁组织。

2. 影响石墨化的因素

影响石墨化的因素主要是铸铁的化学成分和冷却速度。

（1）化学成分 铸铁中的各种合金元素根据对石墨化的作用不同可分为两大类，一类是促进石墨化的元素，如碳、硅、铝、镍、铜和钴等，其中碳和硅促进石墨化的作用最为显著；另一类是阻碍石墨化的元素，如硫、锰、磷等。

1）碳和硅的影响。硅和碳都是强烈促进石墨化的元素，石墨源于碳，铸铁的含碳量高，因此有利于石墨形核，从而促进石墨化。硅与铁原子的结合力大于碳与铁原子的结合力，硅还能降低共晶点的含碳量，使共晶温度升高，有利于石墨析出。但碳、硅含量过高会促使石墨数量过多而且粗大，降低铸铁的力学性能。在铸铁生产中，正确控制碳、硅含量是获得所需组织和性能的重要措施之一。

2）锰的影响。锰是阻碍石墨化的元素，锰能溶于铁素体和渗碳体中，起固定碳的作用，从而阻碍石墨化。当铸铁中含锰量较低时，锰主要是阻碍共析阶段的石墨化，有利于获得珠光体基体的铸铁。

3）硫的影响。硫是强烈阻碍石墨化的元素，硫阻碍碳原子的扩散，强烈促进形成白口组织，而且降低铁液的流动性，恶化铸造性能，增加铸件的缩松缺陷。

4）磷的影响。磷是微弱促进石墨化的元素，磷可以提高铁液的流动性，当 $w_P > 0.3\%$ 时会形成磷共晶体。磷共晶体硬而脆，在铸铁组织中呈孤立、细小、均匀分布时，可以提高铸铁件的耐磨性；若以粗大连续网状分布时，将降低铸件的强度，增加铸件的冷裂倾向。

（2）冷却速度 一定成分的铸件其石墨化程度取决于冷却速度，因此，冷却速度对石墨化的影响也很大。铸铁结晶时，冷却速度越缓慢，碳原子越有充分的时间进行扩散，从而有利于石墨化的进程，使析出的石墨越大、越充分；快速冷却时，因碳原子来不及扩散，则石墨化难以充分进行，碳容易以渗碳体的形式存在，从而得到硬而脆的白口组织。

铸件冷却速度与浇注温度、铸型材料、铸件壁厚和铸造方法都有关系。浇注温度越高，金属液体在凝固前越有足够的热量预热铸型，使铸件在结晶过程中具有较低的冷却速度，从而有利于石墨化的进行。铸型材料不同，其导热性差别较大，铸件在金属铸型中的冷却比在砂型中的冷却快，在湿砂型中的冷却比在烘干砂型中的冷却快。对于薄壁铸件，由于冷却速度较快，容易得到白口组织，要获得灰口组织就应增加壁厚或增加铸铁中的碳、硅含量。相反，对于厚大铸件，为了避免过多、过大的石墨出现，则应适当减少碳、硅含量。

为了获得组织均匀的铸件，往往通过孕育处理来防止白口组织或借助于热处理来消除白口组织,以改善铸件性能。应当注意的是,随着铸件壁厚的增加,石墨片的数量和尺寸都增大,铸铁强度、硬度反而下降。

3. 铸铁的组织与性能的关系

当铸铁中的碳大多数以石墨形式析出后,其组织可以看成是在钢的基体上分布着不同形态、大小及数量的石墨。由于石墨的力学性能很差,其强度和塑性几乎为零,这样就可以把分布在钢的基体上的石墨看成为不同形态和数量的微小裂纹或孔洞。这些孔洞一方面割裂了钢的基体,破坏了基体的连续性,另一方面又使铸铁获得了良好的铸造性能、切削加工性能,以及消音、减振、耐压、耐磨、缺口敏感性低等诸多优良性能。

内容二 铸铁的牌号、性能及用途

一、灰铸铁

1. 灰铸铁的成分及组织特征

(1) 灰铸铁的成分 灰铸铁化学成分的大致范围为:$w_C = 2.7\% \sim 3.6\%$,$w_{Si} = 1.0\% \sim 3.0\%$,$w_{Mn} = 0.25\% \sim 1.00\%$,$w_S = 0.02\% \sim 0.15\%$,$w_P = 0.05\% \sim 0.30\%$。在铸铁中,灰铸铁的碳含量最接近共晶成分。其中碳、硅、锰是调节组织的元素,磷是控制使用的元素,硫是限制存在的元素。

(2) 灰铸铁的组织特征 普通灰铸铁的组织是由片状石墨和钢的基体组成的,其片状石墨形态或直或弯且不连续;钢的基体根据石墨化进程不同可以是铁素体、铁素体+珠光体或珠光体,其显微组织如图9-3所示。

2. 灰铸铁的孕育处理

片状石墨导致灰铸铁的力学性能降低,为了提高灰铸铁的力学性能,生产中常采用孕育处理,即在浇注前向铁液中加入一定量的孕育剂,以获得大量的、高度弥散的人工晶核,从而获得细珠光体加细小均匀分布的片状石墨组织,减小石墨片对基体组织的割裂作用,使灰铸铁的力学性能得到提高。经过孕育处理的灰铸铁称为孕育铸铁。

孕育铸铁不仅强度有较大提高,而且塑性和韧性也有所改善,常用来制造力学性能要求较高、截面尺寸变化大的铸件,如气缸、曲轴、凸轮、机床床身等。

3. 灰铸铁的性能

(1) 力学性能 灰铸铁的组织相当于以钢为基体加片状石墨,基体中含有比钢更多的硅、锰等元素,这些元素可溶入铁素体中而使基体强化,因此其基体的强度与硬度不低于相应的钢。片状石墨的强度、塑性和韧性几乎为零,可近似地把它看成是一些微裂纹,这些微裂纹不仅割裂了基体组织的连续性,缩小了基体承受载荷的有效截面,而且在石墨的尖端处容易产生应力集中,当铸铁件受拉力或冲击力作用时容易产生脆断。因此,灰铸铁的抗拉强度、疲劳强度、塑性、韧性远比相同基体的钢低很多。铸铁中石墨片的数量越多,石墨片越粗大,分布越不均匀,对基体的割裂作用和应力集中现象越严重,则其抗拉强度、疲劳强度、塑性、韧性越低。

灰铸铁的性能主要取决于基体的组织和石墨的数量、形状、大小及分布状况。由于灰铸铁的抗压强度、硬度与耐磨性主要取决于基体,石墨的存在对其影响不大,因此,灰铸铁的抗压强度、硬度与相同基体的钢相似。灰铸铁的抗压强度一般是其抗拉强度的3~4倍。

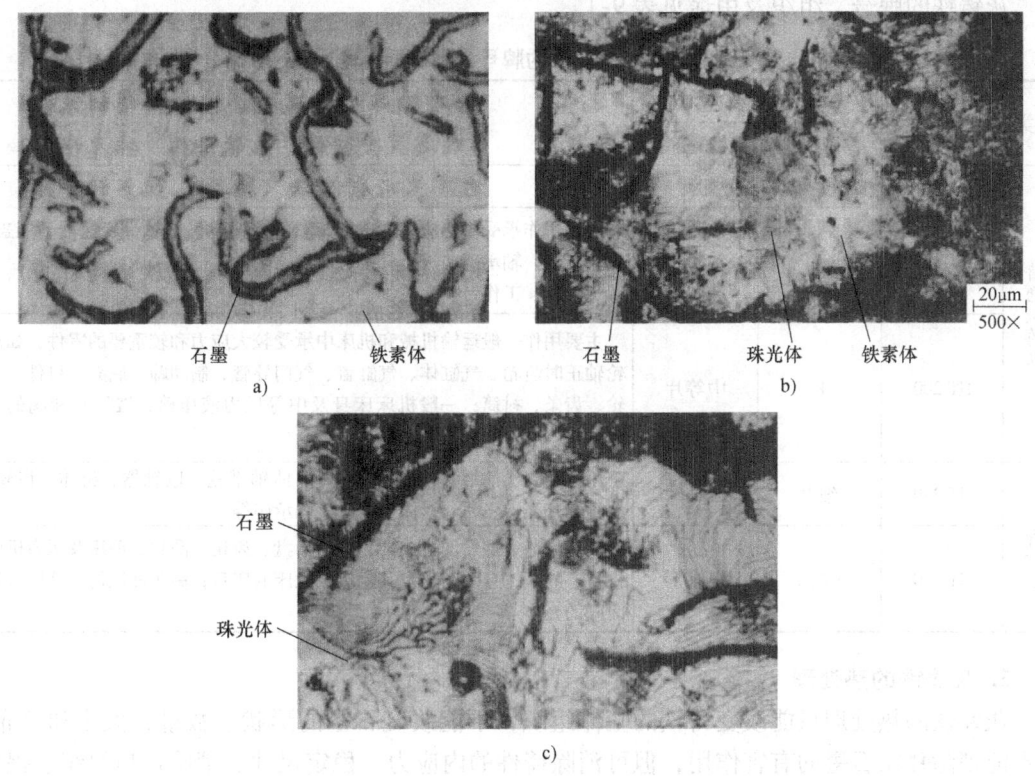

图 9-3 灰铸铁的显微组织
a) 铁素体灰铸铁　b) 铁素体-珠光体灰铸铁　c) 珠光体灰铸铁

(2) 其他性能　石墨虽然降低了灰铸铁的抗拉强度、塑性和韧性,但也正是由于石墨的存在,使铸铁具有以下优良性能:

1) 优良的铸造性能。灰铸铁的熔点低,流动性好,收缩率小,在铸造过程中不易出现缩孔及缩松现象。因此,用灰铸铁可以浇注出形状复杂的薄壁零件。

2) 良好的减振性能。铸铁中的石墨对振动可起到缓冲作用,可阻止振动传播,并将振动能量转化为热能,故铸铁具有良好的减振性能(铸铁的减振能力比钢大十倍左右),常用作承受压力和振动的机床底座、机架、机身和箱体等零件。

3) 良好的减摩性能。石墨本身是一种良好的润滑剂,在使用过程中石墨剥落后留下的孔隙具有吸附、储存部分润滑油的作用,使摩擦面上的油膜易于保持而具有良好的减摩性,故承受摩擦的机床导轨、气缸体等零件可用灰铸铁制造。

4) 良好的切削加工性能。由于石墨割裂了基体组织的连续性,在切削过程中容易断屑和排屑,且石墨对刀具具有一定的润滑作用,使刀具磨损减小。

5) 较低的缺口敏感性。铸铁中的石墨就相当于其本身存在了许多微小的裂纹,从而减弱了外加缺口对铸铁的作用。

4. 灰铸铁的牌号及应用

我国灰铸铁的牌号用"灰铁"两字的汉语拼音首字母,"HT"和一组数字来表示,"HT"后的数字表示铸铁的最低抗拉强度值。例如,HT200 表示最低抗拉强度为 200MPa 的灰铸铁。

灰铸铁的牌号、组织及用途见表9-1。

表9-1 灰铸铁的牌号、组织及用途

分类	牌号	显微组织		用途
		基体	石墨	
普通灰铸铁	HT 100	F+P（少）	粗片	
	HT 150	F+P	较粗片	主要用作承受中等应力的一般铸件，如阀体、曲轴、变速器、端盖、汽轮泵体、轴承座、进排气歧管及管路附件；一般机床底座、床身、刀架、滑座、工作台、手轮等
	HT 200	P	中等片	主要用作一般运输机械和机床中承受较大应力和较重要的零件，如凸轮轴正时齿轮、气缸体、气缸盖、气门导管、制动蹄、底架、机件、飞轮、齿条、衬筒；一般机床床身及中等压力液压筒、液压泵和阀的壳体等
孕育铸铁	HT 250	细P	较细片	用作阀壳、油缸、气缸体、飞轮、曲轴带轮、联轴器、机体、齿轮、齿轮箱外壳、飞轮、衬筒、凸轮、轴承座等
	HT 300	S或T	细小片	用于制造大型发动机曲轴、车床卡盘、齿轮、凸轮；剪床及压力机的机身、导板，自动车床及其他重载机床的床身；高压液压筒、液压泵和滑阀的壳体等

5. 灰铸铁的热处理

灰铸铁的热处理只能改变铸铁的基体组织，不能改变石墨的形状、数量、大小和分布，也不能消除片状石墨的有害作用，但可消除铸件的内应力、稳定尺寸、消除白口组织、提高铸件表面的硬度和耐磨性。常用的热处理方法有以下几种：

（1）去应力退火 铸件在铸造冷却过程中，由于厚薄不均、形状复杂，各部位的冷却速度不同，容易产生较大的内应力，从而导致铸件的变形和开裂，特别是需要切削加工的大型铸件，内应力的存在更为严重。内应力在随后的切削加工过程中发生重新分布，也会进一步引起变形。因此，对于机床床身、柴油机缸体、精密仪器的铸件等，在进行切削加工之前都要进行消除内应力的退火处理（又称为人工时效）。

在确定去应力的退火温度时，必须考虑铸铁的化学成分，主要是根据铸铁中硅的含量及是否添加合金元素而定。灰铸铁的退火温度超过550℃时就可能开始发生部分渗碳体的分解，使铸铁组织发生改变，降低强度和硬度。因此，灰铸铁去应力退火的加热温度一般为500~550℃，加热速度一般为60~120℃/h，保温时间根据具体铸件的大小、壁厚而定，为了防止在冷却过程中产生新的应力，应采用缓慢的冷却速度。

（2）石墨化退火 在灰铸铁件的表层及一些薄壁处，由于在铸造过程中冷速较快，可能会出现白口组织，使铸件的硬度、脆性增加，导致切削加工难以进行，因此需要进行消除白口组织的石墨化退火处理，以降低硬度。根据铸件原始组织和所要求基体组织的不同，可采用低温石墨化退火和高温石墨化退火两种不同的工艺。

1）低温石墨化退火。铸铁在低温石墨化退火时将发生共析渗碳体的分解。低温石墨化退火的工艺是将铸件加热到650~700℃，保温一定的时间，然后随炉缓慢冷却。如果铸铁的原始组织为珠光体+石墨，退火后的组织将是珠光体+铁素体+石墨；如果铸铁的原始组织为珠光体+铁素体+石墨，退火后的组织将是铁素体+石墨，可使铸件的硬度降低并提高塑性。

2) 高温石墨化退火。由于冷却速度及化学成分选择不当，在灰铸铁的基体中常常有自由渗碳体（初生渗碳体）存在。为了消除自由渗碳体，改善性能，需要进行高温石墨化退火。

高温石墨化退火的工艺是将铸件在 300℃ 以下装炉，以 70~100℃/h 的加热速度升至 900~960℃，保温一定时间，然后根据所需要的基体组织而确定冷却方式进行冷却。如要求获得塑性、韧性较高的铁素体基体，则在高温保温使渗碳体完全分解后再按低温石墨化退火工艺处理，在 720~760℃ 范围进行保温，然后随炉冷却至室温或随炉冷至 600℃ 出炉空冷，使奥氏体在缓慢冷却（<40℃/h）过程中直接转变成铁素体 + 石墨；如要求获得强度高、耐磨性好的珠光体基体组织，则在高温保温后即出炉空冷至室温，或空冷至 600℃ 时再以 50~100℃/h 的速度冷至 300℃ 以下出炉空冷，这样可以减少新的内应力的产生。

(3) 表面淬火　通过表面淬火可以提高灰铸铁件的表面硬度和耐磨性。例如，机床导轨表面和气缸套内壁等表面，通常采用高频感应淬火或接触电阻加热淬火。

1) 高频感应淬火。这种加热淬火方法的优点是加热时间短、氧化脱碳少、变形小、质量好、操作简单。机床导轨采用高频感应淬火时，淬硬层深度为 1.1~2.5mm，硬度大于 50HRC。

2) 接触电阻加热淬火。接触电阻加热淬火的原理是利用工频交流电在小于 $1mm^2$ 的面积上采用 2~5 V 的电压、500~1000A 的电流，以机床导轨本身为一电极、纯铜滚轮为另一电极。使滚轮在机床导轨上以 2~3m/min 的线速度连续滚动，滚轮和导轨间产生的电阻热将导轨表面迅速加热，并利用导轨本身自然散热冷却，使工件表面转变为马氏体组织，从而在工件表面形成了深 0.25~0.30mm、硬度为 50~55HRC 的淬硬层。

二、球墨铸铁

球墨铸铁是 20 世纪 50 年代发展起来的一种铸铁，铸铁中的石墨呈球状，因此称为球墨铸铁，简称球铁。球铁是铁液经球化处理及孕育处理后结晶而获得的，常用球化剂有镁、稀土或稀土镁，常用的孕育剂是硅铁和硅钙。

1. 球墨铸铁的生产工艺

在浇注前向铁液中加入一定量的球化剂进行球化处理，使石墨呈球状结晶，从而获得球墨铸铁，并在球化处理的同时进行孕育处理，以防止铸铁出现白口组织。常用球化剂有镁、稀土和稀土镁合金。我国稀土资源丰富，普遍采用的是稀土镁合金球化剂，国外则以纯镁及镁合金球化剂为主。镁是强烈阻碍石墨化的元素，为了避免出现白口组织，并使石墨球细小并均匀分布，一定要加入孕育剂。常用的孕育剂为硅铁和硅钙合金等。

2. 球墨铸铁的化学成分

与灰铸铁相比，球墨铸铁碳、硅的含量较高。这是因为镁和稀土元素都强烈阻碍石墨化，并使共晶点右移，为了提高铁液的石墨化能力，避免产生白口组织，碳、硅的含量要高，以促进石墨化并细化石墨，改善铁液的流动性。锰可稳定和细化珠光体，硫、磷的含量要严格控制，以防造成球化元素的烧损，降低铸件的塑性和韧性。

球墨铸铁化学成分的一般范围是：$w_C = 3.6\% \sim 4.0\%$，$w_{Si} = 2.0\% \sim 2.8\%$，$w_{Mn} = 0.6\% \sim 0.8\%$，$w_P < 0.04\%$，$w_P < 0.10\%$，$w_{Mg} = 0.03\% \sim 0.08\%$。

3. 球墨铸铁的牌号

球墨铸铁的牌号由"球铁"两字的汉语拼音首字母"QT"加两组数字组成，第一组数字表示最低抗拉强度值，第二组数字表示最低断后伸长率值。例如，QT420-10 表示最低抗拉强度为 420MPa、最低断后伸长率为 10% 的球墨铸铁。

4. 球墨铸铁的组织特征

球墨铸铁的组织特征是在钢的基体上分布着球状石墨。按球墨铸铁基体组织的不同可分为铁素体球墨铸铁、铁素体+珠光体球墨铸铁和珠光体球墨铸铁三种类型，其显微组织如图 9-4 所示。

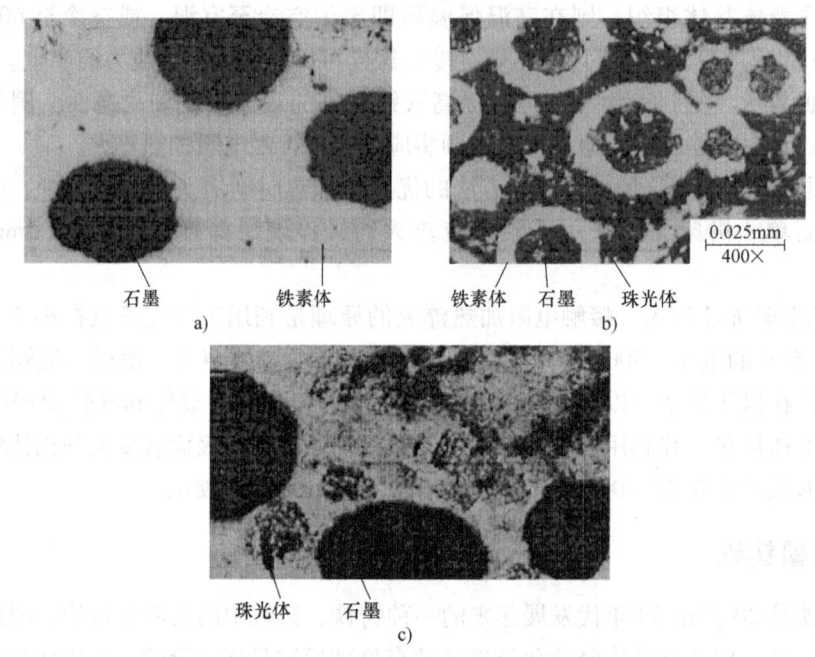

图 9-4 球墨铸铁的显微组织
a) 铁素体球墨铸铁 b) 铁素体+珠光体球墨铸铁 c) 珠光体球墨铸铁

5. 球墨铸铁的性能

在各种石墨形态中，球状石墨对钢的基体割裂作用和应力集中作用最小，使得基体比较连续，因此，基体组织的力学性能得以充分发挥。石墨球越细小，分布越均匀，越能充分发挥基体组织的作用。

球墨铸铁基体强度的利用率高达 70%～90%（灰铸铁基体强度的利用率为 30%～50%），因此球墨铸铁比普通灰铸铁具有更高的强度、塑性和韧性，其力学性能是铸铁中最高的。同时，球墨铸铁还具有灰铸铁的耐磨、减振、缺口敏感性低、铸造和切削加工性优良等优点。这些优点使球墨铸铁在工业生产中得到迅速而广泛的应用。此外，与可锻铸铁相比，球墨铸铁的生产工艺简单，周期短，不受铸件尺寸限制，并可通过各种热处理改变金属基体的组织，能使力学性能大大提高。因此，球墨铸铁是最重要的铸造金属材料。但由于球墨铸铁的过冷倾向较大，在铸造过程中容易出现白口组织，且其液态收缩率和凝固收缩率较大，容易形成缩孔和缩松，因此，球墨铸铁的熔炼工艺和铸造工艺都比灰铸铁的要求高。

6. 球墨铸铁的用途

球墨铸铁的牌号、力学性能及用途见表9-2。

表9-2 球墨铸铁的牌号、力学性能及用途（GB/T 1348—2009）

牌号	基体	力学性能				用途
		R_m/MPa	R_{eL}/MPa	A（%）	HBW	
		不小于				
QT400-18	F	400	240	18	120~175	汽车及拖拉机的底盘零件；阀体、阀盖、离合器及减速器等的壳体；齿轮箱、轮毂、转向器壳、制动蹄、牵引钩前支承座、辅助钢板弹簧支架
QT400-15	F	400	250	15	120~180	
QT450-10	F	450	310	10	160~210	
QT500-7	F+P	500	320	7	170~230	机油泵齿轮、传动轴、连杆、曲柄、离合器片等
QT600-3	P+F	600	370	3	190~270	柴油机及汽油机曲轴、发动机摇臂、牵引钩支承座、板簧侧垫板及滑块；磨床、铣床、车床的主轴；空压机及冷冻机的缸体、缸套等
QT700-2	P	700	420	2	225~305	
QT800-2	P	800	480	2	245~335	
QT900-2	$B_下$	900	600	2	280~360	高强度齿轮，如汽车后桥弧齿锥齿轮、大减速器齿轮等

7. 球墨铸铁的热处理

球墨铸铁的热处理也只能改变基体组织，而不能改变石墨的形态、大小及其分布。球墨铸铁的球状石墨对金属基体的割裂作用很小，故其力学性能主要取决于金属基体。通过热处理改变金属基体组织，可以显著提高球墨铸铁的力学性能。因此，大部分球墨铸铁都要进行热处理。球墨铸铁的热处理与钢相似，但因其碳、硅、锰的含量较多，因此，其热处理的加热温度较高，保温时间较长。球墨铸铁常采用的热处理方法有以下几种：

（1）退火 退火是为了获得铁素体基体，从而改善球墨铸铁的切削加工性能，消除铸造应力。

1）去应力退火。球墨铸铁的铸造应力较大，与灰铸铁相比，其铸造内应力一般高1~2倍。对于用球墨铸铁制造的零件，特别是形状复杂、壁厚悬殊较大的零件，都应进行去应力退火。退火工艺是将铸件缓慢加热到500~600℃，保温2~8h，然后随炉缓冷。

2）石墨化退火。在球墨铸铁的铸态组织中常会出现不同程度的珠光体和渗碳体，为了改善切削加工性能，消除铸造应力，必须进行石墨化退火，使组织中的渗碳体和珠光体得以分解。根据球墨铸铁铸态组织的不同，退火可分为以下两种：

① 低温石墨化退火。当铸态组织为铁素体+珠光体+石墨或珠光体+石墨，而没有自由渗碳体时，为了获得塑性、韧性较高的以铁素体为基体的球墨铸铁，可进行低温退火，使珠光体中的共析渗碳体分解成铁素体+石墨。低温石墨化退火是将铸件加热至共析温度附近，即720~760℃，保温2~8h后随炉缓冷至600℃左右，再出炉空冷。

② 高温石墨化退火。当铸态组织中不仅有珠光体，而且还有自由渗碳体时，为了使渗碳体分解，获得以铁素体为基体的球墨铸铁，需采用高温石墨化退火。高温石墨化退火是将铸件加热至900~950℃，保温2~5h后随炉冷却至600℃左右，再出炉空冷。

(2) 正火 正火是为了得到珠光体基体，增加基体中的珠光体数量并细化晶粒，以提高球墨铸铁的强度、硬度和耐磨性。正火的加热温度可分为以下两种：

1) 高温正火。高温正火也称为完全奥氏体化正火，它是将铸件加热到 880～950℃，保温 1～3h，使基体组织完全奥氏体化，保温一定时间后出炉空冷，以获得珠光体球墨铸铁。为了增加基体中的珠光体数量，还可采用风冷、喷雾冷却等加快冷却的方法，以保证铸件的强度。

2) 低温正火。低温正火也称为不完全奥氏体化正火，它是将铸件加热到 820～860℃，保温 1～4h，使基体部分转变为奥氏体，部分保留为铁素体，然后出炉空冷，以获得珠光体和少量破碎状铁素体的基体组织。这种组织具有较高的塑性、韧性与一定的强度。

由于正火时冷却速度较快，而球墨铸铁的导热性较差，因此正火后铸件内部的应力较大，还要进行去应力退火处理。去应力退火的温度一般为 550～600℃，保温一定时间后空冷。

(3) 调质处理 调质是为了获得回火索氏体和球状石墨组织，以提高铸件的综合力学性能。对于受力比较复杂、要求综合力学性能较高的球墨铸铁件，如连杆、曲轴以及内燃机车的万向轴等，可采用淬火加高温回火处理，即调质处理。调质处理的工艺为：将铸件加热到 860～920℃，使基体转变为奥氏体，在油中淬火得到马氏体，然后经 550～600℃ 回火（保温 4～6h），获得回火索氏体加球状石墨组织。回火索氏体基体不仅强度高，而且塑性、韧性比正火得到的珠光体基体好，故球墨铸铁经调质处理后可代替部分铸钢和锻钢制造一些重要的结构零件。

(4) 等温淬火 等温淬火是目前获得高强度和超高强度球墨铸铁的重要热处理方法。经等温淬火后，球墨铸铁的抗拉强度可达 1200～1500MPa，硬度为 38～51HRC，冲击韧度为 24～64J/cm^2。对于形状复杂，热处理易变形或开裂，要求强度高、塑性及韧性好的零件，如齿轮、曲轴、凸轮轴等，常采用贝氏体等温淬火。球墨铸铁的等温淬火工艺与钢的相似，即把铸件加热到 860～900℃，经一定时间保温，使基体组织转变为化学成分均匀的奥氏体，然后将铸件迅速淬入 250～350℃ 的盐浴中，等温停留 30～90min，使过冷奥氏体等温转变成下贝氏体组织，然后取出空冷，获得下贝氏体和球状石墨组织。由于等温盐浴的冷却能力有限，一般只适用于截面尺寸不大的零件。

三、可锻铸铁

可锻铸铁是将白口铸铁通过退火处理使渗碳体分解而得到团絮状石墨的一种高强度铸铁，又称为玛铁。可锻铸铁实际上并不可以锻造，这些名称只表示它具有一定的塑性和韧性，故称为展性铸铁或韧性铸铁。

1. 可锻铸铁的生产过程

可锻铸铁的生产分为以下两个步骤：

1) 先浇注获得全白口组织的白口铸铁，不允许有石墨出现，否则在随后的退火中，碳会在已有的石墨上沉淀，得不到团絮状石墨。

2) 对白口铸铁进行长时间的高温石墨化退火处理，热处理工艺为：将白口铸铁加热到 900～960℃，在此温度下长时间保温，使组织中的共晶渗碳体分解为团絮状石墨，此后以较快的速度（100℃/h）冷却通过共析转变温度区，得到珠光体基体的可锻铸铁。若以极缓慢的速度冷却，使奥氏体中的碳充分析出、共析渗碳体充分分解，则可以得到铁素体基体的可锻铸铁。

可锻铸铁按退火方法不同分为黑心和白心两种类型。黑心可锻铸铁依靠石墨化退火获得，白心可锻铸铁利用氧化脱碳退火来制取，后者已很少生产，我国主要生产黑心可锻铸铁。

2. 可锻铸铁的化学成分

为了保证铸件在一般冷却条件下即能够获得全部白口组织，应使可锻铸铁中的碳、硅含量较低。可锻铸铁的化学成分为：$w_C = 2.0\% \sim 2.8\%$，$w_{Si} = 1.2\% \sim 1.8\%$，$w_{Mn} = 0.4\% \sim 0.6\%$，$w_P < 0.10\%$，$w_S < 0.25\%$。

3. 可锻铸铁的牌号

可锻铸铁的牌号表示方法与球墨铸铁的相似，由"可铁"两字的汉语拼音首字母"KT"加两组数字组成，两组数字分别表示最低抗拉强度和最低断后伸长率；"KTH"表示铁素体黑心可锻铸铁，"KTZ"表示珠光体可锻铸铁。例如，KTZ700-02 表示珠光体可锻铸铁，其最低抗拉强度为 700MPa、最低断后伸长率为 2%；KTH350-10 表示铁素体黑心可锻铸铁，其最低抗拉强度为 350MPa，最低断后伸长率为 10%。

4. 可锻铸铁的组织

根据基体组织的不同，可将可锻铸铁分为铁素体可锻铸铁（黑心可锻铸铁）、铁素体+珠光体可锻铸铁、珠光体可锻铸铁，其显微组织如图 9-5 所示。

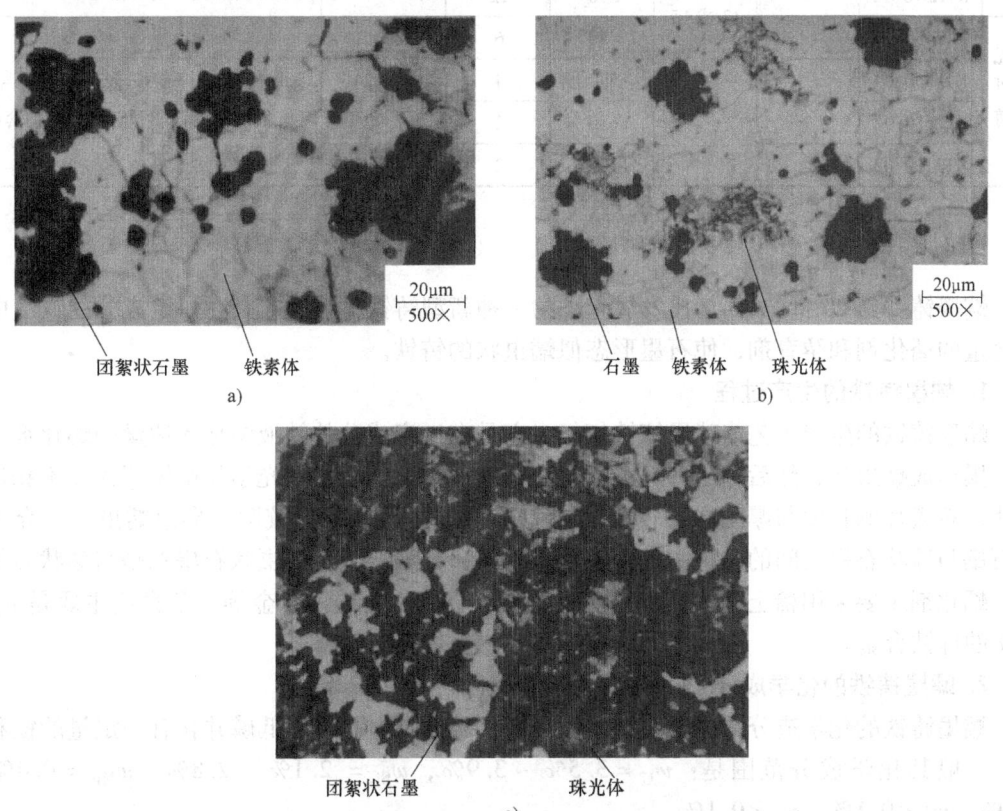

图 9-5 可锻铸铁的显微组织
a) 铁素体可锻铸铁 b) 铁素体+珠光体可锻铸铁 c) 珠光体可锻铸铁

5. 可锻铸铁的性能

与灰铸铁相比,可锻铸铁具有较高的强度和韧性,尤其是珠光体基体的可锻铸铁,其强度已可与铸钢相媲美,可用于制作承受冲击和振动的零件,如汽车及拖拉机的后桥外壳、管接头、中低压阀门等零件。与球墨铸铁相比,可锻铸铁具有质量稳定、铁液处理简单、易于组织流水线生产等优点,尤其适合大量生产薄壁件,有些管件的壁厚仅为 1.7mm,采用球墨铸铁容易形成白口组织,而用可锻铸铁较为合适。但可锻铸铁的退火时间长、生产过程较为复杂,因而生产效率低、成本高,在一定程度上其使用受到限制。

6. 可锻铸铁的用途

可锻铸铁的牌号、力学性能及用途见表 9-3。

表 9-3　可锻铸铁的牌号、力学性能及用途（摘自 GB/T 9440—1988）

分类	牌号	铸件壁厚 /mm	试样直径 /mm	力学性能 R_m/MPa 不小于	力学性能 A (%) 不小于	硬度 HBW	用途
黑心可锻铸铁	KTH300-06	>12	12 或 15	300	6	120~163	弯头、三通等管件
	KTH330-08			330	8		扳手、车轮壳等
	KTH350-10			350	10		汽车前后轮壳、减速器壳、差速器壳、万向节壳、制动器等
	KTH370-12			370	12		
珠光体可锻铸铁	KTZ450-06			450	6	152~219	曲轴、凸轮轴、连杆、齿轮、活塞环、发动机摇臂、万向接头、轴套等
	KTZ550-04			550	4	179~241	
	KTZ650-02			650	2	201~269	
	KTZ700-02			700	2	240~270	

四、蠕墨铸铁

蠕墨铸铁是 20 世纪 80 年代发展起来的一种新型铸铁材料,它是在一定成分的铁液中加入适量的蠕化剂和孕育剂,使石墨形态似蠕虫状的铸铁。

1. 蠕墨铸铁的生产过程

蠕墨铸铁的生产工艺与球墨铸铁相似,它是在一定成分的铁液中加入适量的蠕化剂,促使石墨形成蠕虫状,然后加孕育剂进行孕育处理。蠕虫状石墨在光学显微镜下为互不相连的短片,石墨片的长度与厚度之比较小（在 2 至 10 之间）,端部较圆,形似蠕虫,是介于片状石墨与球状石墨之间的一种中间石墨形态。在多数情况下,蠕虫状石墨总是与球状石墨共存。蠕化剂主要采用稀土镁钛合金、稀土镁钙合金、稀土硅钙合金等,孕育剂主要是 w_{Si} = 75% 的硅铁合金。

2. 蠕墨铸铁的化学成分

蠕墨铸铁的化学成分与球墨铸铁相似,即要求高碳、高硅、低磷并含有一定量的镁和稀土,一般其化学成分范围是:w_C = 3.5%~3.9%,w_{Si} = 2.1%~2.8%,w_{Mn} = 0.4%~0.8%,w_P < 0.1%,w_S < 0.1%。

3. 蠕墨铸铁的牌号和用途

蠕墨铸铁的牌号用"RuT"加数字表示,数字表示最低抗拉强度。例如,RuT300 表示最低抗拉强度为 300MPa 的蠕墨铸铁。

4. 蠕墨铸铁的组织特征

蠕墨铸铁的组织由钢的基体加蠕虫状石墨组成。蠕墨铸铁中的石墨形态介于片状与球状之间，形似蠕虫状，其显微组织如图 9-6 所示。

在大多数情况下，蠕墨铸铁的基体组织为铁素体。若加入铜、镍、锡等珠光体稳定元素，可使铸态珠光体量提高到 70% 左右。若再进行正火处理，则珠光体量可达 90%~95%。

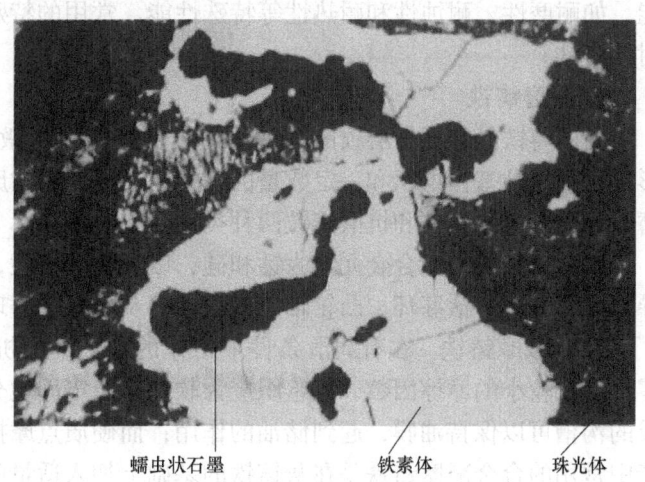

图 9-6 蠕墨铸铁的显微组织

5. 蠕墨铸铁的性能和用途

蠕墨铸铁既具有灰铸铁工艺性能优良和球墨铸铁力学性能优良的共同特点，又克服了灰铸铁力学性能低和球墨铸铁工艺性能差的不足；其抗拉强度和疲劳强度相当于铁素体球墨铸铁，减振性、导热性、耐磨性、切削加工性和铸造性能近似于灰铸铁。蠕墨铸铁主要用于承受循环载荷，要求组织致密、强度高、形状复杂的零件。

蠕墨铸铁的牌号、力学性能及用途见表 9-4。

表 9-4 蠕墨铸铁的牌号、力学性能及用途（摘自 JB/T4403—1999）

牌号	力学性能				组 织	用 途
	R_m/MPa	R_{eL}/MPa	A（%）	硬度 HBW		
	不小于					
RuT420	420	335	0.75	200~280	P+G	活塞环、制动器、柴油机缸体、气缸套、制动鼓、玻璃模具等
RuT380	380	300	0.75	193~274	P+G	
RuT340	340	270	1.00	170~249	P+F+G	重型机床件，如大型龙门横梁、大型齿轮箱体、制动鼓、飞轮、玻璃模具等
RuT300	300	240	1.50	140~217	F+P+G	排气管、机缸盖、增压器、液压件等
RuT260	260	240	3.00	140~217	F+G	汽车及拖拉机底盘零件、增压器、废气进气壳体等

6. 蠕墨铸铁的热处理

蠕墨铸铁的热处理主要是为了调整基体组织，以获得不同的力学性能。

（1）正火 普通蠕墨铸铁在铸态时，其基体中含有大量的铁素体，通过正火可增加珠光体数量，提高钢的强度和耐磨性。

（2）退火 退火是为了获得质量分数为 75% 以上的铁素体基体，或消除薄壁处的白口组织。

五、特殊性能铸铁

特殊性能铸铁是在铸铁中加入数量不等的合金元素，以改善铸铁的物理、化学和力学性能，如耐磨性、耐蚀性和耐热性等特殊性能。常用的特殊性能铸铁有耐磨铸铁、耐热铸铁和耐蚀铸铁。

1. 耐磨铸铁

耐磨铸铁是指不易磨损的铸铁，它主要是通过"激冷"方式或加入合金元素在铸铁中形成耐磨损的基体组织和一定数量的硬化相，以提高耐磨性。根据工作条件的不同，可将耐磨铸铁分为减摩铸铁和抗磨铸铁两种类型。

耐磨铸铁的主加合金元素为锰和硅，以提高耐磨性，可广泛用于制造要求高耐磨的机床导轨、气缸套、活塞环、凸轮轴、气门摇臂及挺杆、磨球、拖拉机履带板等耐磨零件。

（1）减摩铸铁　在有润滑条件下工作的零件，如机床导轨、气缸套、活塞环等，这些零件要求较小的摩擦因数，其组织应为软基体上牢固地分布着硬的质点。软基体在磨损后形成的沟槽可以保持油膜，起到储油的作用；而硬质点摩擦面积小，可以起到支承的作用。生产中常用的合金减摩铸铁是在灰铸铁的基础上加入适量的铜、铬、钼、磷、钒等元素，形成高磷铸铁、磷铜铸铁、铬钼铜铸铁等。

（2）抗磨铸铁　在无润滑干摩擦条件下工作的零件，如犁铧、轧辊、球磨机磨球、抛丸机叶片等，应具有均匀的高硬度组织。白口铸铁基本满足这些要求，但白口铸铁的脆性很大，不适宜制作承受冲击的铸件。生产中常采用"激冷"方法制造冷硬铸铁，即在造型时在铸件要求抗磨的部位（通常是表面）采用金属型，其余部位采用砂型，并适当调整化学成分，利用高碳低硅，使要求抗磨的部位得到白口组织，而其余部位得到具有一定强度和韧性的灰口组织（片状石墨或球状石墨），使铸铁具有"外硬内韧"的特性，可承受一定的冲击。这种表面为白口组织、中心为灰口组织的铸铁称为冷硬铸铁。

我国研制的中锰耐磨球墨铸铁的 $w_{Mn}=5.0\% \sim 9.5\%$，$w_{Si}=3.3\% \sim 5.0\%$，铸态组织为马氏体、奥氏体、碳化物和球状石墨。这种铸铁具有较高的耐磨性和较好的强度及韧性，且不需要贵重的合金元素，可用冲天炉熔炼，设备简单，成本低，可代替高锰钢或锻钢制造承受冲击的抗磨铸件。

2. 耐热铸铁

耐热铸铁是指在高温下具有良好的抗氧化性和抗热生长能力的铸铁。

普通铸铁的耐热性较差，当工作温度高于450℃时，除了发生表面氧化外，还会出现"热生长"现象，即铸铁在高温下体积产生不可逆的胀大。产生热生长的因素，一是由于氧化性气体沿石墨的边界和裂纹渗入铸铁内部造成氧化，形成密度小而体积大的氧化物；二是由于渗碳体在高温下分解，析出密度小而体积大的石墨。热生长严重时体积可胀大10%左右，最终导致零件变形、翘曲，产生裂纹，甚至破裂。

耐热铸铁是在铸铁中加入硅、铝、铬等元素，使铸件表面形成一层致密的氧化层，保护内层不继续被氧化并使临界点上升而不发生组织转变，从而提高铸铁的耐热性，即高温下抗氧化和抗热生长的能力。

耐热铸铁的种类有很多，如硅系、铝系、铬系、硅铝系等。我国目前广泛采用的耐热铸铁是硅系和铝硅系，主要用于制造炉条、烟道挡板、换热器、加热炉底板、钩链、焙烧机构件等零部件。

3. 耐蚀铸铁

耐蚀铸铁是指在酸、碱条件下具有耐腐蚀能力的铸铁。普通铸铁的耐蚀性较差，这是因为在其铸铁组织中有石墨、铁素体、渗碳体等相,在电解质中各相具有不同的电极电位,形成了微电池,于是作为阳极的铁素体不断溶解而被腐蚀。

为了提高铸铁的耐蚀性,常加入的合金元素有铬、硅、铝、钼、铜、镍等。加入这些元素后,一方面可在铸件表面形成一层致密的保护膜;另一方面提高了铁素体的电极电位,因而提高了铸铁耐酸碱腐蚀的能力。

目前,常用的耐蚀铸铁是高硅(w_{Si} = 14% ~ 18%)铸铁,其金相组织为含硅铁素体 + 石墨 + Fe_3Si_2。在腐蚀性条件下高硅铸铁的表面会形成致密、完整且耐蚀性高的 SiO_2 保护膜,使其在含氧酸类和盐类介质中具有良好的耐蚀性。

耐蚀铸铁广泛应用于化工部门,制作管道、阀门、泵类、容器及反应锅等。目前应用较多的耐蚀铸铁有高硅铸铁、高硅钼铸铁、高铝铸铁、高镍铸铁(耐碱性能好)、高铬铸铁、耐酸、盐性能好)等。

内容三 铸铁显微组织认识实验

一、实验目的

实验目的是观察与分析各种铸铁的显微组织特征,识别石墨形态与基体类型,从而了解铸铁力学性能与组织的关系。

二、实验概述

根据铸铁中石墨的形态不同,可将铸铁分为灰铸铁、球墨铸铁、蠕墨铸铁和可锻铸铁。

灰铸铁的显微组织特征是片状石墨分布在各种基体组织上。根据石墨化程度的不同,可以获得三种不同基体的灰铸铁:铁素体灰铸铁、铁素体 + 珠光体灰铸铁和珠光体灰铸铁。

球墨铸铁在铸态下的基体组织往往是有不同数量的铁素体、珠光体甚至白色渗碳体同时存在的混合组织。生产中经不同的热处理后可获得不同的基体组织,常见的有三种:铁素体球墨铸铁、铁素体 + 珠光体球墨铸铁和珠光体球墨铸铁。

蠕墨铸铁中的石墨形似蠕虫状,但石墨片短而厚,一般长厚比为 2~10,端部较钝较圆,类似蠕虫状。由于蠕墨铸铁中的石墨形态介于片状与球状之间,故其性能介于相同基体组织的灰铸铁和球墨铸铁之间。

可锻铸铁是由白口铸铁经石墨化退火处理后得到的。白口铸铁中的渗碳体发生分解,形成团絮状石墨,团絮状石墨减弱了对铸铁基体的割裂作用,因而使可锻铸铁的力学性能有了明显提高。可锻铸铁分为两种:铁素体可锻铸铁,其组织为铁素体基体 + 团絮状石墨;珠光体可锻铸铁,其组织为珠光体基体 + 团絮状石墨。

三、实验设备、用品及试样

1)金相显微镜。
2)金相图谱或金相放大照片。
3)各类铸铁的金相试样。

四、实验方法及步骤

1)通过学习实验原理部分,从理论上熟悉各种铸铁的典型组织。

2) 按试样说明卡观察各种材料的金相显微组织。

五、实验报告

1) 画出各种铸铁的显微组织及其形态特征示意图。
2) 分析讨论各类铸铁组织的特点,并同钢的组织作对比,指出铸铁的性能和用途。

模块小结

本模块主要介绍了常用铸铁材料的组织结构、化学成分、主要性能及在机械行业中的应用等内容。由于铸铁的生产设备和工艺简单,价格低廉,并具有许多优良的使用性能和工艺性能,所以应用非常广泛,是工程上最常用的金属材料之一,主要用于制造各种形状复杂、难度大的机器零件,如机床的床身、主轴箱;发动机的气缸体、缸套、活塞环、曲轴、凸轮轴;轧机的轧辊及机器的底座等。

1) 铸铁是碳的质量分数大 2.11% 的铁碳合金。铸铁中的石墨形态、基体组织对铸铁的性能有很大的影响。
2) 常见的铸铁包括灰铸铁、球墨铸铁、可锻铸铁、蠕墨铸铁等几类,可通过加入合金元素和热处理来改善其性能。
3) 铸铁具有铸造性能良好、减摩性好、减振性强、切削加工性良好、缺口敏感性低等一系列优良性能。
4) 球墨铸铁的力学性能优于灰铸铁,与钢相近,可用其代替铸钢和锻钢制造各种载荷较大、受力较复杂和耐磨损的零件。
5) 可锻铸铁由于石墨呈团絮状,大大减弱了其对基体的割裂作用,与灰铸铁相比具有较高的力学性能,尤其具有较高的塑性和韧性,因此被称为"可锻"铸铁,但实际上可锻铸铁并不能锻造。
6) 常用铸铁牌号有 HT150、HT250、KTH350-10、KTZ450-06、QT450-10、QT800-2 等。

思考与练习

1. 什么是铸铁?工业上常用铸铁的成分范围大致为多少?
2. 什么是铸铁的石墨化?影响铸铁石墨化的因素有哪些?
3. 灰铸铁有哪些优异特性?
4. 灰铸铁常用的热处理方法有哪些?
5. 可锻铸铁是如何获得的?可锻铸铁有何性能特点?
6. 球墨铸铁是如何获得的?常用的球化剂有哪些?球墨铸铁在性能上有何特点?
7. 简述蠕墨铸铁的性能和用途。
8. 常用的特殊性能铸铁有哪些?简述其主加元素和作用。
9. 说明下列牌号铸铁的类型、数字含义及用途。
HT250、QT600-3、KTH350-10、KTZ550-04、RuT260。

第四单元 非铁金属及其合金

金属材料包括钢铁材料及非铁金属两大类，钢铁材料又称为黑色金属；非铁金属包括铝、铜、锌、钛、镁、锡等及其合金，又称为有色金属。由于非铁金属及其合金具有材质轻、导电性好等钢铁材料所不及的特性，因此在现代机械制造业中的用量呈现逐年增加的趋势。本单元主要介绍在机械制造中应用比较广泛的铝合金、铜合金、钛合金、镁合金及滑动轴承合金等材料。

模块十 非铁金属

【任务描述】

与钢铁材料相比，非铁金属及其合金具有许多特殊的力学性能、物理和化学性能。因此，在航空航天、核能和计算机等新型工业领域，非铁金属的应用非常广泛。本模块主要介绍在工业中普遍使用的铝合金、铜合金、钛合金、镁合金的分类、性能、用途及热处理方法。

【学习目标】

1) 了解非铁金属的特点。
2) 明确铝及铝合金、铜及铜合金、钛及钛合金、镁及镁合金的分类及热处理方法。
3) 掌握铝及铝合金、铜及铜合金、钛及钛合金、镁及镁合金的常用牌号、性能及用途。

内容一 铝及铝合金

在非铁金属中，铝及铝合金是应用最广泛的一类金属结构材料。铝及铝合金的最大特点是质量轻，比强度和比刚度高，导热及导电性好，耐蚀性好。

铝在地壳中储量丰富，占地壳总质量的8.2%，居所有金属元素之首。因此，铝及铝合金在工业生产中的应用仅次于钢铁材料，居非铁金属的首位，广泛用于食品、电力和飞机制造业，是航空工业的主要材料。

铝及铝合金的分类情况如图10-1所示。

一、纯铝

纯铝呈银白色，有金属光泽，为面心立方晶格，无同素异构转变。

1. 纯铝的性能特点

1) 铝的密度为$2.7 \times 10^3 kg/m^3$，大约是铁的1/3，熔点为660℃，是一种轻型金属。
2) 铝的导电性和导热性较好，仅次于银、铜和金，居第四位。
3) 铝具有面心立方晶格，无同素异构转变，因此铝合金的热处理强化原理与钢不同。
4) 铝耐大气及海水腐蚀性好。因为纯铝的化学性质活泼，在大气中极易与氧作用，在其表面生成一层极致密的氧化铝薄膜，它能有效地隔绝铝和氧的接触，防止铝表面的进一步

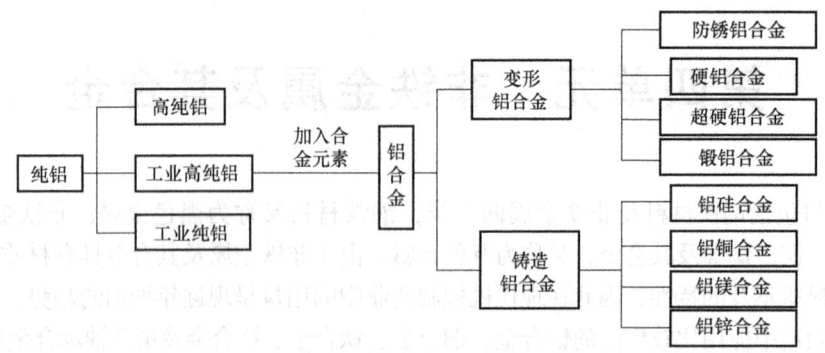

图 10-1　铝及铝合金的分类

氧化，从而使它在大气中具有良好的耐蚀性。但在碱和盐的水溶液中，铝的氧化膜易被破坏，因此不能用铝及铝合金制作的容器盛放盐溶液和碱溶液。

5）铝的强度很低（$R_m = 40 \sim 50\text{MPa}$），但塑性很高（$A = 35\% \sim 50\%$，$Z = 80\%$），能通过冷热压力加工制成各种型材，如丝线箔等。

2. 纯铝的分类

按铝的含量不同，纯铝分为高纯铝、工业高纯铝和工业纯铝三大类，其纯度及用途见表 10-1。

表 10-1　纯铝的分类

分　类	铝的质量分数（%）	用　途
高纯铝	99.930～99.996	主要用于科研
工业高纯铝	99.85～99.90	用作铝合金的原料、特殊化学器械等
工业纯铝	98.0～99.0	用作管材、线材、板材、棒料等

3. 纯铝的用途

纯铝的主要用途是：①代替贵重的铜合金制作电线、电缆；②配制各种铝合金，制作要求质量轻、导热性好、耐大气腐蚀但强度要求不高的器具及包覆材料等；③制作屏蔽壳体、反射器、散热器及化工容器等。

二、铝合金

纯铝的强度低，因此常在纯铝中加入硅、铜、镁、锰等合金元素配制成铝合金。铝合金不仅能保持纯铝密度小、耐蚀性和导热性好的优点，而且其强度比纯铝更高。铝合金常用于制造质量轻、强度要求较高的零件，在汽车及航空制造等部门得到广泛的应用。

目前在铝合金中主要加入的合金元素有铜、镁、硅、锰、锌和锂等，它们可单独加入，也可配合加入。

1. 铝合金的基础知识

（1）铝合金的强化　固态铝无同素异构转变，其热处理与钢不同。而铝合金由于加入了合金元素，可改变铝的组织结构，提高其力学性能。合金元素对铝的强化作用主要表现为固溶强化、时效强化和细化组织强化。

1）固溶强化。铝中的合金元素与铝形成有限固溶体，导致晶格畸变，提高了铝合金的强度，但其强化效果有限。进行固溶强化时，往往采用多元、少量的复杂化合物原则，即多种合金元素同时加入，但每种元素的加入量要少，使固溶体的成分复杂化，这样可使固溶体的强化效果更好。

2）时效强化。将淬火后的铝合金在室温或低温加热下保温一段时间，随着时间延长，其强度、硬度显著升高而塑性降低的现象称为时效强化。铝合金经淬火（或固溶处理）后再进行时效处理，可大大提高其强度。时效处理时铝合金中的合金元素应在铝中具有较高的极限溶解度，并且该溶解度随着温度降低而显著减少，使铝合金淬火后形成过饱和固溶体，在随后的时效处理过程中，从过饱和的固溶体中析出均匀、弥散的强化相。

一般把铝合金在室温下进行的时效称为自然时效，在加热条件下进行的时效称为人工时效。时效温度高，使合金达到最高强度所需的时间缩短，但获得的最高强度值却降低，强化效果不好。如果时效温度过高、时效时间过长，合金的强度、硬度反而下降。

图 10-2 所示为铜的质量分数是 4% 的铝合金在自然时效时的硬化曲线，由图可见，该合金经 4~5 天时效后，其抗拉强度较淬火状态有了显著提高，大约由 250MPa 上升到 400MPa。

3）细化组织强化。细化组织强化是指在铝合金中加入微量合金元素，细化铝合金固溶体基体或过剩相组织（铝中加入合金元素含量超过其溶解度时，淬火加热时有一部分不能溶入固溶体而形

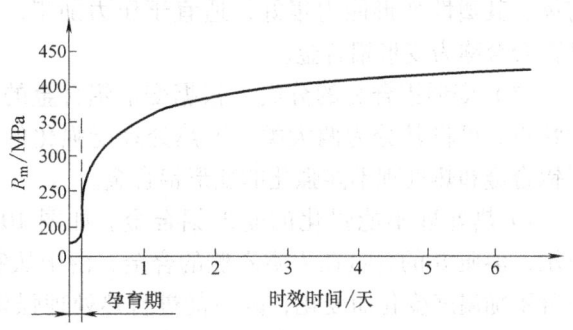

图 10-2　$w_{Cu}=4\%$ 的铝合金的自然时效曲线

成第二相，即过剩相），合金中的位错密度增加，使铝合金的强度和塑性提高。如变形铝合金主要通过变形和再结晶退火实现晶粒细化；铸造铝合金通过改变铸造工艺和加入微量元素来实现合金晶粒细化和过剩相的细化。

(2) 铝合金的热处理　热处理是提高铝合金的综合力学性能和组织稳定性的重要方法。铝合金的热处理方法主要有退火、淬火与时效。

1）退火。铝合金的退火有以下几种方法：

① 低温退火。低温退火的目的是消除零件在加工过程中产生的内应力，防止零件变形，适当增加塑性。退火的加热温度通常为 180~300℃，保温后空冷。

② 再结晶退火。再结晶退火是将铝合金加热到再结晶温度以上保温一段时间后空冷，主要用于消除零件在冷变形加工过程中产生的加工硬化，恢复塑性，以便继续进行成形加工。

③ 均匀化退火。均匀化退火的目的是消除铸锭或铸件的成分偏析及内应力，提高塑性，通常在高温下进行长时间保温后空冷。

2）淬火与时效。对可用热处理方法强化的铝合金是通过淬火与时效获得高强度的。铝合金的强化机理与钢不同，由钢的热处理可知，含碳量较高的钢经淬火后可立即获得很高的硬度，但塑韧性较低；而铝合金经过淬火后，其强度和硬度并不立即升高，并且塑性很好，将淬火后的铝合金在室温下或一定的温度下保持一段时间后，通过析出弥散分布的第二相质点可使铝合金的强度和硬度升高，并且保持时间越长，其强度、硬度越高，直至趋于某一恒定值，如图 10-2 所示。

铝合金的淬火是将其加热到α相区进行保温，得到单一的固溶体组织，然后在水中快冷至室温，使第二相来不及析出，得到过饱和的不稳定的单一α固溶体。铝合金的这种淬火又称为固溶处理，淬火后的铝合金强度和硬度不高，且有良好的塑性，可进行一定的压力加工。

淬火即固溶处理后，铝合金都要进行时效强化处理。这种处理可以是自然时效，也可以是人工时效，时效过程可以根据铝合金的组织转变特征和性能需求确定。

（3）铝合金的分类　根据铝合金的化学成分及生产工艺不同，可将铝合金分为变形铝合金和铸造铝合金两大类，图10-3所示为铝合金的相图。

2. 变形铝合金

成分位于铝合金相图（图10-3）的 D 点以左的合金加热到固溶线以上时，便可得到均匀的单相固溶体，其塑性变形能力很好，适宜于压力加工，这种铝合金称为变形铝合金。

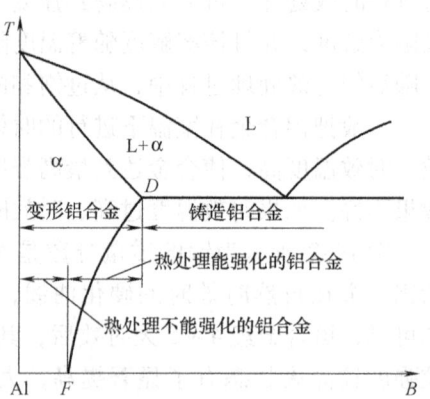

图10-3　铝合金相图

（1）变形铝合金的分类　根据变形铝合金的强化特点，可将其分为两大类，即热处理能强化的变形铝合金和热处理不能强化的变形铝合金。

1）热处理不能强化的变形铝合金。如图10-3所示，溶质 B 的含量在 F 点左侧的合金，由于从室温到液相出现前均为单相α固溶体，其成分不随温度变化而变化，故不能进行热处理强化，但能通过形变强化（加工硬化）和再结晶处理来调整其组织性能。这类单相组织的合金具有良好的耐蚀性，又称为防锈铝合金。

2）热处理能强化的变形铝合金。溶质 B 的含量在 $F \sim D$ 点之间的铝合金，其α固溶体中的溶质含量将随温度变化而变化，这类铝合金可以通过热处理强化其性能，为热处理能够强化的铝合金，主要包括硬铝合金、超硬铝合金和锻铝合金。

（2）变形铝合金的牌号　我国变形铝合金的新牌号采用四位字符体系，根据主要合金元素的不同分为九个系列，见表10-2。每一系列的第一位数字表示主要合金元素，第三位和第四位数字表示同一组别中的不同铝合金的序号，第二位数字或英文字母表示合金的改型，A表示原始合金。例如，2A11表示能热处理强化的Al-Cu系变形铝合金；5A05表示不能热处理强化的Al-Mg系变形铝合金。

表10-2　变形铝合金系列及牌号表示方法

牌号体系	合　金　系	热处理状况
1×××	工业纯铝	不能热处理强化
2×××	Al-Cu系合金，Al-Cu-Li系合金	能热处理强化
3×××	Al-Mn系合金	不能热处理强化
4×××	Al-Si系合金	若含镁，则能热处理强化
5×××	Al-Mg系合金	不能热处理强化
6×××	Al-Mg-Si系合金	能热处理强化
7×××	Al-Zn-Mg系合金	能热处理强化
8×××	Al-Li、Al-Sn、Al-Zr或Al-B系合金	能热处理强化
9×××	备用合金系列	

常用变形铝合金的新旧牌号、化学成分、力学性能及主要用途见表10-3。

表 10-3 变形铝合金的主要牌号、化学成分、力学性能及用途（GB/T 3190—2008）

类别	牌号（旧牌号）	主要化学成分（质量分数,%）							热处理状态	力学性能（不小于）		主要用途
		Cu	Mg	Mn	Zn	其他	Al			R_m/MPa	A (%)	
防锈铝合金	5A05 (LF5)	≤0.50	4.8~5.5	0.3~0.6	≤0.20		余量	退火	265	15	中等强度零件、铆钉、焊接油箱、油管等
	3A21 (LF21)	≤0.70	≤0.05	1.0~1.6	≤0.10				≤165	20	管道、容器、油箱、铆钉及轻载零件及制品
硬铝合金	2A02 (LY2)	2.6~3.2	2.0~2.4	0.45~0.70	≤0.10			固溶处理+人工时效	430	10	200~300℃工作的叶轮、锻件
	2A11 (LY11)	3.8~4.8	0.4~0.8	0.4~0.8	≤0.30				390	8	中等强度构件和零件，如骨架、铆钉等
	2A12 (LY12)	3.8~4.9	1.2~1.8	0.3~0.9	≤0.30				440	8	高强度构件及150℃以下工作的零件，如飞机骨架、梁、铆钉、蒙皮等
超硬铝合金	7A04 (LC4)	1.4~2.0	1.8~2.8	0.2~0.6	5.0~7.0	Cr 0.10~0.25		固溶处理+人工时效	550	6	主要受力构件及高载荷零件，如飞机大梁、强框、起落架等
	7A09 (LC9)	1.2~2.0	2.0~3.0	0.3~0.9	5.1~6.1	Cr 0.16~0.30			550	6	主要受力构件及高载荷零件，如飞机大梁、强框、起落架等
锻铝合金	2A50 (LD5)	1.8~2.6	0.4~0.8	0.4~0.8	≤0.30	Si 0.70~1.20		固溶处理+人工时效	380	10	形状复杂和中等强度的锻件及模锻钢
	2A70 (LD7)	1.9~2.5	1.4~1.8	≤0.20	≤0.30	Ti 0.02~0.10, Ni 0.9~1.5, Fe 0.9~1.5			355	8	高温下工作的复杂锻件和结构件，内燃机活塞、叶轮等
	2A14 (LD10)	3.9~4.8	0.4~0.8	0.4~1.0	≤0.30	Si 0.6~1.2			460	8	高载荷锻件和模锻件

1) 防锈铝合金。防锈铝合金主要由 Al-Mn 系、Al-Mg 系及 Al-Si 系组成的合金，属于不能热处理强化的变形铝合金，包括 1×××（工业纯铝）、3×××（Al-Mn）、5×××（Al-Mg）和大多数 4×××（Al-Si）系列。防锈铝合金的耐蚀性很好，故名"防锈铝"。此外，它还具有良好的塑性和焊接性，但强度较低，切削加工性较差，不能通过热处理来强化，力学性能较低。为了提高其强度、可用冷加工方法使其强化。防锈铝合金一般在退火状态或冷作硬化状态下使用，可分别用于炊具、压力容器、管道以及飞机油箱、导油管、铆钉等。

2) 硬铝合金。硬铝合金是由 Al-Cu 或 Al-Cu-Li 组成的合金，它是一种应用较广泛的可热处理强化的铝合金。

2×××系列合金（如 2024、2A12）含有少量的硅，通过淬火时效可获得相当高的强度（R_m 可达 420MPa），并具有较好的切削加工性，但耐蚀性较差，更不耐海水腐蚀，尤其是硬铝中的铜会导致其耐蚀性剧烈下降。为此，硬铝中需加入适量的锰，对硬铝板材还可在其表面包覆一层高纯铝，以增加其耐蚀性，但在热处理后强度较低。硬铝合金主要用于制造航空等交通工业中等以上强度的结构件，如飞机机身蒙皮、机翼下蒙皮、机翼翼梁等。

3) 超硬铝合金。超硬铝合金是在硬铝合金的基础上加入锌形成的 Al-Zn-Mg 系合金。在铝合金中，超硬铝的时效强化效果最好，在常温下可获得比硬铝更高的力学性能，其抗拉强度可高达 600MPa，超过 2A12（LY12）高强度硬铝合金，因此称为超硬铝。超硬铝和硬铝一样，耐蚀性较差，所以在实际使用过程中也要在其表面包覆一层纯铝以提高其耐蚀性。超硬铝的主要缺点是抗疲劳性能较差，有明显的应力腐蚀倾向，耐热性也低于硬铝合金。另外，超硬铝合金的价格昂贵，主要用于飞机上的主受力件，如大梁、桁条、起落架等，以及其他工业中的高强度结构件。

4) 锻铝合金。锻铝合金为 Al-Cu 系合金，如 2A70、2A14 等，其力学性能与硬铝相近，在退火状态下具有良好的塑性，易于锻造，故名"锻铝"。它的热塑性及耐蚀性比硬铝高，经过人工时效处理后可获得更佳的强化效果。

Al-Mg-Si 系列合金（如 6061、6A02）时效后的强度低于 2××× 合金，但在热状态下塑性很好，易于锻造，也称为锻铝，适于制造中等强度的大型结构件。另外，该类合金的密度比 2××× 合金小，耐蚀性好。

锻造铝合金主要用来制造各种形状复杂的锻件和模锻件，在航空工业中用于制造航空发动机活塞、直升机的桨叶、飞机操纵系统中的摇臂、支架等锻件。

3. 铸造铝合金

铸造铝合金是指适宜铸造成形的铝合金。

(1) 铸造铝合金的主要性能　铸造铝合金具有良好的铸造工艺性（如流动性好，收缩及热裂倾向小），耐蚀性好，可进行各种成形铸造，直接铸造成各种形状复杂的零件，因此在航空航天、仪器仪表及机械制造业中得到广泛应用。铸造铝合金的力学性能不如变形铝合金，为了保证铸造铝合金具有良好的铸造性和足够的强度，铸造铝合金中的合金元素含量较多，一般在 8%~25% 之间。

(2) 铸造铝合金的代号　铸造铝合金的代号用"铸铝"两字的汉语拼音首字母"ZL"及三位数字表示。第一位数字表示合金类别（1 为 Al-Si 系，2 为 Al-Cu 系，3 为

Al-Mg 系，4 为 Al-Zn 系）；第二位及第三位数字为合金顺序号，序号不同，化学成分也不同。例如，ZL102 表示顺序号为 2 号的 Al-Si 系铸造铝合金。若为优质合金则在代号后面加"A"。

（3）铸造铝合金的牌号 铸造铝合金牌号由"Z"+基体元素铝的符号+主要合金元素的符号+表明合金元素名义质量分数的数字组成，如牌号 ZAlSi7Mg 等。

（4）铸造铝合金的分类 铸造铝合金的种类有很多，根据合金中主要加入合金元素种类的不同，分为 Al-Si 系、Al-Cu 系、Al-Mg 系及 Al-Zn 系四种类型：①Al-Si 系铸造铝合金（共 11 个代号，分别为 ZL101、ZL102…ZL111）；②Al-Cu 系铸造铝合金（代号为 ZL201、ZL202、ZL203）；③Al-Mg 系铸造铝合金（代号为 ZL301、ZL302）；④Al-Zn 系铸造铝合金（代号为 ZL401、ZL402）。

常用铸造铝合金的牌号、代号、化学成分、力学性能及用途见表 10-4。

1）铝-硅系。铝硅合金又称为硅铝明，它的硅的质量分数一般为 10%～13%，铸造后的组织是由硅溶于铝中形成的 α 固溶体和硅组成的共晶体。硅铝明具有良好的铸造性能，流动性好，收缩及热裂倾向小，密度小，线胀系数小，同时具有良好的导热性和耐蚀性。常用的硅铝明有简单硅铝明和特殊硅铝明两种类型，简单硅铝明（ZL101）由铝、硅两种元素组成，它不能热处理强化，故力学性能不高；特殊硅铝明由于加有一定量的镁、铜、锰、镍等元素，并可通过热处理强化，所以有较好的力学性能，主要用于制造发动机活塞、气缸体、风扇叶片、电动机及仪表外壳以及形状复杂的薄壁零件等。常用的有 ZL102，ZL105，ZL108 等。

2）铝-铜系。在铸造铝合金中该类合金的热强性最好，但其强度和铸造性能不如铝-硅系合金，耐蚀性也较差，目前大部分被其他合金所代用。常用的铝铜合金有 ZL201、ZL202、ZL203 等，一般只用作要求强度高且工作温度较高、形状简单的零件，如支臂、活塞、发动机缸盖等。

3）铝-镁系。这类合金在铝合金中密度最小、比强度高、耐蚀性最好、抗冲击、切削加工性好，但其铸造性和耐热性差，易产生热裂和缩松，且冶炼复杂，多用于制造承受冲击载荷，能耐海水腐蚀且外形较简单的零件，如舰船配件、雷达底座、螺旋桨、泵体零件等。常用的铝镁合金有 ZL301、ZL302 等。

4）铝-锌系。该类合金的突出优点是价格便宜，成本低，而且其铸造性、焊接性和尺寸稳定性都较好，但耐热性和耐蚀性差。加入适量的锰、镁等合金元素后可适当提高耐蚀性，故一般只用于制造工作温度低（<200℃）且形状复杂的压铸件及模板、汽车发动机零件、仪表及医疗器械等零件。常用的铝锌合金有 ZL401、ZL402 等。

（5）压力铸造工艺 将液态金属以高压注入金属铸型中并保持一段时间压力，以获得高质量、高精度、形状比较复杂的铸造零件，这种方法称为压力铸造，简称压铸，它是铝合金铸件生产的重要方法之一。由于压铸件比普通铸件具有更高的强度、尺寸精度和更低的表面粗糙度，且用压铸方法可铸造形状复杂的薄壁零件，生产效率高，铸件质量稳定，因此最适合大批量的机械零件生产。铝-硅系铸造铝合金是机械行业应用最为广泛的压铸合金，常用于制造发动机缸体、曲轴箱、离合器壳体、变速器壳体、转向器壳体、轮毂、电动机冷却风扇叶片等。

表 10-4 常用铸造铝合金的牌号、代号、化学成分、力学性能及用途（GB/T 1173—1995）

组别	牌号	合金代号	化学成分（质量分数，%）						铸造方法	热处理	力学性能，不小于			用途
			Si	Cu	Mg	Mn	其他	Al			R_m/MPa	A(%)	硬度HBW	
铝硅系	ZAlSi7Mg	ZL101	6.5~7.5		0.20~0.45		Ti 0.08~0.20	余量	J J S、B	T4 T5 T6	185 205 225	4 2 1	50 60 70	形状复杂零件，如飞机及仪表零件、抽水机壳体等
	ZAlSi9Mg	ZL104	8.0~10.5		0.10~0.35	0.2~0.5			J J	T1 T6	195 235	1.5 2.0	65 70	形状复杂、工作温度为200℃以下的零件，如发动机的气缸体、电动机壳体
	ZAlSi5Cu1Mg	ZL105	4.5~5.5	1.0~1.5	0.4~0.6				J J	T5 T7	235 175	0.5 1.0	70 65	形状复杂、工作温度为250℃以下的零件，如冷发动机的气缸头、机匣、油泵壳体等
	ZAlSi7Cu4	ZL107	6.5~7.5	3.5~4.5					S、B J	T6 T6	245 275	2 2.5	90 100	强度和硬度较高的零件
	ZAlSi12Cu1Mg1Ni1	ZL109	11.0~13.0	0.5~1.5	0.8~1.3		Ti 0.8~1.5		J J	T1 T6	195 245	0.5 —	90 100	较高温度下工作的零件，如活塞等
	ZAlSi5Cu6Mg	ZL110	4.0~6.0	5.0~8.0	0.2~0.5				J S	T1 T1	165 145	— —	90 80	活塞及高温下工作的其他零件
铝铜系	ZAlCu5Mn	ZL201		4.5~5.3		0.6~1.0	Ti 0.15~0.35		S S	T4 T5	295 335	8 4	70 90	砂型铸造工作温度为175~300℃的零件，如内燃机气缸头、活塞等
	ZAlCu5MnA	ZL201A		4.8~5.3		0.6~1.0	Ti 0.10~0.35		S、J	T5	390	8	100	高温工作，不受冲击的零件
	ZAlCu4	ZL203		4.0~5.0					J J	T4 T5	205 225	6 3	60 70	中等载荷，形状比较简单的零件
铝镁系	ZAlMg10	ZL301			9.5~11.0				S	T4	280	10	60	大气或海水中工作的零件，承受冲击载荷，外形不太复杂的零件，如舰船配件，氨用泵体等
	ZAlMg5Si1	ZL303	0.8~1.3		4.5~5.5	0.1~0.4			S、J		150	1	55	
铝锌系	ZAlZn11Si7	ZL401	6.0~8.0		0.1~0.3		Zn 9.0~13.0		J	T1	245	1.5	90	结构形状复杂的汽车、飞机及仪器上的零件，也可制作日用品
	ZAlZn6Mg	ZL402			0.50~0.65		Zn 5.0~6.5 Cr 0.4~0.6 Ti 0.15~0.25		J	T1	235	4	70	

内容二　铜及铜合金

铜是重要的非铁金属，其产量仅次于钢和铝。铜及铜合金是人类最早使用的且应用最为广泛的金属材料之一。铜的导电性及导热性好，耐腐蚀，有优良的塑性，可以焊接或冷热压力加工成形。铜及铜合金的分类情况如图 10-4 所示。

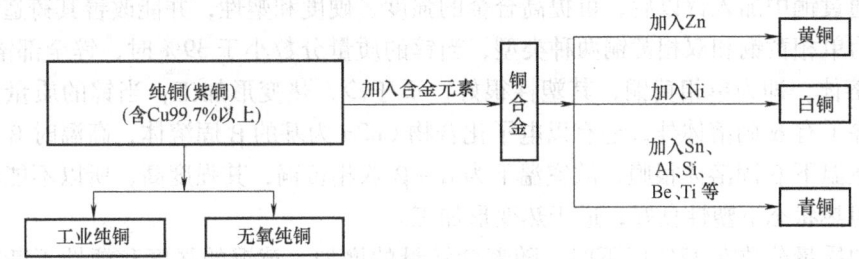

图 10-4　铜及铜合金分类

一、工业纯铜的性能和用途

纯铜为紫红色，其表面氧化后会形成一层氧化亚铜（Cu_2O）膜而呈紫色。纯铜的含铜量为 99.50% ~ 99.95%（质量分数），熔点为 1083℃，密度为 $8.910^3 kg/m^3$，无磁性，在固态时具有面心立方晶格结构，无同素异构转变。

1. 纯铜的特点

纯铜具有优良的导电性、导热性和很好的化学稳定性，在大气、淡水及冷水中具有很好的耐蚀性，但在海水、铵盐、氯化物、碳酸盐及氧化性酸中的耐蚀性差。纯铜的塑性好，但强度不高（R_m = 200 ~ 250MPa），硬度很低（40 ~ 50HBW），塑性却很好（A = 40% ~ 50%）。因此，纯铜可通过挤压、压延、拉伸等方法进行成形加工。纯铜经冷塑性变形后，其抗拉强度可提高到 400 ~ 500MPa，硬度可提高到 100 ~ 200HBW，但断后伸长率却降为 6% 左右。采用退火可消除铜的冷加工硬化。

2. 纯铜的分类及应用

我国纯铜按含氧量及加工方法不同，可分为工业纯铜和无氧纯铜两大类。

（1）工业纯铜　工业纯铜按纯度不同分为三个代号，即 T1（w_{Cu} = 99.95%）、T2（w_{Cu} = 99.90%）、T3（w_{Cu} = 99.70%），顺序号越大，纯度越低。T1、T2 主要用作导电材料和熔制高纯度铜合金；T3 用作一般铜材，如电器开关、管道、铆钉等。

（2）无氧铜　无氧铜的含氧量极低，一般不大于 0.003%，其代号包括 TU0、TU1、TU2。无氧铜主要用作电真空元器件及高导电性能导线。

二、铜合金

纯铜因其强度低而不能作为结构材料使用，因此，工业中广泛使用的是铜合金。

铜合金是以铜为基体，加入合金元素形成的合金。铜合金与纯铜相比不仅强度高，而且具有优良的物理和化学性能，故在工业中被广泛应用。根据铜合金的成形方法可分为变形铜合金和铸造铜合金两种类型。除了专用铸造铜合金外，大部分铜合金既可用于变形铜合金，又可用于铸造铜合金。根据化学成分不同，可将铜合金分为黄铜、白铜、青铜三大类。

1. 黄铜

黄铜是以锌为主加合金元素的铜合金，因其具有美丽的金黄色，故称为黄铜。根据黄铜的成分特点又可将其分为普通黄铜和特殊黄铜两大类。

（1）普通黄铜　普通黄铜是指铜-锌二元合金，其锌的质量分数小于50%。

在普通黄铜中加入锌以后，可提高合金的强度、硬度和塑性，并能改善其铸造性能。普通黄铜分为单相黄铜和双相黄铜两种类型，当锌的质量分数小于39%时，锌全部溶于铜中，形成α固溶体，即为单相黄铜，其塑性很好，适于冷、热变形加工；当锌的质量分数大于39%时，除了有α固溶体外，还有以电子化合物CuZn为基的β固溶体，高温时β固溶体的塑性好，室温下β固溶体很脆，故室温下为α+β双相黄铜，其强度高，所以不能进行冷变形加工，但热状态下塑性良好，适于热变形加工。

当锌的质量分数在32%以下时，随着含锌量的增加，黄铜的强度和塑性不断提高；当锌的质量分数达到30%~32%时，黄铜的塑性最好；当锌的质量分数大于39%以后，就出现了β相，强度继续升高，但是塑性继续下降；当锌的质量分数大于45%以后，强度也开始迅速下降，已经没有实用价值。所以，工业黄铜中锌的质量分数一般不超过45%。

锌对铜合金力学性能的影响如图10-5所示。

普通黄铜的耐蚀性与纯铜相近，但$w_{Zn}>7\%$（尤其是$w_{Zn}>20\%$）并经冷压力加工后的黄铜因有残留应力的存在，在潮湿的大气中，特别是在含氨的气氛中容易自动开裂（即所谓季裂现象）。黄铜的季裂随含锌量的

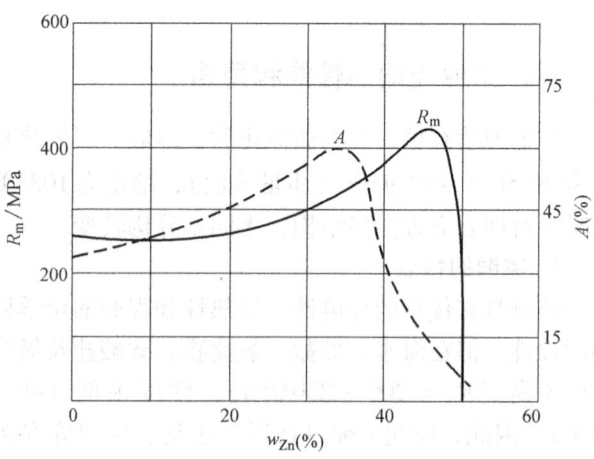

图10-5　锌对铜合金力学性能的影响

增加而加剧，采用250~300℃、保温1~3h的低温退火工艺，及时消除残留应力，可防止季裂现象的发生。

普通黄铜的牌号以"H+数字"表示，"H"为"黄"字的汉语拼音首字母，数字代表铜的质量分数。例如，H62表示$w_{Cu}=62\%$、$w_{Zn}=38\%$的普通黄铜。

常用普通黄铜的代号、化学成分及用途见表10-5。

（2）特殊黄铜　为了提高黄铜的耐蚀性能、力学性能及切削加工性能，在普通二元黄铜的基础上再加入其他合金元素，所组成的多元合金称为特殊黄铜。

在普通黄铜中常加入锡、铅、铝、硅、锰、铁等合金元素，这些元素的加入可不同程度地提高黄铜的强度、硬度和耐蚀性。铝、锡、锰、镍等元素可提高合金的耐蚀性和耐磨性；锰用于提高合金的耐热性；硅可改善合金的铸造性能；铅可改善合金的切削加工性能和润滑性等。

在特殊黄铜中，除了主加元素锌外，按主要的辅加元素不同，又分为锡黄铜、硅黄铜、锰黄铜、铅黄铜、铝黄铜等。

表 10-5 常用普通黄铜的代号、化学成分及用途（摘自 GB/T 5231—2001）

代号	化学成分（质量分数,%）					用　　途
	Cu	Fe	Pb	Ni	Zn	
H96	95.0~97.0	0.10	0.03	0.5	余量	冷凝管、热交换器、散热器及导电零件、空调器、冷冻机部件、引线框架等
H80	79.0~81.0	0.10	0.03	0.5		薄壁管、装饰品等
H70	68.5~71.5	0.10	0.03	0.5		子弹壳，汽车及电子零件
H68	67.0~70.0	0.10	0.03	0.5		形状复杂的深冲零件、散热器外壳等
H62	60.5~63.5	0.15	0.08	0.5		机械及电器零件、铆钉、螺母、垫圈、散热器及焊接件、冲压件等
H59	57.0~60.0	0.30	0.50	0.5		

1）锡黄铜。锡能提高黄铜的强度和在海水中的耐蚀性，锡黄铜又称为海军黄铜。

2）硅黄铜。硅能提高黄铜的力学性能、耐磨性和耐蚀性。硅黄铜还具有良好的铸造性能、焊接性能和切削加工性能，主要用作船舶及化工零件。

3）锰黄铜。锰能提高黄铜的强度，但不降低黄铜的塑性，还能提高对海水及过热蒸汽的耐蚀性。锰黄铜用于制造船舶零件及耐磨件。

4）铅黄铜。铅能提高黄铜的耐磨性，可改善切削加工性能。压力加工铅黄铜用于制造要求具有良好切削加工性能和耐磨性的零件。

5）铝黄铜。铝能提高黄铜的强度、硬度及在大气中的耐蚀性。铝黄铜可用作海船零件及机器的耐蚀零件。

特殊黄铜的牌号以"H + 主加元素的化学符号 + 铜含量 - 主加元素含量"表示。例如，HMn58-2 表示 $w_{Cu}=58\%$、$w_{Mn}=2\%$，其余为 Zn 的特殊黄铜。

常用特殊黄铜的代号、化学成分及用途见表 10-6。

2. 青铜

青铜是指除了锌和镍以外的其他元素为主加合金元素的铜合金。

青铜的牌号为"Q + 主加元素符号 + 主加元素的质量分数"（若后面还有数字，则为其他辅加元素的质量分数），"Q"为"青"字的汉语拼音首字母。例如，QSn4-3 表示 $w_{Sn}=4\%$、$w_{Zn}=3\%$ 的锡青铜。若为铸造青铜，则在牌号前再加"Z"。

在青铜合金中，工业用量最大的为锡青铜和铝青铜，强度最高的为铍青铜。

（1）锡青铜　锡青铜是以锡为主加元素的铜合金。锡能溶于铜中形成 α 固溶体，具有面心立方晶格，有良好的塑性，适于冷、热变形加工。

锡青铜的力学性能与合金中的含锡量有着密切关系，锡的质量分数对锡青铜力学性能的影响如图 10-6 所示。由图中可知，当锡的质量分数小于 6%~7% 时，随着锡的质量分数的增加，锡青铜的强度和塑性增加。当锡的质量分数超过 6%~7% 时，在组织中出现了硬脆相 δ，δ 相是以电子化合物 Cu_5Sn 为基的固溶体，具有体心立方晶格，在常温下是硬脆相，使锡青铜的塑性急剧下降，但是由于少量 δ 相的弥散强化作用，其强度仍然上升。当锡的质量分数大于 20% 时，由于出现了过多的 δ 相而使强度显著下降，塑性极低，合金变得硬而脆，无使用价值。因此，工业上使用的锡青铜锡的质量分数一般在 3%~14% 范围内，锡的质量分数小于 7% 的锡青铜适于压力加工，锡的质量分数大于 10% 的锡青铜适于铸造。锡青铜在铸造时，因其体积收缩率很小，可铸造形状复杂的铸件，但铸件易形成分散细小的缩孔，使铸件的致密性下降，在高压下容易渗漏，故锡青铜不适合制造密封性要求高的铸件。

表 10-6 常用特殊黄铜的代号、化学成分及用途（摘自 GB/T 5231—2001）

组别	代号	化学成分（质量分数,%）						用途
		Cu	主加元素	Fe	Pb	Ni	Zn	其他	
铅黄铜	HPb63-3	62.0~65.0	Pb 2.4~3.0	0.10		0.5	余量		钟表零件、汽车、拖拉机及一般机器零件
	HPb59-1	57.0~60.0	Pb 0.8~1.9	0.50		1.0			一般机器结构零件
锡黄铜	HSn90-1	88.0~91.0	Sn 0.25~0.75	0.10	0.03	0.5			汽车及拖拉机零件
	HSn62-1	61.0~63.0	Sn 0.7~1.1	0.10	0.10	0.5			船舶零件
铝黄铜	HAl77-2	76.0~79.0	Al 1.8~2.5	0.06	0.07			As 0.02~0.06	海船冷凝器管及耐蚀零件
	HAl60-1-1	58.0~61.0	Al 0.7~1.5	0.70~1.50	0.40	0.5		Mn 0.10~0.60	缸套、齿轮、蜗轮、轴及耐蚀零件
	HAl59-3-2	57.0~60.0	Al 2.5~3.5	0.50	0.10	2.0~3.0			船舶、电动机、化工机械等常温下工作的高强度耐蚀零件
硅黄铜	HSi80-3	79.0~81.0	Si 2.5~4.0	0.60	0.10	0.5			船舶及化工机械零件
锰黄铜	HMn58-2	57.0~60.0	Mn 1.0~2.0	1.00	0.10	0.5		Mn 1.0~2.0	船舶零件及轴承等耐磨件
铁黄铜	HFe59-1-1	57.0~60.0	Fe 0.6~1.2		0.20	0.5		Al 0.1~0.5 Mn 0.5~0.8 Sn 0.3~0.7	摩擦及海水腐蚀下工作的零件
镍黄铜	HNi65-5	64.0~67.0		0.15	0.03	5.0~6.5			船舶用凝器管、电动机零件

锡青铜在大气及海水中的耐蚀性好，因此广泛用于制造耐蚀零件。在锡青铜中加入磷、锌、铅等元素，可以改善锡青铜的耐磨性、铸造性及切削加工性，使其性能更好。

（2）铝青铜 铝青铜是以铝为主加元素的铜合金，其中铝的质量分数一般控制在 12% 以内。工业上压力加工用铝青铜铝的质量分数一般为 5%~7%；铝的质量分数为 10% 左右的铝青铜强度高，可用于热加工。铝青铜的铸造流动性好，缩孔集中，故易获得致密的铸件，且铝青铜的强度高、韧性好、疲劳强度高，受冲击不产生火花，在大气、海水、碳酸及多数有机酸中都有极好的耐蚀性（比黄铜和锡青铜的耐蚀性好），因此，铝青铜在结构件上应用极广，主要用于制造在复杂条件下工作，要求具有高强度、高耐磨性、高耐蚀性的零件和弹性零件，如齿轮、摩擦片、蜗轮、弹簧和船用设备等。

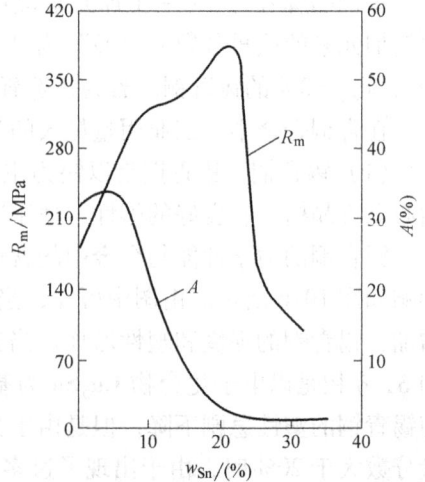

图 10-6 锡的质量分数对锡青铜力学性能的影响

(3) 铍青铜　铍青铜是指铍的质量分数为 1.7% ~ 2.5% 的铜合金，其时效硬化效果极为明显，通过淬火时效可获得很高的强度和硬度，抗拉强度为 1250 ~ 1500MPa，硬度可达 350 ~ 400HBW，远远超过了其他铜合金，可与高强度合金钢相媲美。铍青铜易于成形加工，可直接制成零件后再进行时效强化。

铍青铜不但有很高的强度和硬度，且有很高的疲劳强度和弹性极限，导热及导电性好，无磁性、耐磨、耐蚀、耐寒、耐冲击，因此被广泛用于制造精密仪器仪表中的重要弹性元件、耐磨及耐蚀零件、航海罗盘仪中的零件和防爆工具等。但其生产工艺复杂，价格昂贵。

(4) 硅青铜　硅青铜是以硅为主加元素的铜合金，其力学性能比锡青铜好，且价格稍低，并具有良好的铸造性能和冷热压力加工性能，常用来制造弹簧、齿轮、蜗轮、蜗杆等耐蚀和耐磨零件。

常用青铜的代号、化学成分及用途见表 10-7。

表 10-7　常用青铜的代号、化学成分及用途（摘自 GB/T 5231—2001）

组别	代号	化学成分（质量分数,%）							用途
		主加元素	Zn	Ni	Fe	Pb	其他	Cu	
锡青铜	QSn 6.5-0.1	Sn 6.0 ~ 7.0	0.3	0.2	0.05	0.02	P 0.10 ~ 0.25 Al 0.002	余量	精密仪器中的耐磨件和抗磁元件、弹簧
	QSn 4-4-4	Sn 3.0 ~ 5.0	3.0 ~ 5.0	0.2	0.05	3.5 ~ 4.5	P 0.03 Al 0.002		飞机、拖拉机及汽车的轴承和轴套衬垫等
	QSn 4-3	Sn 3.5 ~ 4.5	2.7 ~ 3.3	0.2	0.05	0.02	P 0.03 Al 0.002		弹簧、化工机械上的耐磨零件和抗磁零件
铝青铜	QAl 10-3-1.5	Al 8.5 ~ 10.0	0.5	0.5	2.0 ~ 4.0	0.03	P 0.01 Si 0.1 Mn 1.0 ~ 2.0 Sn 0.1		飞机、船舶用高强度、高耐磨性耐蚀零件
	QAl 9-4	Al 8.0 ~ 10.0	1.0	0.5	2.4 ~ 4.0	0.01	P 0.01 Si 0.1 Mn 0.5 Sn 0.1		船舶及电气零件、耐磨零件
	QAl 7	Al 6.0 ~ 8.5	0.2		0.50	0.02	Si 0.1		重要的弹簧及弹性元件
铍青铜	QBe 2	Be 1.85 ~ 2.10		0.2 ~ 0.5	0.15	0.005	Si 0.15 Al 0.15		重要的弹簧及弹性元件、耐磨零件、高压高速高温轴承、钟表齿轮、罗盘零件
	QBe 1.9	Be 1.85 ~ 2.10		0.2 ~ 0.4	0.15	0.005	Si 0.15 Al 0.15 Ti 0.10 ~ 0.25		
	QBe 1.7	Be 1.60 ~ 1.85		0.2 ~ 0.4	0.15	0.005	Si 0.15 Al 0.15 Ti 0.10 ~ 0.25		
硅青铜	QSi 3-1	Si 2.7 ~ 3.5	0.5	0.2	0.30	0.03	Mn 1.0 ~ 1.5 Sn 0.25		弹簧、耐蚀零件、蜗轮、蜗杆、齿轮等

3. 白铜

白铜是以镍为主加元素的铜合金。镍对白铜的性能有很大影响，随着镍的质量分数的增加，白铜的强度、硬度、电阻率、热电势及耐蚀性显著提高，但电阻温度系数明显降低。

镍对白铜力学性能的影响如图 10-7 所示，从图中可以看出，加入镍后铜的塑性下降不明显，但强度明显上升。

镍与铜在固态下无限互溶，所以各类铜镍合金均为单相 α 固溶体，因而具有优良的塑性。此外，白铜还具有很好的冷、热加工性能及耐热性和耐蚀性，可通过固溶强化和加工硬化提高强度。

工业上应用的白铜包括普通白铜和特殊白铜两种类型。

（1）普通白铜 普通白铜中只含铜和镍两种元素，在固态下铜与镍可以任意比例相互溶解，加入少量锌后仍能保持固态下的溶解度。因此，工业用的白铜组织一般均为单相固溶体。

普通白铜的代号以"B+镍的平均质量分数"表示，"B"为"白"字的汉语拼音首字母。例如，B19 表示镍的质量分数为 19% 的普通白铜。

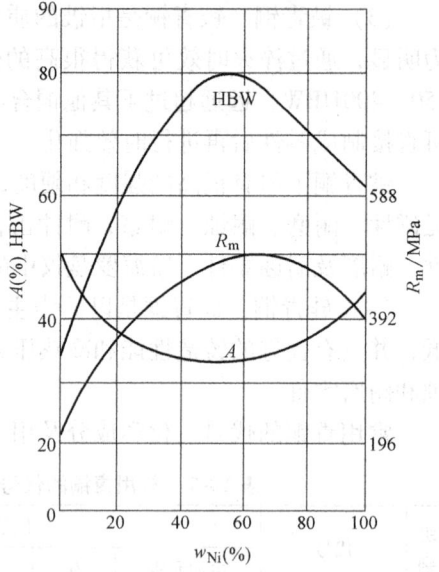

图 10-7 镍对白铜力学性能的影响

普通白铜具有较高的耐蚀性和抗腐蚀疲劳性能，其冷、热加工性能优良，主要用于制造在蒸汽和海水环境中工作的精密仪器仪表零件、冷凝器和热交换器及医疗器械。

（2）特殊白铜 在普通白铜的基础上加入锰、铁、锌、铝等元素的白铜称为特殊白铜。例如，加入锌元素的白铜称为锌白铜；加入锰元素的白铜称为锰白铜；加入铁元素的白铜称为铁白铜等。

特殊白铜的代号用"B+特殊元素符号+镍的平均质量分数+其他元素的平均质量分数"表示。例如，BZn15-20 表示镍的平均质量分数为 15%、锌的平均质量分数为 20% 的锌白铜；BMn3-12 表示镍的平均质量分数为 3%、锰的平均质量分数为 12% 的锰白铜。

常用的特殊白铜有以下几种：

1）铁白铜。代号有 BFe5-1.5(Fe)-0.5(Mn)、BFe30-1(Fe)-1(Mn)。在铁白铜中加入铁的质量分数不超过 2% 以防腐蚀开裂，其特点是强度高，耐腐蚀性特别是耐流动海水的腐蚀能力可明显提高。

2）锰白铜。代号有 BMn3-12、BMn40-1.5、BMn43-0.5。锰白铜具有低的电阻温度系数，可在较宽的温度范围内使用，其耐蚀性好，还具有良好的加工性。

3）锌白铜。代号有 BZn18-18、BZn18-26、BZn15-21(Zn)-1.8(Pb)、BZn15-24(Zn)-1.5(Pb)。锌白铜具有优良的综合力学性能，耐蚀性优异，冷热加工成形性好，易切削，可制成线材、棒材和板材，用于制造仪器仪表、医疗器械、日用品和通信等领域的精密零件。

4）铝白铜。代号有 BAl13-3、BAl6-1.5。它是以铜镍合金为基加入铝形成的合金，其合金性能与合金中镍和铝的含量比例有关，当 Ni:Al=10:1 时，合金性能最好。常用的铝白铜有 Cu6Ni1.5Al、Cu13Ni3Al 等，主要用作造船、电力、化工等工业部门中的各种高强耐蚀件。

部分白铜的代号、化学成分及用途见表 10-8。

表10-8 部分白铜的代号、化学成分及用途（GB/T 5231—2001）

组别	代号	化学成分（质量分数,%）				用途
		镍+钴	锰	锌	铜	
普通白铜	B 19	18.0~20.0	0.5	0.3	余量	船舶、仪器零件、化工机械零件
	B 25	24.0~26.0	0.5	0.3		
	B 5	4.4~5.0				
锌白铜	BZn 15-20	13.5~16.5	0.3	余量	62.5~65.0	潮湿条件下和强腐蚀性介质中工作的仪表零件
	BZn 18-18	16.5~19.5	0.5		63.5~66.5	
锰白铜	BMn 3-12	2.0~3.5	11.5~13.5	余量		弹簧、热电偶丝
	BMn 40-1.5	39.0~41.0	1.0~2.0			

内容三 钛及钛合金

钛在地球中的储藏量居铝、铁、镁之后，占第四位。钛是20世纪50年代发展起来的一种重要的结构金属，钛合金因具有密度小、比强度高、耐蚀性好、耐热性高、低温韧性好等一系列优良性能，且资源丰富，现已成为航空航天、化工、造船和国防工业生产中的重要结构材料。

一、工业纯钛

钛是一种银白色金属，具有同素异构转变。钛在温度低于882℃时为密排六方晶格，称为α-Ti；在温度高于882℃时为体心立方晶格，称为β-Ti。

1. 工业纯钛的性能特点

（1）物理及化学性能 钛的密度小（$4.5 \times 10^3 \text{kg/m}^3$），熔点高（1668℃），热膨胀系数小，热导性差；钛的化学活性很强，在高温状态极易与氢、氧、氮、碳等元素发生作用，使钛的表层受到污染。因此，钛的熔炼以及其他一些热加工工艺过程应在真空或惰性气体中进行。钛具有优良的耐蚀性，在大气、海水、氧化性酸和大多数有机酸中，其耐蚀性超过不锈钢；但是，钛不耐热强碱、氢氟酸以及还原性酸（稀硫酸、盐酸等）的腐蚀。

（2）力学性能 工业纯钛的塑性很好（$A=40\%$、$Z=60\%$），强度及硬度低（$R_m=290\text{MPa}$，硬度为100HBW），容易加工成形，可制成细丝、薄片。在工业纯钛中含有少量的氧、氮、碳等杂质时，可提高钛的强度，但塑性急剧下降。

2. 工业纯钛的牌号及应用

工业纯钛根据杂质含量的不同可分为三个牌号，即TA1、TA2、TA3，其中"T"为"钛"字的汉语拼音首字母；A表示其退火组织为α单相组织；后面的数字为顺序号，数字越大，杂质含量越高。

工业纯钛常用于制造350℃以下工作的低载荷零件，如飞机骨架、发动机部件、耐海水管道及柴油机活塞、连杆等。

工业纯钛及钛合金的牌号、化学成分、力学性能及用途见表10-9。

表 10-9　工业纯钛及钛合金的牌号、化学成分、力学性能及用途
（GB/T 3620.1—2007、GB/T 2965—2007）

组别	牌号	名义化学成分	热处理	室温力学性能（不小于）				高温力学性能（不小于）		用途
				R_m/MPa	R_p/MPa	A(%)	Z(%)	试验温度	R_m/MPa	
工业纯钛	TA1	Ti（杂质极微量）	退火	240	140	24	30			在350℃以下工作、强度要求不高的零件，飞机骨架、蒙皮，船用阀门、管道，化工用泵
	TA2	Ti（杂质微量）		400	275	20	30			
	TA3	Ti（杂质微量）		500	380	18	30			
α钛合金	TA4	Ti（杂质微量）	退火	580	485	15	25			在500℃以下工作的零件，导弹燃料罐、超音速飞机的涡轮、气压机叶片
	TA5	Ti-4Al-0.005B		685	585	15	40			
	TA6	Ti-5Al		685	585	10	27	350	420	
β钛合金	TB2	Ti-5Mo-5V-8Cr-3Al	淬火	≤980	820	18	40			在350℃以下工作的零件，如气压机叶片、轴、轮盘等旋转件，以及飞机的构件等
			淬火+时效	1370	1100	7	10			
α+β钛合金	TC1	Ti-2Al-1.5Mn	退火	585	460	15	30	350	345	在400℃以下工作的零件，低温用的部件、容器、泵，船舰耐压壳体等
	TC2	Ti-4Al-1.5Mn		685	560	12	30	350	420	
	TC3	Ti-5Al-4V		800	700	10	25			
	TC4	Ti-6Al-4V		830	825	10	25	400	620	

二、钛合金

钛中加入合金元素形成钛合金，即可提高钛的力学性能，也会影响到钛的同素异构转变温度，并使钛具有其他方面的特殊性能。

1. 钛合金的性能特点

钛合金具有以下特性：

（1）比强度高　比强度是材料的强度与密度之比，钛合金的密度仅为钢的60%，纯钛的强度接近普通钢的强度，一些高强度钛合金超过了许多合金结构钢的强度，因此钛合金具有高的比强度。钛合金可制造要求强度高、刚性好、质轻的零部件，目前飞机的发动机构件、骨架、蒙皮、紧固件及起落架等都使用钛合金。

（2）热强度高　由于钛的熔点高，再结晶温度也高，因而钛合金具有较高的热强度。钛合金的使用温度比铝合金高几百摄氏度，可在450~500℃的温度下长期工作，且有很高的比强度，而铝合金在150℃时比强度明显下降。

（3）耐蚀性好　由于在钛合金表面可以形成一层致密、牢固的由氧化物和氮化物组成的保护膜，所以钛合金具有很好的耐蚀性。钛合金在潮湿的大气和海水中也有优良的耐蚀性，它的抗氧化能力优于大多数奥氏体不锈钢，对点蚀、酸蚀、应力腐蚀的抵抗力特别强，对碱、氯化物、氯的有机物、硝酸、硫酸等也有优良的耐腐蚀性。

（4）低温性能好　钛合金在低温和超低温下仍能保持其力学性能，低温性能好。例如，TA7在-253℃的超低温（液氢温度）下还能保持一定的塑性及韧性。因此，钛合金也是一种重要的低温结构材料。

（5）导热性能差　钛的导热性能差，摩擦因数大，切削时容易升温，也容易粘刀，造

成刀具的剧烈摩擦,产生粘结磨损,因此降低了切削速度,缩短了刀具寿命,影响了加工表面的质量(特别是表面粗糙度)。

(6) 化学活性大　钛合金的化学活性大,能与大气中的 O、N、H、CO、CO_2、水蒸气、氨气等产生强烈的化学反应。碳的质量分数大于 0.2% 时,会在钛合金中形成硬质 TiC;温度较高时与氮作用也会形成 TiN 硬质表层;在 600℃ 以上时,钛会吸收氧而形成硬度很高的硬化层。钛吸收气体而产生的硬脆表层深度可达 0.10~0.15mm。

2. 钛合金的分类

在钛合金中常加入的合金元素有铝、锡、铜、铬、钼、钒等。根据合金元素对钛产生强化作用程度的不同,可分为 α 相稳定元素和 β 相稳定元素,其中铝、硼等为 α 相稳定元素;铬、钼、钒等为 β 相稳定元素;锡、锆等对转变温度的影响不明显,称为中性元素。

α 相稳定元素可使钛合金的同素异构转变温度升高,扩大 α 相区,使钛合金在室温和工作温度下获得单相 α 组织;β 相稳定元素可以降低钛合金的同素异构转变温度,扩大 β 相区,使钛合金在退火或淬火状态下的组织为单相 β 固溶体,如图 10-8 所示。

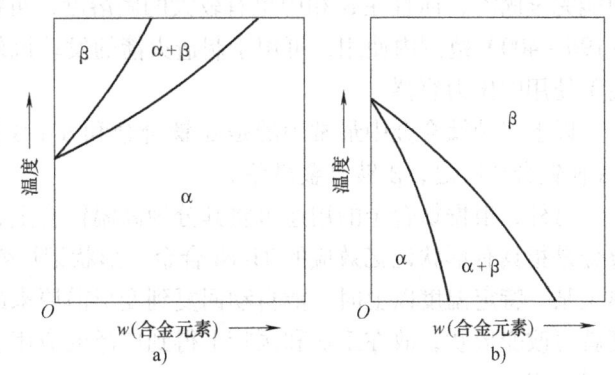

图 10-8　合金元素对钛合金同素异构转变温度的影响
a) α 相稳定元素的影响　b) β 相稳定元素的影响

根据钛合金中所加元素及在退火状态下的室温组织不同,可将钛合金分为 α 钛合金、β 钛合金和 α+β 钛合金。钛合金的牌号、化学成分、力学性能及用途见表 10-9。

(1) α 钛合金　在纯钛中加入铝、锡等 α 相稳定元素,可得到 α 固溶体,所以又称为 α 钛合金。α 钛合金具有良好的热稳定性,在 500~600℃ 的温度下仍能保持强度和抗蠕变性能,但不能进行热处理强化,所以其室温强度比其他钛合金低,塑性变形能力也较差,主要靠固溶强化,通常在退火状态下使用。

α 钛合金的牌号用 "TA" + 顺序号表示,A 表示室温下钛合金的组织为 α 单相组织。α 钛合金的主要牌号有 TA4、TA5、TA6、TA7、TA8 等,主要用来制作飞机的骨架、叶片,以及使用温度不超过 500℃ 的其他部件。α 钛合金的典型牌号是 TA7,可制作在 500℃ 以下工作的零件,如导弹燃料罐、超音速飞机的涡轮机匣壳、发动机气压机盘和叶片等。

(2) β 钛合金　在纯钛中加入铬、钼、钒等 β 相稳定元素,可得到 β 固溶体,故又称为 β 钛合金。

β 钛合金具有良好的塑性、优良的冲压性能和焊接性,易于冲压及焊接成形,但热稳定较差。β 钛合金可通过淬火和时效进行强化,淬火时效后具有很高的强度。在时效状态下,β 钛合金的组织为 β 相和弥散分布的细小 α 相粒子。

β 钛合金的牌号用 "TB" + 顺序号表示,B 表示室温下钛合金的组织为 β 单相组织。β 钛合金主要用来制作气压机叶片、轴等重载荷的旋转件及构件等。β 钛合金的典型牌号为 TB1,在 350℃ 以下使用,用于制造气压机叶片、轴、轮盘等重载回转件及飞机构件。

(3) α+β 钛合金 在钛中加入 α 相稳定元素，再加入 β 相稳定元素，在室温下即可获得 α+β 双相组织，故称为 α+β 钛合金。

α+β 钛合金具有良好的综合力学性能，组织稳定性好，有良好的韧性、塑性，能较好地进行热压力加工；可通过淬火、时效使合金强化，强化后的强度比退火状态提高 50% ~ 100%；具有良好的高温抗变形能力，高温强度高，可在 400 ~ 500℃ 的温度下长期工作（其热稳定性次于 α 钛合金），是应用最广泛的一种钛合金。α+β 钛合金主要用于制造飞机气压机盘和叶片、舰艇耐压壳体、大尺寸锻件等。

α+β 钛合金的牌号用 "TC" +顺序号表示，C 表示室温下合金的组织为 α+β 两相组织。TC4 是目前国内外应用最多的 α+β 钛合金，其主要组成为 Ti-6Al-4V，钒不仅在 β 相中能完全固溶，而且在 α 相中也有较大的固溶度，可提高钛合金的强度和塑性。TC4 可以在 -196 ~ 400℃ 范围内使用，可用于制造火箭的发动机外壳、航空发动机的气压机叶片和在低温下使用的压力容器。

以上三种钛合金中最常用的是 α 钛合金和 α+β 钛合金；α 钛合金的切削加工性最好，α+β 钛合金次之，β 钛合金最差。

另外，根据钛合金的用途可将其分为高温钛合金、结构钛合金、功能钛合金等。功能钛合金是指具有形状记忆效应的 Ti-Ni 合金。形状记忆效应是指将某些金属材料进行变形后加热至某一特定温度以上时，能自动回复到变形前原来的形状。由于形状记忆合金只需改变温度就可改变形状，故在工业和医疗上得到广泛的应用。钛合金还可作为耐蚀结构材料和储氢材料使用。

3. 钛合金的热处理

钛合金的热处理方法有以下几种：

（1）去应力退火 目的是消除在切削加工或焊接过程中产生的内应力，防止在一些腐蚀环境中的化学侵蚀并减少变形。去应力退火的温度为 450 ~ 650℃，焊接件保温 2 ~ 12h 后空冷，切削加工件保温 1 ~ 2h 后空冷。

（2）高温退火（再结晶退火） 目的是获得良好的韧性，改善加工性能，有利于再加工，并能提高组织和尺寸的稳定性。钛合金的高温退火温度一般为 650 ~ 850℃，保温时间为 1 ~ 3h，然后空冷。

（3）淬火加时效 目的是提高钛合金的强度和硬度。α 钛合金一般不进行淬火加时效处理，β 钛合金和 α+β 钛合金可进行淬火加时效处理，α+β 钛合金和含有少量 α 相的亚稳 β 钛合金可以通过固溶处理和时效使合金进一步强化。钛合金的时效温度一般在 425 ~ 550℃ 范围内，温度过低会使塑性下降，使合金脆化；温度过高则晶粒粗大，强度、韧性下降。

（4）化学热处理 钛合金经渗氮可改善其耐磨性和耐蚀性，渗氮后硬度可提高 7 ~ 9 倍，耐蚀性可提高 2 ~ 4 倍，同时塑性和疲劳性能降低。

4. 钛合金的应用

钛合金在航空、航天、航海及化工等工业部门获得日益广泛的应用。例如，在美国的 B-1 轰炸机的机体结构材料中，钛合金约占 21%，主要用于制造机身、机翼、蒙皮和承力构件；F-15 战斗机的机体结构材料的钛合金用量达 7000kg，约占其结构质量的 34%；前苏联制造的 "台风号" 核潜艇就是钛壳核潜艇，用钛板制造的潜艇壳除了具有强的耐蚀性外，还具有无磁性、质量小等优点。

内容四　镁及镁合金

镁是银白色轻金属，为密排六方结构，无磁性，在地壳中的储藏量非常丰富，仅次于铝和铁而占第三位。由于镁的化学性质很活泼，难以冶炼，所以镁及合金在工业上的应用比较晚。

一、工业纯镁

1. 工业纯镁的性能特点

（1）物理及化学性能　纯镁的密度为 $1.74kg/m^3$，只有铝的 2/3、钛的 2/5、钢的 1/4；镁合金比铝合金轻 36%、比锌合金轻 73%、比钢轻 77%。镁是所有金属结构材料中最轻的金属。

镁的耐蚀性很差，在潮湿的大气、淡水、海水及绝大多数酸、盐溶液中易受腐蚀。镁的化学活性很强，在空气中容易被氧化，尤其是在高温，如氧化反应放出的热量不能及时散失，则很容易燃烧。

（2）力学性能　纯镁的强度和弹性模量相对较低，其抗蠕变、抗疲劳和抗磨损性能不足。

（3）其他性能　镁还具有很多其他优异的特性，如比铝高 30 倍的减振性能、良好的阻尼减振和电磁屏蔽性能、易于加工成形、容易回收等，因此被誉为"21 世纪绿色工程材料"。

2. 工业纯镁的牌号及应用

工业纯镁的牌号用 Mg + 数字表示，数字表示镁的质量分数，如 Mg99.95 等。

由于受价格昂贵和技术方面的限制，镁只少量应用于航空、航天及军事工业。

二、镁合金

镁中加入合金元素即形成镁合金，镁合金中的主要添加元素有铝、锌、锰、锆、稀土（RE）等，一般铝的质量分数为 0.2% ~ 9.2%，锌的质量分数为 0.2% ~ 6.0%，锰的质量分数为 0.1% ~ 2.5%。经过热处理后（固溶加时效处理），其强度可达 300 ~ 350MPa。

镁合金是目前工业应用中最轻的工程材料，其比强度和比刚度高，可满足航空、航天、汽车及电子产品轻量化和环保的要求。

1. 镁合金的性能特点

镁合金具有以下性能特点：

（1）比强度、比刚度高　镁合金的比强度明显高于铝合金和钢，比刚度与铝合金和钢相当，而远远高于工程塑料，为一般塑料的 10 倍。

（2）质量轻　镁合金的密度在所有结构用合金中为最轻，仅为铝合金的 68%、锌合金的 27%、钢的 23%。镁合金可用作 3G 产品的外壳及内部结构件，还是汽车及飞机等零件的优秀材料。

（3）减振性好　由于镁合金的弹性模量小，当受外力作用时，其弹性变形功较大，即吸收能量较多，所以能承受较大的冲击或振动载荷。飞机起落架轮毂多采用镁合金制造，就是利用镁合金减振性好这一特性。

（4）耐蚀性差　镁合金在使用时要采取防护措施，如发蓝处理、涂漆保护等。镁合金零件与其他高电位零件（如钢铁零件、铜质零件）组装时，在接触面上应采取绝缘措施（如垫以浸油纸），以防彼此因电极电位相差悬殊而产生严重的电化学腐蚀。

（5）切削加工性好　镁合金具有优良的切削加工性能，可采用高速切削，也易于进行研磨和抛光。

（6）电磁屏蔽性佳　3G 产品的外壳（手机及计算机）要求具有优越的抗电磁保护作用，而镁合金外壳能够完全吸收频率超过 100dB 的电磁干扰。

此外，镁合金还具有散热性好、可回收性好、压铸成形性好等优点。

2. 镁合金的分类

镁合金根据加工工艺不同可分为变形镁合金（MB）和铸造镁合金（ZM）两种类型。常用镁合金的牌号、化学成分、力学性能及用途见表 10-10。

表 10-10　常用镁合金的牌号、化学成分、力学性能及用途
（摘自 GB/T 5153—2003、GB/T 5155—2003、GB/T 1177—1991）

类别	合金组别	牌号（旧牌号）	化学成分（质量分数,%）				加工状态	棒材力学性能不小于			用途
			Al	Zn	Mn	其他		R_m /MPa	$R_{0.2}$ /MPa	A (%)	
变形镁合金	MgAlZn	AZ40M (MB2)	3.4~4.0	0.2~0.8	0.15~0.50		形变硬化	245		5	中等负荷结构件、锻件
	MgMnRE	ME20M (MB8)	≤0.2	≤0.3	1.3~2.2	Ce 0.15~0.35	人工时效	195		2	飞机部件
	MgZnZr	ZK61M (MB15)	≤0.05	5.0~6.0	≤0.1	Zr 0.3~0.9	人工时效	305	235	6	高载荷、高强度飞机锻件，机翼长桁
铸造镁合金	MgAlZn	ZMgAl8Zn	7.5~9.0	0.2~0.8	0.15~0.50		固溶处理+人工时效	230	100	2	中等负荷零件，飞机翼肋、机匣，导弹部件
	MgREZnZr	ZMgRE3Zn2Zr		2.0~3.0		Zr 0.3~0.9 RE 2.5~4.0	人工时效	140	95	2	高气密零件，仪表壳体
	MgZnZr	ZMgZn5Zr		3.5~5.5		Zr 0.5~1.0	人工时效	235	140	5	抗冲击零件，飞机轮毂

我国镁合金新牌号中的前两个字母代表镁合金的两种主要合金元素（如 A、K、M、Z、E、H 分别表示 Al、Zr、Mn、Zn、RE 和 Th），其后的数字表示这两种合金元素的质量分数，最后的字母用来表示该合金成分经过微量调整。

（1）变形镁合金　变形镁合金是指主要采用变形的方法加工成形的镁合金。由于镁为密排六方结构，塑性变形能力低，所以变形镁合金主要通过 200~350℃ 热变形成形，如热挤压、热轧、锻造等。

M2M 和 ME20M 均属于 Mg-Mn 系镁合金，这类合金虽然强度较低，但具有良好的耐蚀性，焊接性良好，并且高温塑性较好，可进行轧制、挤压和锻造。M2M 主要用于制造承受外力不大，但要求焊接性和耐蚀性好的零件，如汽油和润滑油系统的附件。由于 ME20M 强度较高，其板材可制造飞机蒙皮、壁板及内部零件，其型材和管材可制造汽油和润滑油系统的耐蚀零件。

AZ40M、AZ41M、AZ60M 及 AZ80M 属于 Mg-Al-Zn 系合金，这类合金的强度高、铸造

及加工性能好，但耐蚀性较差。AZ40M 及 AZ41M 的焊接性较好，AZ61M 及 AZ80M 的焊接性稍差。AZ40M 主要用作形状复杂的锻件、模锻件及承受中等载荷的机械零件，AZ41M 主要用作飞机内部组件、壁板等。

ZK61M 具有很高的抗拉强度和屈服强度，常用来制造在室温下承受较大载荷的零件，如机翼、翼肋等，如用作高温下使用的零件，则使用温度不能超过 150℃。

(2) 铸造镁合金　铸造镁合金主要用作汽车零件、机件壳罩和电气构件等。

不含锆的铸造镁合金以 Mg-Al 系为主，包括 Mg-Al-Zn 系、Mg-Al-Mn 系、Mg-Al-Si 系等。大多数铸造镁合金的铝含量较变形镁合金的高，以提高其铸造性能。含锆铸造镁合金以 Mg-Zn 系和 Mg-RE-Zn 系为主，具有较高的强度和耐热性。在镁合金铸造成形方法中，砂型铸造是最成熟的工艺，但压铸镁合金的组织更细密，力学性能较高，铸件表面质量好，目前工业用镁合金铸件是通过压铸方法制造的 Mg-Al 系合金。近年来，半固态成形镁合金技术正不断地得到运用和发展，该技术将传统压铸工艺与注射成形工艺结合起来，进一步提高了铸件的性能和精度。

ZM1 的流动性较好，但热裂倾向大，不易焊接，抗拉强度和屈服强度高，耐蚀性较好，一般用作要求抗拉强度及屈服强度高、抗冲击的零件，如飞机轮毂、轮缘、隔框及支架等。

ZM2 的流动性好，不易产生热裂纹，焊接性能、高温性能及耐蚀性能好，但力学性能比 ZM1 的低，用作 200℃ 以下工作的发动机零件及要求屈服强度较高的零件，如发动机机座、蒸馏舱、电动机机壳等。

ZM3 的流动性稍差，形状复杂零件的热裂倾向较大，焊接性能、高温性能及耐蚀性能也较好，一般用作高温工作和要求高气密性的零件，如发动机增压机匣、扩散器壳体等。

ZM5 的流动性好，热裂倾向小，焊接性良好，力学性能较高，但耐蚀性较差，一般用作飞机、发动机、仪表及其他高负荷的零件，如机舱连接隔框、舱内隔框等。

模块小结

与钢铁材料相比，非铁金属具有某些特殊的物理和化学性能，广泛用于机械制造、航空、航海、化工、电器等部门，但非铁金属的冶炼工艺比较复杂、成本较高，所以使用量不如钢铁材料。

常用的非铁金属包括铝及铝合金、铜及铜合金、钛及钛合金、镁及镁合金等。

1) 工业纯铝经常代替贵重的铜合金制作导线，还可配制各种铝合金以及制作要求质轻、导热或耐大气腐蚀但强度要求不高的器具。

2) 纯铝的强度低，不适宜用作结构材料，在纯铝中加入硅、铜、镁、锰、锌等合金元素形成铝合金，可以显著提高强度。

3) 根据纯度的不同，可将工业纯铜分为 T1、T2 及 T3 三个代号。代号中的"T"为"铜"字的汉语拼音首字母，其后的数字表示序号，序号越大，纯度越低。

4) 铜合金分为黄铜、青铜和白铜三大类。在普通机械制造业中，应用较为广泛的是黄铜和青铜。

5) 钛及钛合金具有优良的综合性能，其密度小、质量轻、比强度高、耐高温、耐腐蚀、低温韧性良好，并有很好的低温冲击韧度，是一种理想的轻质结构材料，特别适于制造航天、航空、造船和化工工业中要求比强度高的零件。

6）镁及镁合金和铝及铝合金一样具有质轻的优点，有望成为又一种前景广阔的航天航空轻量化材料。

思考与练习

1. 什么是非铁金属？
2. 常用的非铁金属有哪几种？
3. 不同铝合金可通过哪些途径达到强化目的？
4. 何谓硅铝明？为什么硅铝明具有良好的铸造性能？
5. 铜合金分为哪几类？举例说明各类铜合金的牌号、性能特点及用途。
6. 说明钛合金的性能特点及用途。
7. 常用的钛合金有哪些？
8. 简述钛合金的热处理方法。
9. 简述镁合金的性能特点
10. 说出下列牌号及代号的含义：ZL203、H68、HPb59-1、QSn4-3、QBe2。

模块十一　其他合金

【任务描述】

滑动轴承和粉末冶金材料也是机械制造工业中常用的金属材料。本模块主要介绍滑动轴承和粉末冶金材料的分类、性能及用途。

【学习目标】

1）明确滑动轴承的工作条件。
2）掌握轴承合金的性能、牌号及用途。
3）了解粉末冶金材料的工艺方法。
4）明确粉末冶金材料的应用。
5）掌握常用硬质合金的牌号及用途。

内容一　滑动轴承合金

在滑动轴承中，用来制造轴瓦及其内衬的合金称为滑动轴承合金。

滑动轴承是用以支承轴进行工作的零件，其基本作用是保证轴的准确定位，在载荷作用下支承轴颈，使其不受损坏。与滚动轴承相比，滑动轴承具有承受压力面积大、工作平稳、无噪声、修理及更换方便等优点，所以在汽车、拖拉机、机床等行业中得到广泛应用。

一、滑动轴承合金的基础知识

1. 滑动轴承的工作条件

滑动轴承是由轴承体和轴瓦组成的，轴瓦可直接用耐磨合金制成，也可在钢背上浇注（或轧制）一层耐磨合金形成复合轴瓦。

轴在高速旋转时，轴瓦表面要承受轴颈的周期性交变载荷及冲击力的作用，且轴颈和轴瓦之间有剧烈的摩擦，使零件温度升高，引起体积膨胀，造成轴承和轴颈咬合而烧坏轴承。虽然工作时常注入润滑油进行液体润滑，但在机器起动、停机、承受冲击或重载和载荷变动时，还是常常出现边界润滑或半干摩状态，引起磨损。

2. 滑动轴承合金的性能要求

由于轴是设备中的重要零部件，制造困难，成本较高，不易更换，所以在磨损不可避免的情况下，应首先考虑使轴的磨损最小，然后再尽量提高轴承的耐磨性，以保证机器能够长期正常运转。因此，对于滑动轴承合金提出以下性能要求：

1）足够的强度和硬度，特别是抗压强度，以保证轴承能够承受轴颈所加的压力。
2）足够的塑性和韧性，较高的疲劳强度，以承受轴颈的交变载荷，并抵抗冲击和振动。
3）高的耐磨性和小的摩擦因数，以减小轴颈的磨损。
4）良好的导热性和耐蚀性，以利于热量的散失和抵抗润滑油的腐蚀，防止因热膨胀而造成轴承和轴颈咬合。

5) 良好的磨合性，使其与轴颈能较快地紧密配合。

6) 制造简便，价格低廉。

3. 滑动轴承合金的组织和结构要求

为了满足上述要求，轴瓦材料不能使用高硬度的金属，以免轴颈受到磨损；也不能使用软金属，防止轴承的承载能力过低。滑动轴承合金的组织和结构应具备以下特征：

1) 滑动轴承材料的组成基体采用由与钢铁互溶性小的元素组成的合金，如锡、铅、铝、铜、锌等的合金，这些合金元素对钢铁材料的粘着性和擦伤性小。

2) 滑动轴承材料应适量含有低熔点元素。当轴承与轴的接触点由于工作而产生高温时，熔化的低熔点元素会在摩擦力的作用下展平于摩擦表面，并形成塑性良好的润滑层，从而减少接触点处的压力和摩擦阻力。

4. 滑动轴承合金的组织类型

滑动轴承合金的理想组织形式是在软基体上分布有均匀硬质点，或在硬基体上分布有均匀软质点这两种组织类型。

（1）在软基体上分布有硬质点　在这类轴承合金中有13%～30%的颗粒状硬质点分布在软基体上，如图11-1所示。工作时硬的颗粒承受载荷，软的组织被磨损形成凹面，以利于润滑油的储存，这样可减少轴颈与轴承的摩擦，还可使轴和轴承间形成一层连续的油膜，保证理想的润滑条件和低的摩擦因数，以减小摩擦。由于这类组织的基体软，不仅其抗振动及抗冲击的能力较强，同时还具有良好的磨合性，能够保证机构的安全运行。但是，这类组织难以承受高的载荷，一般运转温度低于110℃。属于这类组织的合金有铅基和锡基滑动轴承合金，一般称为巴氏合金。

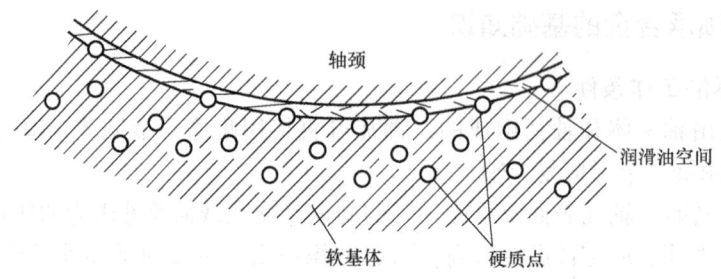

图11-1　滑动轴承合金的理想组织

（2）在硬基体上分布有软质点　这种轴承合金基体的硬度低于轴颈的硬度，但是比软基体硬，能承受较大的载荷。在这种组织的基体上分布着软质点，同样具有较低的摩擦因数，但其磨合性较差。

二、常用滑动轴承合金

常用滑动轴承合金按主要化学成分可分为锡基轴承合金、铅基轴承合金、铜基轴承合金、铝基轴承合金等。

轴承合金的牌号表示方法为"Z"（"铸"字的汉语拼音首字母）+基体元素符号+主加合金元素符号+主加元素的质量分数+辅加合金元素符号+辅加元素的质量分数。例如，ZSnSb11Cu6表示铸造锡基轴承合金，其中主加合金元素锑的质量分数为11%，辅加合金元素铜的质量分数为6%。

1. 锡基轴承合金（锡基巴氏合金）

锡基轴承合金是以锡为基础元素，加入锑、铜等元素组成的合金，又称为锡基巴氏合金，属于软基体硬质点类轴承合金材料。

锡基轴承合金的基体组织是锑溶于锡所形成的 α 固溶体，其硬度较低（24~30HBW）；硬质点是以化合物 SnSb 为基的 β 固溶体，其硬度较高（约为 110HBW），以及 Cu_3Sn、Cu_6Sn_5 等化合物。锡基轴承合金的显微组织如图 11-2 所示，图中暗色部分为 α 固溶体，作为软基体；白色方块为化合物 SnSb，白色针状或星状物为化合物 Cu_6Sn_5，作为硬质点。

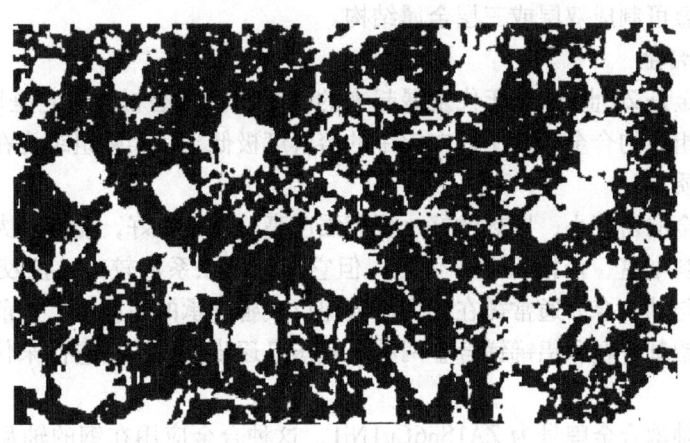

图 11-2　锡基轴承合金的显微组织

锡基轴承合金的主要优点是摩擦因数和膨胀系数小，塑性和导热性好，耐蚀性强，并具有良好的工艺性能；主要缺点是抗疲劳强度较差，且因锡元素较稀缺，故这种轴承合金的价格较高。

锡基轴承合金常用作重要的轴承，如高速蒸汽机、汽轮机、发动机、气压机等巨型机器的高速轴承。常用锡基、铅基轴承合金的牌号、化学成分、硬度及用途见表 11-1。

表 11-1　常用锡基和铅基轴承合金的牌号、化学成分、硬度及用途（摘自 GB/T 1174—1992）

组别	牌号	主要化学成分（质量分数,%）				硬度 HBW	用途
		Sn	Sb	Pb	Cu		
锡基	ZSnSb11Cu6	余量	10.0~12.0		5.5~6.5	27	高速汽轮机、涡轮机、内燃机轴承
	ZSnSb8Cu4	余量	7.0~8.0		3.0~4.0	24	一般大机械轴承及轴套
	ZSnSb4Cu4	余量	4.0~5.0		4.0~4.5	20	涡轮机及内燃机高速轴承及轴衬
铅基	ZPbSb16Sn16Cu2	15.0~17.0	15.0~17.0	余量	1.5~2.0	30	汽车、轮船、发动机等轻载荷高速轴承
	ZPbSb15Sn5	4.0~5.5	14.0~15.5	余量	0.5~1.0	20	轻载荷低速机械轴承、轴衬
	ZPbSb10Sn6	5.0~7.0	9.0~11.0	余量	≤0.7	18	高速低载汽车发动机轴承、机床轴承

2. 铅基轴承合金（铅基巴氏合金）

铅基轴承合金是以铅为基础元素，加入锡、锑、铜等元素组成的合金。这种合金也是软基体硬质点类型的轴承合金，它的软基体为共晶组织 α + β，硬质点是加入锡后形成的化合物 SnSb 及 Cu_2Sn。由于锡能大量溶于铅中而强化基体，故可提高铅基合金的强度和耐磨性。

铅基轴承合金的强度、硬度、韧性及导热性、耐蚀性均低于锡基轴承合金，且摩擦因数较大，不能承受大的压力。但铅基轴承合金的铸造性和耐磨性较好，且价格便宜，故常用于制造承受中、低载荷的中速轴承，如汽车及拖拉机的曲轴轴承、连杆轴承及电动机轴承。在可能的情况下，应尽量用其代替锡基轴承合金。

铅基轴承合金的牌号表示方法与锡基轴承合金相同。例如，ZPbSb16Sn16Cu2 表示铅为基体元素；锑为主加元素，其质量分数为16%；辅加元素锡的质量分数为16%、铜的质量分数为2%。铅基轴承合金的牌号、化学成分、硬度及用途见表11-1。

铅基轴承合金可制成双层或三层金属结构。

3. 铝基轴承合金

铝基轴承合金是20世纪60年代发展起来的一种新型减磨材料，它是以铝为基体元素、锡为主加元素所组成的合金。由于锡在铝中的溶解度极低，其实际组织为在硬的铝基体上分布着软的粒状锡质点。

铝基轴承合金的密度小、导热性好、疲劳强度高、耐蚀性好，能在较大的压力与速度下运行，并具有原料丰富、价格低廉等优点，但它的线膨胀系数较大，抗咬合性不如巴氏合金，运转时容易与轴咬合，通常需在其表面镀锡以改善轴承的适应性。目前使用较多的铝基轴承合金有高锡铝基合金和铝锑镁合金两种，我国已逐步推广使用它们来代替巴氏合金与铜基轴承合金。

常用的铝基轴承合金牌号为 ZAlSn6Cu1Ni1，这种合金应用在钢的轴瓦上挂衬。由于它与钢的粘结性较差，故需先将其与纯铝箔轧制成双金属板，然后再与钢一起轧制，最后形成由钢-铝-高锡铝基合金这三层所组成的轴承。目前，铝基轴承合金已在汽车、拖拉机及内燃机车上广泛使用。

4. 铜基轴承合金

常用的铜基轴承合金有铅青铜基轴承合金（ZCuPb30）、锡青铜基轴承合金（ZCuSn10P1 和 ZCuSn5Pb5Zn5）等。

铅青铜是以铅为基本合金元素的铜基合金，常用的牌号为 ZCuPb30。铅青铜中的硬基体是铜，由于铅几乎不溶于铜而成为软质点，均匀分布在铜基体中，形成了硬基体加软质点的组织，当铅被磨掉后形成的空洞能储存润滑油，从而降低了摩擦因数。铅青铜具有高的耐磨性、疲劳强度、导热性和低的摩擦因数，可以在很高的压力和速度下工作，也能在较高的温度（如250℃）下工作，故广泛用于制造在高速及高压下工作的轴承，如航空发动机、高速柴油机和其他高速机械的主要轴承，也适于制造中速、承受较大载荷的轴承，如电动机、发电机、起重机、减速机、机床等设备的轴承。

铅青铜本身的强度较低，因此常浇注在钢管或薄钢板上制成双金属轴承。由于铜和铅的密度相差悬殊，铅青铜容易产生比密度偏析。所以，在浇注前应充分搅拌，浇注后要快速冷却，这样才可获得颗粒细小而均匀的组织。

常用铜基轴承合金的牌号、化学成分、力学性能及用途见表11-2。

5. 粉末冶金减摩材料

用于轴承的粉末冶金材料包括铁-石墨及铜-石墨多孔含油轴承材料及金属塑料减摩材料。与巴氏合金及铜基合金相比，这类材料的减摩性好，寿命长，成本低，效率高，且自润滑性优良，其材料孔隙能储存润滑油，使其工作时具有长期的润滑性。该类材料已广泛用作农机、冶金矿山和纺织等机械中的轴承。

表 11-2 常用铜基轴承合金的牌号、化学成分、力学性能及用途（摘自 GB/T 1174—1992）

组别	牌号	主要化学成分（质量分数,%）			Cu	力学性能，不小于		用途
		Pb	Sn	其他		R_m/MPa	硬度 HBW	
铅青铜	ZCuPb30	27.0~33.0	≤1.0		余量		27	高速高压下工作的航空发动机、高压柴油机轴承
	ZCuPb20Sn5	18.0~23.0	4.0~6.0			150	24	高压力轴承，轧钢机轴承，机床及抽水机轴承
	ZCuPb15Sn8	13.0~17.0	7.0~9.0			200	20	冷轧机轴承、内燃机双金属轴瓦
锡青铜	ZCuSn10P1		9.0~11.5	P 0.5~1.0		310	30	高速高载荷柴油机轴承
	ZCuSn5Pb5Zn5	4.0~6.0	4.0~6.0	Zn 4.0~6.0		200	20	高速高载荷轴承

6. 其他轴承材料

除了上述轴承材料之外，还有锌基轴承合金以及充分利用不同材料的特性而制作的多层轴承合金（如将上述轴承合金与钢带轧制成的双金属轴承材料等）。还有非金属材料轴承，其所用材料为酚醛夹布胶木、塑料、橡胶等，它们主要用于不能采用润滑油而只能采用清水或其他液体润滑的轴承，如自来水深井泵中的滑动轴承。

内容二 粉末冶金材料

采用固体金属粉末经过压制、烧结等过程制造结构材料和零件的工艺方法称为粉末冶金法。在机械制造业中，采用粉末冶金法制造的产品主要有铁基结构零件、含油轴承、硬质合金等。

一、粉末冶金法的基础知识

1. 粉末冶金的工艺方法

粉末冶金法是制取具有特殊性能的金属材料的一种方法，其工艺过程一般包括以下几个工序：

（1）制粉 制粉前要进行物料准备，包括粉末的预先处理，如粉末加工、混合和干燥等。

（2）筛粉和混合 筛粉和混合的目的是使粉料中的各组分均匀化。

（3）压制成形 成形的目的是将松散的混合好的粉末通过压制或其他方法制成具有一定形状、尺寸和密度的型坯。

（4）烧结 烧结是粉末冶金的关键工序，成形后的压坯或坯块只有通过烧结，使孔隙减少或消除，才能得到组织致密、具有一定的物理性能和力学性能的烧结体。

（5）后处理 烧结后的粉末冶金制品有的可直接使用，有的根据需要还要进行后处理。后处理方法一般包括整形、切削加工、热处理、浸油等。

2. 粉末冶金法的特点

粉末冶金法具有以下特点：

（1）使材料具有特殊性能　粉末冶金材料具有传统熔铸工艺所无法获得的独特的化学成分、物理性能和力学性能，如材料的孔隙度可控，材料组织均匀、无宏观偏析（合金凝固后其截面上不同部位没有因液态合金宏观流动而造成的化学成分不均匀现象），可一次成形等。

（2）生产成本降低　粉末冶金法是一种少切削或无切削加工的方法，可减少切削加工用的设备，使材料利用率大为提高，生产成本降低。

（3）产品质量提高　粉末冶金法可使压制品达到或极接近于设计要求的零件形状、尺寸精度与表面粗糙度要求。

粉末冶金法的缺点是：由于受到压制设备大小及模具制造方法的限制，还只能生产尺寸较小及形状不太复杂的制件，烧结零件的韧性较差，生产效率不高。

二、机械制造业中常用的粉末冶金材料

1. 硬质合金

硬质合金是以碳化钨（WC）或碳化钨与碳化钛（TiC）、碳化钽（TaC）等高熔点、高硬度的碳化物为主要成分，并加入钴（或镍）作为粘结剂，通过粉末冶金法制得的一种粉末冶金材料。硬质合金主要用来制造高速切削刃具，以及某些不受冲击和振动的高耐磨零件（如冷作模具、量具等）。

（1）硬质合金的性能特点　硬质合金的性能特点主要体现在以下几个方面：

1）硬度高、热硬性高、耐磨性好。硬质合金具有高的硬度，在室温下的硬度可达到 86~93HRA；具有高的热硬性，在 900~1000℃ 温度下仍有较高的硬度，故硬质合金刃具在使用时，其切削速度可比高速钢提高 4~10 倍，其耐磨性及寿命均比高速钢提高 5~8 倍。

2）抗压强度高。硬质合金的抗压强度比高速钢高，可达 6000MPa；但抗弯强度较低，只有高速钢的 1/3~1/2；韧性差，为淬火钢的 30%~50%。

3）耐蚀性好。硬质合金在大气、酸、碱等介质中具有良好的耐蚀性及抗氧化性。

4）线膨胀系数小。

（2）常用的硬质合金　硬质合金按成分与性能特点可分为以下三类：

1）钨钴类硬质合金。它的主要成分为碳化钨及钴，其牌号用"YG+数字"表示，"Y"、"G"表示"硬"、"钴"两字的汉语拼音的字首，数字表示钴的质量分数。

2）钨钴钛类硬质合金。它的主要成分为碳化钨、碳化钛及钴。其牌号用"YT+数字"表示，数字表示碳化钛的质量分数。例如 YT5 表示碳化钛的质量分数为 5%，其余是碳化钨和钴的钨钴钛类硬质合金。

3）钨钛钽（铌）类硬质合金。这类硬质合金又称通用硬质合金或万能硬质合金，它是以碳化钽或碳化铌取代钨钴钛类硬质合金中的部分碳化钛。其成分由碳化钨、碳化钛、碳化钽（或碳化铌）和钴组成。这类硬质合金适用于切削各种钢材，特别对于不锈钢、耐热钢、高锰钢等难于加工的钢材，切削效果更好。其牌号用"YW"加顺序号表示。如 YW1 表示 1 号通用硬质合金。

（3）硬质合金的应用　硬质合金的硬度很高，脆性大，除了电加工（电火花、线切割等）及磨削加工外，不能用一般的切削加工方法成形，因此，冶金厂将其制成一定规格的刀片供应，使用前采用焊接、对接或机械固紧的方法将其固定在刀体或模具体上使用。硬质

合金主要用来制造高速切削及加工高硬度材料的刃具，也可用于制造某些冷作模具、量具及不受冲击、振动的高耐磨零件。

在硬质合金中，碳化物的含量越多，钴含量越少，则合金的硬度、热硬性及耐磨性越高，但强度及韧性越低。当含钴量相同时，YT 类硬质合金由于碳化钛的加入，具有较高的硬度与耐磨性。同时，由于在这类硬质合金表面会形成一层氧化钛薄膜，比 YG 类具有较高的热硬性。但其强度和韧性比 YG 类合金低。因此，YG 类合金适宜加工脆性材料（如铸铁等），而 YT 类合金则适宜于加工塑性材料（如钢等）。同一类合金中，含钴量较高者适宜制造粗加工刃具，含钴量较低者，则适宜制造精加工刃具。

常用硬质合金的牌号、化学成分和力学性能见表 11-3。

表 11-3 常用硬质合金的牌号、化学成分和力学性能

类别	牌号	化学成分（%）				力学性能		密度/（g/cm³）
		w_C	TiC	TaC	Co	硬度（HRA）	抗弯强度/MPa	
钨钴类	YG3X	96.5	—	<0.5	3	91.5	1100	15.0~15.3
	YG6	94	—		6	89.5	1450	14.6~15.0
	YG6X	93.5	—	<0.5	6	91	1400	14.6~15.0
	YG8	92	—		8	89	1500	14.5~14.9
	YG8C	92	—		8	88	1750	14.5~14.9
	YG11C	89	—		11	86.5	2100	14.0~14.4
	YG15	85	—		15	87	2100	13.9~14.2
	YG20C	80	—		20	82~84	2200	13.4~16.8
	YG6A	91	—	3	6	91.5	1400	14.6~15.0
	YG8A	91	—	<1.0	8	89.5	1500	14.5~14.9
钨钴钛类	YT5	85	5	—	10	89	1400	12.5~13.2
	YT15	79	15	—	6	91	1150	11.0~11.7
	YT30	66	30	—	4	92.5	900	9.3~9.7
通用类	YW1	84	6	4	6	91.5	1200	12.8~13.3
	YW2	82	6	4	8	90.5	1300	12.6~13.0

注：牌号中的"X"代表细颗粒合金，"C"代表粗颗粒合金，不加字母的为一般颗粒合金。"A"代表含有少量 TaC 的合金。

2. 含油轴承材料

含油轴承材料是一种多孔性的烧结减摩材料，它是将粉末冶金材料压制成轴承后，再浸在润滑油中，由于粉末冶金材料具有多孔性，在毛细现象作用下，可吸附大量润滑油（一般含油率为 12%~30%），故又称为含油轴承。工作时由于轴承发热，使金属粉末膨胀，孔隙容积缩小，再加上轴在旋转时带动轴承间隙中的空气层，降低了摩擦表面的压强，在粉末孔隙内外形成了一定的压力差，迫使润滑油流向工作表面；停止工作后，润滑油又会受到粉末孔隙内外压力差的作用而返回到孔隙中。故含油轴承有自动润滑的作用，一般用作中速、轻载荷轴承，特别适宜不能经常加油的轴承，如纺织机械、食品机械、家用电器（电风扇、电唱机）等的轴承，在汽车、拖拉机、机床中也有广泛的应用。

常用的含油轴承材料包括铁基和铜基两种类型：

（1）铁基含油轴承材料　常用的有 Fe-G（$w_G = 0.5\% \sim 3\%$）粉末合金和 Fe-S（$w_S = 0.5\% \sim 1\%$）—G（$w_G = 1\% \sim 2\%$）粉末合金。Fe-G 粉末合金的硬度为 30～110HBW，其组织是珠光体（>40%）+铁素体+渗碳体（<5%）+石墨+孔隙。Fe-S-G 粉末合金除了具有与前者相同的几种组织外，还有硫化物，其组织中的石墨、硫化物起固体润滑剂的作用，可进一步改善摩擦条件，其硬度为 35～70HBW。

（2）铜基含油轴承材料　常用的是由青铜粉末+石墨粉末制成的粉末合金，它具有较好的导热性、耐蚀性及抗咬合性，但其承压能力较铁基含油轴承的低。

3. 铁基结构材料

铁基结构材料是用碳钢或合金钢粉末作为主要材料，并采用粉末冶金方法制成金属材料或直接制成结构零件。用这类材料制造的结构零件的精度较高、表面光洁，不进行或只需进行少量的切削加工，可以节省材料，提高生产率，也可以采用热处理方法强化来提高耐磨性。同时，由于制品具有多孔性，可吸附润滑油，因此，可以改善摩擦条件，减少磨损，并有减振、消音的作用。铁基结构材料广泛用于机床、汽车、拖拉机等机械中零件的制作，如调整垫圈、调整环、偏心轮、液压泵齿轮、差速器齿轮、止推环、传动齿轮、活塞环等。

4. 烧结摩擦材料

摩擦材料广泛用作机械设备上的制动器、离合器等，如图 11-3 所示。它们都是利用摩擦片之间的摩擦力相互传递能量的，尤其是制动器在制动时，要将大量的动能转变成摩擦热，使摩擦表面的温度急剧升高（温度可达 1000℃ 左右），摩擦材料极易磨损。因此，对摩擦材料的性能要求如下：

1）足够的强度，以承受较高的工作压力及速度。
2）较好的耐磨性。
3）较大的摩擦因数。
4）良好的磨合性及抗咬合性。

通常摩擦材料由强度高、导热性好、熔点高的金属（如铁、铜）作为基体成分，并加入能提高摩擦因数的摩擦物质（如 Al_2O_3、SiO_2），以及能抗咬合、提高减摩性的润滑物质（如铅、锡、石墨等）制成粉末冶金材料。其中铜基烧结摩擦材料常用作汽车、拖拉机及锻压机床的离合器与制动器等；而铁基烧结摩擦材料多用作各种高速重载机器的制动器等。

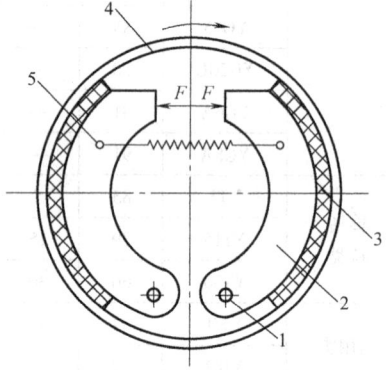

图 11-3　机械设备上的制动器
1—销轴　2—制动片　3—摩擦材料
4—被制动的旋转体　5—弹簧

长轴类、薄壳类及形状过于复杂的结构零件，则不适宜采用粉末冶金材料。

模块小结

本模块主要介绍了滑动轴承合金和粉末冶金材料。

1）在滑动轴承中用于制造轴瓦及内衬的合金称为滑动轴承合金。
2）滑动轴承合金的理想组织应是软基体上分布有均匀的硬质点或硬基体上分布有均匀的软质点这两种组织类型。

3）常用轴承合金有锡基轴承合金、铅基轴承合金、铝基轴承合金、铜基轴承合金等。

4）粉末冶金法是制取具有特殊性能金属材料的一种方法。

5）粉末冶金材料主要有硬质合金、含油轴承材料、铁基结构材料、烧结摩擦材料等。

思考与练习

1. 简述对滑动轴承的性能要求。
2. 简述滑动轴承材料的理想组织。
3. 简述滑动轴承的工作条件。
4. 常用滑动轴承合金有哪些？
5. 什么叫粉末冶金法？
6. 机械制造业中常用的粉末冶金材料有哪些？

第五单元　机械零件的选材

在机械制造过程中，除了一些标准件外，其他零件都会涉及材料的选择、加工工艺的制订和热处理工序的安排等问题。本单元主要讨论机械零件的失效与选材的关系以及选材的基本原则，并实际分析一些典型机械零件的选材及热处理工艺的制订等问题。

模块十二　零件的失效及选材原则

【任务描述】

任何一个机械零件，无论其质量有多高，都不可能无限期地永久使用，总有一天会因各种原因失效报废。本模块主要介绍机械零件的失效原因分析及选材的基本原则。

【学习目标】

1) 掌握零件失效的概念及失效的基本形式。
2) 明确机械零件的选材原则。

内容一　零件的失效分析

各种机械零件都具有一定的功能和寿命，达到或超过正常设计寿命的失效是不可避免的，但也有许多零件，在其运行寿命远低于设计寿命时即发生失效，给生产造成很大影响，甚至酿成重大安全事故。因此，必须对零件在使用中可能产生的失效形式及原因进行分析，为选材及后续加工的控制提供参考依据。

一、失效的概念及零件失效的判断

1. 失效的概念

失效是指零件在使用中由于某种原因，导致其形状、尺寸的改变或内部组织及性能的变化而失去原设计的功能。

零件的失效有达到预定寿命的正常失效，也有远低于预定寿命的不正常的早期失效。正常失效是比较安全的；早期失效，尤其是无明显预兆的早期失效危害最大，甚至会造成严重的人身和设备安全事故。

2. 零件失效的判断

判定一个机械零件失效与否，主要从以下几个方面进行考虑：

（1）零件已被完全破坏，不能继续工作　例如，钢丝绳在吊运中断裂；在交变载荷作用下的传动轴、齿轮、弹簧、叶片等的断裂；锅炉等压力容器的爆炸等。

（2）零件虽然仍能安全工作，但不能实现规定的功能　例如，模具磨损过大导致加工尺寸精度下降；散热器由于污垢堵塞使传热系数减小；齿轮在工作过程中磨损，不能正常啮

合及传递动力等。

（3）零件受到严重损伤，已不能安全工作　例如，安全阀在使用中失灵而失去安全作用；制动摩擦片严重磨损造成制动失灵；螺栓严重磨损造成松动而失去紧固作用等。

以上三种情况中只要有一种情况发生，即可认为零件已经失效。

二、常见的失效形式

根据零件损坏的特点与所受载荷类型的不同，可将零件失效的类型归纳为过量变形、断裂与表面损伤三种。一般机械零件常见的失效形式及失效机理见表 12-1。

表 12-1　零件失效形式及失效机理

类　　型	名　　称	失 效 机 理
过量变形失效	弹性变形失效	弹性变形
	塑性变形失效	塑性变形
	蠕变变形失效	弹性及塑性变形
断裂失效	韧性断裂失效	塑性变形
	低应力脆性断裂失效	断裂韧度
	疲劳断裂失效	疲劳
	蠕变断裂失效	蠕变断裂
	介质加速断裂失效	应力腐蚀
表面损伤失效	磨损失效	磨粒磨损、粘着磨损
	表面疲劳失效	疲劳
	腐蚀失效	氧化及电化学腐蚀

在选材之前，了解零件的失效形式，找出零件失效的原因，提出防止或推迟失效的措施，对于零件的合理选材显得尤为重要。不同的失效形式有不同的失效机理，可以通过失效分析来判断零件失效属于哪一种类型，失效的原因是什么，从而选取合适的材料，采用适当的加工工艺和热处理手段，使零件达到设计的技术要求。

1. 过量变形失效

过量变形失效是指零件在使用过程中，其整体或局部因外力作用而产生超过设计允许变形量的失效形式。它可以是弹性变形失效，也可以是塑性变形失效，另外还有因温度变化而引起的蠕变变形失效等。

（1）弹性变形失效　弹性变形失效常发生在长轴、杆件、薄壁板件或薄壁筒件上，主要是由于材料的刚性不足，使零件在受力过程中产生过量弹性变形或因弹性失稳而使零件失效。

（2）塑性变形失效　塑性变形失效多发生在零件的实际工作应力超过其屈服强度时，产生了过量的塑性变形而引起的失效。

（3）蠕变变形失效　蠕变变形失效是指在固定载荷作用下，随着时间的延长，变形不断增加，最终导致变形过大而引起的失效。

2. 断裂失效

断裂失效是零件最危险的失效形式，尤其是突然断裂，往往带来巨大的损失。所以，人们长期以来就非常重视对断裂失效的断口分析以及对断裂原因的研究。断裂失效包括以下几种形式：

（1）韧性断裂失效　韧性断裂失效是指材料在断裂前发生了明显的宏观塑性变形而引起的失效，它是金属材料破坏的主要方式之一，大多数发生在具有良好塑性的金属材料上。韧性断裂是一个缓慢的断裂过程，且比较容易被事先察觉。

（2）低应力脆性断裂失效　低应力脆性断裂失效与材料的冲击韧度和断裂韧度有关。这种失效在低温及冲击载荷作用下或在有缺陷的部位以及产生应力集中的零件上尤其容易发生。

（3）疲劳断裂失效　疲劳断裂失效多见于汽车发动机曲轴、齿轮、弹簧等零件的失效。这种失效事先并无征兆，常常突然发生断裂。据统计，在零件断裂失效中约有80%为疲劳断裂。

（4）介质加速断裂失效　介质加速断裂失效是由于零件在腐蚀性介质的环境下工作，同时受到应力和介质的腐蚀，从而造成断裂失效。例如，黄铜零件的应力腐蚀断裂就是在应力和腐蚀介质的联合作用下加速断裂的。

（5）蠕变断裂失效　蠕变断裂失效是蠕变变形失效的进一步发展。

3. 表面损伤失效

表面损伤失效是指零件在工作时，由于相对的机械摩擦或受环境介质的腐蚀，或在两者的联合作用下发生的失效。这种失效在零件的表面产生损伤或尺寸变化，主要包括以下三种形式：

（1）磨损失效　磨损失效是指相互接触的、具有相对运动的一对摩擦副零件，在接触表面不断发生损耗或产生塑性变形，使零件表面产生损伤或尺寸减小的失效形式。磨损是零件表面失效的重要原因之一，直接影响机器的使用寿命。

（2）表面疲劳失效　表面疲劳失效是指两个接触面做滚动时，在交变接触应力的作用下，材料的表面因疲劳而产生材料损失，如麻点、剥落等现象。齿轮副、凸轮副、滚动轴承的滚动体与座圈等都容易产生表面疲劳失效。要避免表面疲劳失效，就要对零件表面进行各种强化处理，如表面淬火、化学热处理及其他表面处理。

（3）腐蚀失效　腐蚀失效是指材料受环境介质的化学或电化学作用而产生的表面及其附近的损耗。

零件的失效形式与其具体的工作条件密不可分，同一个零件可能有几种不同的失效形式。例如轴类零件的轴颈处会因摩擦而发生磨损失效，在应力集中处则可能发生疲劳断裂；对于齿轮，当承载大、摩擦严重时常发生断齿或磨损失效，而当承载小、摩擦较大时，常发生麻点剥落失效。一般情况下，总是由一种形式起主导作用，很少以两种形式同时使零件失效。另外，这些失效形式可相互组合成为更复杂的失效形式，如腐蚀疲劳断裂、腐蚀磨损等。

三、零件失效的原因分析

失效分析的目的是寻找失效的原因，找出关键的因素，以便合理选择材料或寻求提高材料性能的途径。

引起零件失效的因素很多且较为复杂，涉及零件的结构设计、材料选择、材料的加工、产品的装配及使用保养等方面。

（1）设计不合理　零件的结构设计与失效之间关系密切。零件的尺寸、几何形状或结构不正确，如存在尖角或缺口、过渡圆角不合适等，设计中对零件的工作条件估计不全面，或者忽略了温度、介质等其他因素的影响，这些都会造成零件实际工作能力的不足。

（2）选材不合理　合理选择材料是保证零件安全工作的基础。设计中对零件失效的形式判断错误，使所选材料的性能不能满足工作条件的要求，或者选材时所依据的性能指标不能反映材料对实际失效形式的抗力，从而错误地选择了材料，造成零件的实际工作性能满足不了设计要求。另外，所用材料的冶金质量太差，如含有过量的夹杂物、杂质元素及成分不合格等，都容易使零件造成失效。

（3）加工工艺不当　零件在成形加工的过程中，由于采用的工艺不恰当，可能会产生种种缺陷。例如，热加工中产生的过热、过烧、脱碳、变形及开裂等；冷加工中常出现的较深刀痕、磨削裂纹等都会导致零件早期失效。

（4）安装使用不良　零件在装配和安装过程中不符合技术要求，安装时配合过松或过紧、对中不准、固定不稳等，都可能使零件不能正常工作，或工作不安全。

（5）使用维护不良　使用中不按照工艺规程正确操作和维修，或保养不善等，从而使零件在不正常的条件下运行，造成早期失效。

应该指出的是，零件失效的原因可能是单一的，也有可能是多种因素共同作用的结果，但每一失效事件均应有导致失效的主要原因，据此可提出防止失效的主要措施。机械零件失效的原因涉及零件的结构设计、材料的选用、加工制造、装配、使用维护等各个方面，而合理选用材料是从材料应用上去防止或延缓失效的发生。

内容二　零件选材的基本原则

机械零件的选材是一项十分重要的工作，特别是一台机器中关键零件的选材是否恰当，将直接影响到产品的使用性能、使用寿命及制造成本。选材不当可能会导致零件的完全失效，因此，设计人员在进行零件的选材时，应对该零件的服役条件、材料应具备的主要性能指标、加工工艺性及成本高低等进行全面分析，综合考虑。

选择合适的材料是设计和制造产品的必要条件，合理的选材标志是在满足零件工作要求的条件下最大限度地发挥材料潜力，提高性价比。选材的基本原则是材料在能满足零件使用性能的前提下，具有较好的工艺性和经济性。应根据本国资源情况，优先选择国产材料。机械零件材料的选择一般应遵循三个原则。

一、使用性能原则

1. 零件的使用性能

零件的使用性能主要是指零件在正常使用状态下应具有的力学性能、物理性能和化学性能。满足使用性能是零件安全可靠工作的基础，是保证零件的设计功能实现的必要条件，是选材的最主要原则。

不同用途的零件要求的使用性能是不同的，在选材时必须经过分析，分清材料性能要求的主次，首先满足主要性能，兼顾其他性能，并通过特定的工艺使零件具有良好的使用性能。对结构零件而言，其使用性能主要是以力学性能为主，物理性能和化学性能要求为辅；对功能元件而言，其使用性能则以各种功能特性为主，以力学性能、化学性能为辅。因此，选材时首要任务是准确判断零件所要求的某个（或某几个）使用性能，然后进行具体的选材工作。

2. 零件的工作条件

零件的工作条件是复杂的，由于零件的工作状况不同，选择材料的原则也不相同。

零件的工作条件主要包括：①受力情况（力的大小、种类、分布、残留应力及应力集中情况等），载荷性质（静载荷、冲击载荷、循环载荷等）；②温度（低温、常温、高温、变温等）；③环境介质（干爽、潮湿、腐蚀性介质等）；④摩擦润滑（干摩擦、滑动摩擦、滚动摩擦、有无润滑剂等）以及运转速度，有无振动等。

3. 零件的力学性能

材料各项力学性能指标可满足零件不同的使用要求，应从零件的工作条件和预期寿命中找出对材料力学性能的要求，在确定了零件的具体力学性能指标和数值以后，即可利用各种机械手册选材。

机械上几种常用零件的工作条件、失效形式及所要求的主要力学性能指标见表12-2。

表12-2　几种常用零件的工作条件、失效形式及所要求的主要力学性能指标

零件	工作条件			常见失效形式	主要力学性能指标
	应力类型	载荷性质	受载状态		
紧固螺栓	拉、剪切	静载		过量变形断裂	强度、塑性
传动轴	弯、扭	循环、冲击	轴颈摩擦、振动	疲劳断裂、过量变形、轴颈磨损	综合力学性能
传动齿轮	压、弯	循环、冲击	摩擦、振动	齿折断、磨损、疲劳断裂、表面疲劳磨损	表面高强度及疲劳强度，心部强度、韧性
滚动轴承	压	循环	摩擦	过度磨损、点蚀、表面疲劳磨损	抗压强度、疲劳强度
弹簧	扭、弯	交变、冲击	振动	弹性失稳、疲劳破坏	弹性极限、屈服比、疲劳强度
冷作模具	复杂应力	交变、冲击	强烈摩擦	磨损、脆断	硬度、足够的强度及韧性

二、工艺性能原则

1. 材料的主要工艺性能

材料的工艺性能表示材料加工的难易程度，包括铸造性能、锻造性能、焊接性能、切削加工性能及热处理性能。制造任何一个合格的机械零件都要经过一系列的加工过程，因此，工艺性能将直接影响零件的质量、生产效率和成本。在选材时，同使用性能相比较，材料的工艺性能一般处于次要地位。

金属材料能适应的加工方法有很多，且工艺性能良好，这也是金属材料广泛应用的原因之一。金属材料按加工方法不同，其工艺性能有以下几种：

（1）铸造性能　铸造性能常用流动性、收缩性等指标来综合评定，不同金属材料的铸造

性能不同。选材时,若毛坯是铸件,最好选用共晶或接近共晶成分的合金。铸铁的铸造性能优于铸钢;在铸铁中,灰铸铁的铸造性能最好;而铸造铝合金与铸造铜合金的铸造性能优于铸铁和铸钢。

(2) 锻造性能　锻造性能常用塑性和变形抗力来综合评定。塑性好、变形抗力小,则金属材料容易锻造成形,且加工质量好,不易产生缺陷。一般碳钢比合金钢的锻造性能好,低碳钢比高碳钢的锻造性能好,铜合金的可锻性较好而铝合金的较差。

(3) 焊接性能　焊接性能主要与材料中碳的质量分数有关。若毛坯采用焊接成形,则最适宜的材料是碳的质量分数小于0.4%的钢材,其焊缝质量好,且焊接工艺简单,不易产生裂纹、气孔等缺陷。低碳钢与低合金钢的焊接性良好,钢中碳与合金元素的含量越高,焊接性能越差。高碳高合金钢及铸铁的焊接性很差,一般不用作焊接结构件。

(4) 切削加工性能　对于要求有较高精度的零件,毛坯成形后还需要进行切削加工。切削加工性能常用最高允许切削速度、切削力大小、加工表面的粗糙度、断屑的难易程度和刀具磨损量来综合评定,这些因素将直接影响到零件表面的粗糙度和尺寸精度。一般金属材料的硬度在170~230HBW范围内时切削加工性能好,所以,非铁金属的切削加工性能好,而高强度钢、耐热钢、不锈钢的切削加工性能较差。

(5) 热处理性能　重要的零件都要进行热处理,选材时就要考虑材料的热处理性能。热处理性能对于可热处理强化的金属材料常用淬透性、淬硬性、变形开裂倾向、耐回火性和氧化脱碳倾向来综合评定。一般低碳钢的淬透性差,加热时易过热,淬火时易变形开裂;合金钢的淬透性好于碳钢,高碳钢的淬硬性好于低碳钢;合金钢在油中淬火的变形开裂倾向比碳钢在水中淬火的要小。

应该指出的是,在大多数情况下,工艺性原则是一个辅助原则,处于次要的从属地位。但在某些情况下,如大批量生产、使用性能要求不高、工艺方法高度自动化等条件下,工艺性原则将成为决定因素,处于主导地位。例如,受力不大但用量极大的普通标准紧固件(螺栓、螺钉、螺母等),采用自动机床大量生产,此时应选用易切削钢制造;再如发动机箱体,其使用性能要求不高,很多金属材料均能满足要求,但因其内腔结构形状复杂,宜采用铸件,故应采用铸造工艺性能良好的材料制造,如铸铁或铸造铝合金。

2. 典型零件的加工过程

金属材料的一般加工过程示意图如图12-1所示。

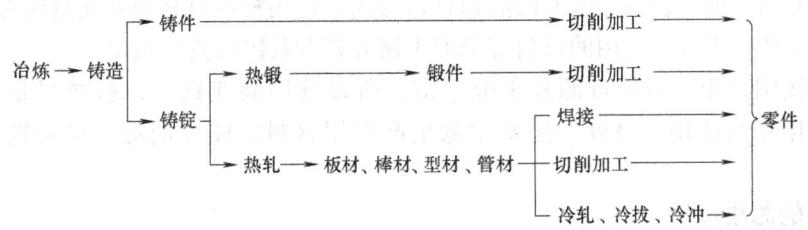

图12-1　金属材料的一般加工过程示意图

根据零件的重要性不同,其加工路线大致可分为以下三类:

1) 性能要求不高的一般零件的加工路线为:毛坯→正火或退火→切削加工→零件。采用这种加工路线的零件多用普通的铸铁和碳钢制造,它们的工艺性能较好。

2）性能要求较高的零件的加工路线为：毛坯→预备热处理（正火或退火）→粗加工→最终热处理（淬火、回火，固溶时效或渗碳等）→精加工→零件。采用这种加工路线的零件多是采用合金钢、高强铝合金制造的轴、齿轮等零件，它们的工艺性能比较复杂。采用预备热处理是为了改善零件的切削加工性能，为最终热处理做好准备。

3）性能要求较高的精密零件的加工路线为：毛坯→预备热处理（正火或退火）→粗加工→最终热处理（淬火、低温回火，固溶时效或渗碳等）→半精加工→稳定化处理或氮化→精加工→稳定化处理→零件。

三、经济性原则

除了使用性能与工艺性能外，材料的经济性也是选材的根本原则。

经济性原则是指所选用材料加工成零件后应能做到价格便宜、成本低廉和最佳的技术经济效益。质优、价廉、加工方便、总成本低、寿命高，是保证产品具有竞争力的重要条件，这就要求选材时正确处理产品的技术性与经济性（即功能与成本）两者之间的关系。在选择材料和制订相应的加工工艺时，应考虑选材的经济性原则，这一点对于适应经济全球化的形势，对量大而广的民用产品的开发与应用，显得尤为重要。

选材的经济性不单是指选用的材料本身价格应低，更重要的是采用所选材料来制造零件时，可使产品的总成本降至最低，同时所选材料应符合国家的资源情况和供应情况等。

1. 材料的价格

不同材料的价格差异很大，而且在不断变动，因此选材时应对材料的市场价格有所了解，以便于核算产品的制造成本。

采用价格低廉的材料，把总成本控制至最低，取得最大的经济效益，使产品在市场上具有竞争力，始终是零件设计的重要任务之一。通常能用碳素钢的，不用合金钢；能用硅锰钢的，不用铬镍钢。

材料的成本为直接成本，在产品的总成本中占有相当的分量。在以强度为主要指标进行选材时，常常根据强度和成本来比较材料。例如，轿车零件选材时，要求质量轻、强度高，可根据材料的比强度（强度/密度）来比较候选材料。在满足使用要求的前提下，尽量选用成本低的材料，并把必须使用的贵重金属材料减少到最低限度。

2. 国家的资源状况

随着工业的发展，资源和能源的问题日益突出，选用材料时必须对此有所考虑，特别是对于大批量生产的零件，所用的材料应来源丰富并符合我国的资源状况。

例如，我国缺钼，但钨资源却十分丰富，所以选用高速钢时，就要尽量多选用钨高速钢，而少用钼高速钢。另外，还要注意生产所用材料的能源消耗，尽量选用耗能低的材料。

3. 零件的总成本

在满足零件使用性能的前提下，选材时应考虑尽量降低零件的总成本。零件的总成本与零件的寿命、质量、加工费用、维修费用和材料价格有关。例如，模具零件选材时，若加工零件的批量很小，选择价格低廉的材料可使总成本降低；但加工零件的批量很大时，应选择价格高的高性能材料，保证模具的寿命，反而可使总成本降低。一些机器零件失效不会造成设备事故，且拆装及更换维修方便，应选价格低廉的材料；而有些机器零件（如发动机上的曲轴）一旦失效将造成整台机器的损坏事故，一定要选价格较高的材料并进行高质量的加工，这样产品的总成本才能降低。因此，选材时应根据各种资料，对生产零件的总成本进行分析，使总成本降至最低，以便选材和设计等工作做得更合理。

材料的选择是一个比较复杂的决策问题，目前还没有一种确定选材最佳方案的精确方法。需要选材时，必须熟悉零件的工作条件和失效形式，通过具体分析，进行必要的试验和选材方案对比，最后确定合理的选材方案。对于成熟产品中相同类型的零件、通用和简单零件，则大多数采用经验类比法来选择材料。另外，零件的选择一般需借助国家标准、国际标准和有关手册。

内容三 零件选材的方法与步骤

零件的工作条件差别较大，往往受力复杂，因此选择零件材料时，应先找出主要的性能要求作为选材的依据，主要性能考虑之后再关注次要性能。

一、零件选材的基本方法

零件选材的基本方法应视零件的具体服役条件而定，如果是新设计的关键零件，通常应先进行必要的力学性能试验；如果是一般的常用零件（如轴类零件或齿轮等），可以参考同类型产品中零件的有关资料和国内外失效分析报告，根据零件的具体工作条件，找出其最主要的性能要求，以此作为选材的主要依据。

1. 以力学性能为主时的选材

（1）以综合力学性能为主时的选材 若零件在工作时承受冲击力和循环载荷，其失效形式主要是过量的变形与疲劳断裂，要求材料具有较高的强度、疲劳强度、塑性和韧性，即要求材料具有较好的综合力学性能。例如，连杆、锻锤杆、气缸螺栓等零件，其截面上受均匀循环应力及多次冲击力作用，这类零件要求整个截面淬透，其综合力学性能要好，选材时应综合考虑淬透性与尺寸效应，一般可选用调质或正火状态的碳钢、调质钢或渗碳合金钢，以及正火或等温淬火状态的球墨铸铁来制造。

（2）以疲劳强度为主时的选材 疲劳破坏是零件在交变应力作用下最常见的破坏形式，如发动机曲轴、齿轮、弹簧及滚动轴承等零件的失效，大多数是由疲劳破坏引起的。因此，在选择这类零件的材料时，应主要考虑疲劳强度。

通常认为应力集中是导致疲劳破坏的重要原因。实践证明，材料的强度越高，疲劳强度也越高；在强度相同的条件下，调质后的组织比退火、正火后的组织具有更高的塑性和韧性，且对应力集中敏感性小，具有较高的疲劳强度。因此，对于承受载荷较大的零件应选用淬透性较高的材料，以便通过调质处理，提高零件的疲劳强度。此外，改善零件的结构形状，避免应力集中，降低零件表面的粗糙度值和采取表面强化处理等方法，可以提高零件的疲劳强度。

2. 以磨损为主时的选材

根据零件的工作条件不同，以磨损为主的选材可分为以下两种情况：

（1）受力较小、磨损较大的零件 受力较小、磨损较大的零件以及各种量具、钻套、顶尖、刀具等，其主要失效形式是磨损，故要求材料具有高的耐磨性。这类零件应选用高碳钢或高碳合金钢，进行淬火和低温回火处理，以获得高硬度的回火马氏体和碳化物组织，满足零件的使用要求。

（2）要求外硬而内韧的零件　对同时受交变载荷和冲击载荷作用，并且要求耐磨的零件，其主要失效形式是磨损、过量变形与疲劳断裂，要求材料表面具有高的耐磨性而心部应有一定的综合力学性能。这类零件应选用能进行表面淬火、渗碳或渗氮的钢材，经热处理后使零件"外硬而内韧"，既耐磨又能承受冲击。例如，机床中的齿轮和主轴广泛选用中碳钢或中碳合金钢，经正火或调质后再进行表面淬火处理，可获得较高的表面硬度和较好的心部韧性等综合力学性能；对于承受大冲击载荷和要求耐磨性高的汽车及拖拉机变速齿轮，必须选用低碳合金钢，经渗碳、淬火和低温回火处理，使表面形成具有高硬度的高碳合金马氏体和碳化物组织，具有高的耐磨性，而心部是低碳合金马氏体组织，具有一定的强度、良好的塑性和韧性，能承受较大冲击载荷的作用，可满足使用性能要求。

二、零件选材的步骤

零件材料的合理选择通常是按以下步骤进行的：

1）在分析零件的工作条件、失效形式及形状尺寸后，确定零件的使用性能和工艺性能。一般主要考虑材料的力学性能，特殊情况下还应考虑物理和化学性能。

2）对同类产品的用材情况进行调查研究，从其使用性能、原材料供应和加工等各个方面进行分析，判断其选材是否合理，以此作为选材时的参考。

3）结合同类零件的失效分析结果，通过力学计算或试验等方法，确定零件在实际使用中应具有的主要性能指标及零件的技术条件，特别是关键性能指标。

4）通过比较选择合适的材料，综合考虑所选材料是否满足零件的使用性能和工艺性能要求，以及能否适应先进工艺和组织现代化生产。

5）确定热处理方法或其他强化方法。

6）审核所选材料的经济性（包括材料费、加工费和使用寿命等）。

7）对关键性零件投产前应对所选材料进行试验，以验证所选材料与热处理方法能否达到各项性能指标要求，冷热加工有无困难。当试验结果合格后，可小批量投产。

上述选材步骤只是一般过程，对于某些重要零件的选材如有同类产品可供参考，则可不必试制而直接投产。而对于不重要的零件或某些单件、小批量生产的非标准零件，以及维修中所用的材料，若对材料选用和热处理都有成熟资料和经验时，可不进行试验和试制。

三、零件选材中的注意事项

零件选材通常遵循选材的基本原则，一般认为在正常工作条件下，该零件运行应该是安全可靠，生产成本也应该是经济合理的。但是，由于有许多没有估计到的因素会影响到材料的性能和零件的使用寿命，甚至也影响到该零件生产及运行的经济效益，因此，零件选材时还必须注意以下一些问题。

1. 零件的实际工作情况

实际使用的材料不可能绝对纯净，大都存在或多或少的夹杂物及各种不同类型的冶金缺陷，它们的存在都会对材料的性能产生各种不同程度的影响。

另外，材料的性能指标是通过试验来测定的，而试验中的试样与实际工作中的零件无论是在材料类别、形状尺寸，还是在受力状况、服役条件等方面都存在差异，因此，从试验中测出的数值与实际工作的零件可能会不一样。所以，材料的性能指标只有通过与工作条件相似的模拟试验才能最终确定。

2. 材料的尺寸效应

用相同材料制成的尺寸大小不同的零件，其力学性能会有一些差异，这种现象称为材料的尺寸效应。例如钢材，由于尺寸大的零件淬硬深度小，尺寸小的零件淬硬深度大，从而使得零件淬火后在整个截面上获得的组织不均匀一致。淬透性低的钢其尺寸效应更为明显。

另外，尺寸效应还会影响钢材淬火后获得的表面硬度。在其他条件一样时，随着零件尺寸的增大，淬火后零件获得的表面硬度会降低。

同样，尺寸效应现象在铸铁件以及其他一些材料中也同样存在，只是程度不同而已。因此，零件选材时，特别是在零件尺寸较大的情况下，必须考虑尺寸效应的影响而适当加以调整。

3. 材料力学性能之间的合理配合

由于硬度值是材料的一个非常重要的性能指标，且测定简便而迅速，又不破坏零件，此外材料的硬度与其他力学性能指标存在或多或少的联系，因此，大多数零件在图样上标注的技术性能指标都是其硬度值。

材料硬度值的合理选择应综合考虑零件的工作条件及结构特点。例如，对于强烈摩擦的零件，为了提高其耐磨性，应选择高硬度材料；为了保证零件具有足够的塑性和韧性，应选择较低的硬度值；而对于相互摩擦的配合零件，应使两零件的硬度值合理匹配，如轴的硬度一般比轴瓦高几个 HRC。

强度的高低反映材料承载能力的大小，通常机械零件都是在弹性范围内工作的，因此零件的强度设计都是以屈服强度为原始数据，再以安全系数加以修正，从而保证零件的安全使用。但是，这种安全也不是绝对的，实际工作的零件有时在许用应力以下也会发生脆断，或因短时过载而断裂。这种情况下不能只片面提高强度指标，因为钢材强度提高后，其塑性和韧性指标一般会呈下降趋势。当材料的塑性、韧性很低时，容易造成零件的脆性断裂，所以必须采取一定的措施，在提高材料强度的同时，保证其有相当的塑性和韧性。

塑性及韧性指标一般不用于材料的设计计算，但它们对零件的工作性能同样有很大的影响。一定的塑性能有效地提高零件工作的安全性，当零件短时过载时，能通过材料的局部塑性变形削弱应力峰，产生加工硬化，提高零件的强度，从而增加其抗过载的能力；一定的韧性能保证零件承受冲击载荷及有效防止低应力脆断的危险。但也不能因此而片面追求材料的高塑性和韧性，因为塑性和韧性的提高必然是以牺牲材料的硬度和强度为代价，反而会降低材料的承载能力和耐磨性，故应根据实际情况，合理调配这些性能指标。

模块小结

零件在工作过程中最终都要发生失效，对于特定的机械零件，依据不同的失效形式，在进行比较深入的分析以后，应能正确合理地选用材料。

1) 零件失效的形式主要有过量变形失效、断裂失效及表面损伤失效。
2) 零件失效的原因主要是设计不合理、选材不合理、加工工艺不当、安装使用不良及使用维护不良。

3）选择零件材料应遵循的原则是使用性能原则、工艺性能原则和经济性原则。

4）零件选材的具体方法应视零件的服役条件而定，主要考虑力学性能和磨损。

思考与练习

1. 什么叫零件的失效？如何判断零件失效？
2. 简述零件失效的原因。
3. 合理选材的一般原则是什么？

模块十三　典型机械零件的选材

【任务描述】

每种金属材料都具有自己的特点和最适合的用途。机械零件的选材对零件的使用性能、制造方法及寿命长短具有直接的影响。本模块主要介绍零件毛坯的选择、典型机械零件的选材方法及热处理工序的合理安排。

【学习目标】

1) 了解零件的选材方法与步骤。
2) 掌握典型机械零件的选材方法、热处理方法及加工路线。

内容一　零件毛坯的选择

一、零件毛坯的类型

1. 铸件

铸造成形是制造毛坯或零件的一种重要的工艺方法，它的适用性很广。铸铁、铸钢、非铁金属均可采用铸造成形方法。铸造不受零件尺寸、形状和质量的限制，铸件毛坯与零件的形状相近、尺寸接近，因而切削加工量少，材料的利用率高，成本低。但铸件的组织粗大，力学性能较差。

铸造主要用于脆性材料的成形，铸件主要用作形状复杂的零件或毛坯。灰铸铁件主要用作受力不大或以承受压应力为主的零件，或者用于要求减振、耐磨的零件；球墨铸铁件可用作受力较大的零件；铸钢件则用作承受重载而形状复杂的大中型零件或毛坯。

2. 锻件

锻件是在固态下经塑性变形成形的，要求原材料塑性好，变形抗力小，因此，锻件一般采用低碳钢、中碳钢和合金结构钢制造。锻件的组织致密，晶粒细小，力学性能好，一般优于相同成分铸件的力学性能。锻造后零件内部具有连续的流线组织，可提高锻件的使用性能和使用寿命。但锻件的形状较铸件简单，而且材料利用率低，生产成本高。因此，锻件一般用作承受重载荷、动载荷及复杂载荷的重要零件毛坯。

3. 型材

型材经轧制、拉拔、挤压等方法成形。常用的型材根据其截面的形状不同分为圆形、方形、六角形及特殊截面型材等。

4. 冲压件

冲压件经冷塑性变形成形，要求材料的塑性好，变形抗力小，一般采用低碳钢及非铁金属薄板制造。冲压件结构轻，刚度好，形状可以比较复杂，但冲模的制造成本高，冲压件一般适宜于大批量生产，批量越大，成本越低。

5. 焊接件

焊接件是利用金属的熔化或原子的扩散作用形成永久性的连接，常采用低碳钢、低合金高强度结构钢、不锈钢及铝合金等制造焊接件。焊接件的形状和尺寸不受限制，材料利用率高，生产准备周期短，主要用于各种金属结构，也少量用于零件毛坯及修复旧零件。

二、零件毛坯的选择原则

1. 使用性能原则

选择毛坯时，首先应根据零件的使用情况提出具体性能要求，然后结合零件结构形状等因素，选定合适的零件材料与加工方法。

（1）工作条件　包括受力大小、受力类型、应力分布状况、环境介质、工作温度等。

（2）失效形式　分析或调查失效形式，找出失效原因，提出主要性能要求。

（3）寿命期限、可靠性因素　对于要求寿命长、可靠性高的零件，要求使用性能高、安全系数大。

2. 工艺适应性原则

材料的工艺性能直接影响毛坯的质量、生产方法和成本，选择毛坯时必须考虑材料因素。例如，零件材料为铸铁时，应选择铸件毛坯；零件材料为钢时，应选择锻件、型材或焊接件毛坯。工艺性能主要包括以下几个方面：

（1）铸造性能　常用材料中，铸铁的铸造性能优于铸钢。

（2）锻压性能　常用材料中，低碳钢的锻造性能优于高碳钢；低合金钢的锻造性能优于高合金钢；铸铁不能锻造成形。

（3）焊接性能　常用材料中，低碳钢、低合金高强度结构钢的焊接性能较好，而中碳钢、高碳钢及中、高合金钢的焊接性能较差。

3. 经济性原则

毛坯总成本的计算要全面考虑其生产过程，综合考虑设计试验费、材料费、毛坯加工费、切削加工费、使用维修费、管理费等。在实际生产中，选用毛坯时主要考虑以下因素：

1）考虑生产类型。

2）考虑毛坯的精度与机械加工费用的关系。

4. 生产现实的可行性

选择毛坯生产方法应和企业的实际生产条件相适应，尽量使用先进设备及先进加工方法。对于本单位无法生产或不宜生产的毛坯，可考虑外协加工或外购毛坯。

三、零件毛坯选择的主要依据

1. 力学性能

受力复杂，强度、韧性要求高的重要零件（如很多轴类、齿轮、连杆零件、大多数模具等）通常选择锻造毛坯，不宜采用铸造及焊接等的毛坯。

2. 零件的形状、尺寸和质量

复杂（特别是具有复杂内腔）的零件多选铸造毛坯；大型零件只能选用铸造、自由锻造、焊接或组合件毛坯；轴径差别小、受力简单的轴类可直接用型材下料。若产品为铸件毛坯，尺寸精度要求不高，可选用砂型铸造；尺寸要求高的则根据批量、材料等选用熔模铸造、压力铸造、低压铸造等。

3. 零件材料

一般材料确定以后,零件的毛坯就大致确定。例如,铸铁只能选用铸造毛坯;板材零件大都选择冲压毛坯。

4. 生产批量

生产批量大时,应选用精度高、生产率高的方法制造毛坯,通过产品精度及数量分摊设备工装的成本;批量小时,适合选用精度低、生产率低的方法制造毛坯。

除此之外,还需考虑企业的设备、人员、技术、管理等具体条件。企业也应关注新材料、新工艺和新技术,综合考虑零件材料及毛坯的选择。

四、典型零件毛坯的选择

1. 轴类零件

大多数轴类零件都选用圆钢,采用锻件毛坯。小尺寸的轴杆,其截面变化不大时,可选用型材作毛坯。异形截面或有弯曲轴线的轴(例如凸轮轴、曲轴)可采用锻件或球墨铸铁件毛坯。大型、重型或复杂轴类(例如水压机立柱)可采用锻-焊或铸-焊方法制造毛坯。

2. 齿轮类零件

齿轮类零件的毛坯生产方法主要是锻造成形;形状简单或小型齿轮可采用轧材(圆钢)经切削加工而成;大批生产时可用热轧齿轮;大直径、形状复杂、强度要求高的齿轮可用铸钢件;受力不大、无冲击的低速齿轮可用铸铁件。

3. 箱座类零件

箱座类零件的毛坯一般采用铸铁件;受力较大、受力复杂的零件毛坯可采用铸钢件。要求质轻的、受力一般的箱体或支架类零件毛坯可采用铝合金铸件;单件生产或工期短时可采用钢材焊接而成。

内容二 典型零件的选材及工艺

金属材料具有极优良的综合力学性能和某些物理和化学性能,因此广泛用于制造各种重要的机械零件和工程结构,目前仍是机械工程中最主要的结构材料。因为金属材料的性能与热处理有着非常紧密的联系,如果材料选择正确,而没有适当的热处理工艺相配合,零件的性能也不可能达到理想的要求。下面介绍几种典型钢制零件的选材及热处理实例。

一、轴类零件

轴是机器中的重要零件之一,用来支承旋转的机械零件,如齿轮、带轮等。轴与轴上的零件组合成传动部件并传递运动和动力。根据承受载荷的不同,轴可分为转轴、传动轴和心轴三种类型,如机床的主轴与丝杠、发动机曲轴、汽车后桥半轴、汽轮机转子轴及仪器仪表的轴等。

1. 轴的工作条件、失效形式及性能要求

(1) 轴类零件的工作条件

1) 轴在工作时主要受交变应力和扭转应力的复合作用。

2) 轴与轴上零件有相对运动,相互间存在摩擦和磨损。

3) 轴在高速运转过程中会产生振动,使轴承受冲击载荷。

4）多数轴会承受一定的过载载荷。

(2) 轴类零件的失效方式

1）长期交变载荷作用下的疲劳断裂（包括扭转疲劳和弯曲疲劳断裂）。

2）偶然过载或冲击载荷作用引起的过量变形、断裂。

3）与其他零件相对运动时产生的表面过度磨损，轴颈被埋嵌在轴承中的硬粒子磨损等。

(3) 轴类零件的性能要求

1）综合力学性能好，即足够的强度、塑性和一定的韧性，以防过载断裂、冲击断裂。

2）高的疲劳强度，对应力集中敏感性低，以防疲劳断裂。

3）足够的淬透性，热处理后表面要有高的硬度和耐磨性，以防磨损失效。

4）良好的切削加工性能，价格便宜。

2. 常用轴类零件的材料及热处理

轴类零件（尤其是重要的轴）几乎都选用金属材料，其中钢铁材料最为常见。根据轴的种类、工作条件、精度要求及轴的类型等不同，可选择的轴类材料主要有以下几种：

(1) 锻钢　锻造成形的优质中碳钢或中碳合金调质钢是轴类材料的主体，如 35 钢、40 钢、45 钢、50 钢（其中以 45 钢最为常见）等，经正火或调质 + 局部表面淬火热处理改善性能。碳钢具有较高的综合力学性能，且价格低廉，故应用广泛。对于受力不大或不重要的轴类零件，为了进一步降低成本，也可采用普通碳素结构钢制造；对于受力较大、尺寸较大、形状复杂的重要轴类零件，可选用综合力学性能更好的合金调质钢来制造，如 40Cr、40MnVB 等，采用调质 + 局部表面淬火热处理；对于精度要求极高的轴要采用专用氮化钢（如 38CrMoAlA）制造，经渗氮后使用。中碳钢轴类零件的热处理一般采用正火或调质，以保证轴的综合力学性能（强韧性），然后对易磨损的相对运动部位进行表面强化处理（表面淬火、渗氮或表面滚压、形变强化等）。

考虑到轴的具体工作条件和性能要求不同，少数情况下还可选用低碳钢或高碳钢来制造轴类零件。如当轴受到强烈冲击载荷作用时，宜用低碳钢（如 20Cr、20CrMnTi）经渗碳制造；而当轴所受冲击作用较小而相对运动部位要求更高的耐磨性时，则宜选用高碳钢制造（如 GCr15、9Mn2V 等）。

(2) 铸钢　对于形状极为复杂或尺寸较大的轴，可采用铸钢制造，如 ZG230-450。应该注意的是，铸钢轴比锻钢轴的综合力学性能（主要是韧性）要低一些。

(3) 铸铁　近几十年来，球墨铸铁（如 QT700-2）和高强度灰铸铁（如 HT300、KTZ 550-06 等）被越来越多地用于代替钢作为轴（尤其是曲轴）的材料。

与钢轴相比，铸铁轴的刚度和耐磨性不低，且具有缺口敏感性低、减振减摩、切削加工性好及生产成本低等优点，选材时应值得重视。

3. 典型轴的选材及工艺分析

(1) 机床主轴　图 13-1 所示为 C6132 型卧式车床的主轴简图。

1）机床主轴的工作条件。该主轴在工作时承受弯曲和扭转应力的作用，但承受的应力和冲击力不大，转速不高且运转较平稳，即工作条件较好。轴的锥孔和外圆锥面在工作时与顶尖和卡盘有相对摩擦，花键部位与齿轮有相对滑动，故要求这些部位应有较高的硬度和耐磨性。

2）机床主轴的材料及热处理。根据以上工作条件分析，机床主轴选用 45 钢制造，整

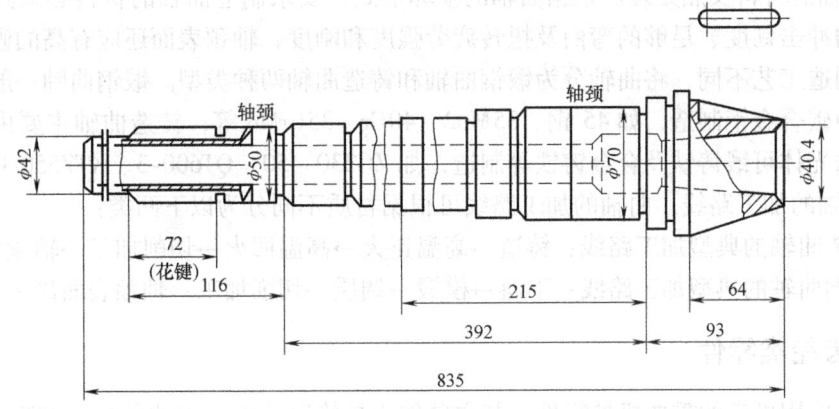

图 13-1　C6132 型卧式车床的主轴简图（其他参数略）

体调质，硬度为 220~250HBW。该主轴在滚动轴承中运转，轴颈处硬度要求为 220~250HBW；锥孔、外圆锥面要求局部淬火，硬度为 45~50HRC；花键部位要求高频感应加热表面淬火，硬度为 48~53HRC。45 钢虽然属于淬透性较差的钢种，但由于主轴工作时最大应力分布在表层，同时主轴在设计时往往因刚度与结构的需要已加粗轴颈，提高了安全系数，且轴的形状较简单，在调质淬火时一般不会有开裂的危险，因此不必选择合金调质钢。

3）机床主轴的加工路线。C6132 车床主轴的加工路线为：下料→锻造→正火→粗加工→调质→半精加工（花键除外）→局部淬火+低温回火（锥孔、外圆锥面）→粗磨（外圆、外圆锥面、锥孔）→铣花键→花键处高频感应加热表面淬火+低温回火→精磨（外圆、外圆锥面、锥孔）。

（2）内燃机曲轴　曲轴是另外一种类型的轴类零件，是内燃机中形状复杂而又重要的零件之一，其作用是输出内燃机功率，并驱动内燃机内的其他运动机构。

图 13-2 所示为 175A 型农用柴油机的曲轴简图。

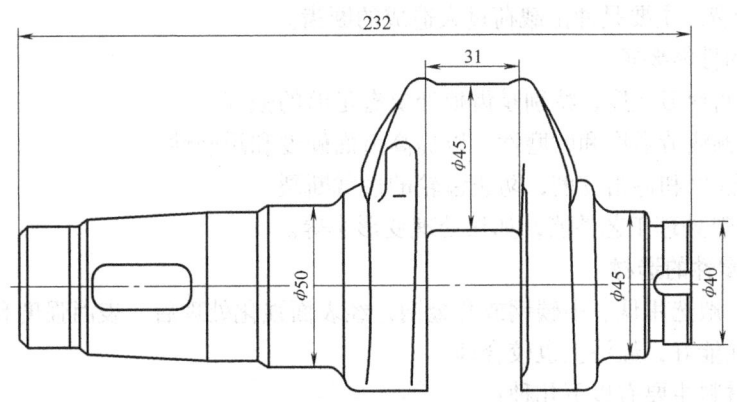

图 13-2　175A 型农用柴油机曲轴简图

1）曲轴的工作条件。曲轴在工作中受到更加复杂的力的作用，包括弯曲、扭转、剪切、拉压、冲击等交变应力，从而可能造成曲轴的扭转和弯曲振动，使之产生附加应力，所以应力分布很不均匀；另外，曲轴颈与轴承之间还会发生滑动摩擦。因此，曲轴的失效形式主要是疲劳断裂和轴颈严重磨损这两种形式。

2）曲轴的材料及热处理。根据曲轴的损坏形式，要求制造曲轴的材料必须具有高的强度、一定的冲击韧度、足够的弯曲及扭转疲劳强度和刚度，轴颈表面还应有高的硬度和耐磨性。按照制造工艺不同，将曲轴分为锻钢曲轴和铸造曲轴两种类型。锻钢曲轴一般采用优质中碳钢和中碳合金钢制造，如45钢、35Mn2、40Cr、35CrMo等；铸造曲轴主要由铸钢、球墨铸铁、珠光体可锻铸铁及合金铸铁等制造，如ZG230-450、QT600-3、KTZ550-04等。

3）曲轴的加工路线。曲轴的加工路线可根据材质不同分为以下两类：

① 铸造曲轴的典型加工路线：铸造→高温正火→高温回火→切削加工→轴颈气体渗碳。

② 锻钢曲轴的典型加工路线：下料→模锻→调质→切削加工→轴颈表面淬火。

二、齿轮类零件

齿轮是应用极广的重要机械零件，其主要作用是传递转矩（力或能），改变运动速度或方向。不同种类的齿轮，其工作条件、失效形式和性能要求有所差异，但也具有共同特点。

1. 齿轮的工作条件、失效形式及性能要求

（1）齿轮的工作条件

1）由于传递转矩，齿轮类似一根受力的悬臂梁，齿根处要承受很大的交变弯曲应力。

2）换挡、起动或啮合不均时，齿部要承受一定的冲击载荷。

3）齿轮通过齿面的接触传递动力，啮合齿面相互滚动或滑动接触，承受很大的接触压应力及强烈摩擦。

（2）齿轮的主要失效形式 按照工作条件的不同，齿轮的失效形式主要有以下几种：

1）疲劳断裂。疲劳断裂主要从根部发生，这是齿轮最严重的失效形式，常常是一齿断裂引起数齿甚至所有齿的断裂。

2）齿面损伤。由于齿面接触区有摩擦，使齿厚变薄。

3）齿面剥落。在交变接触应力的作用下，齿面产生微裂纹，微裂纹的发展引起点状剥落（或称为麻点）。

4）过载断裂。主要是冲击载荷过大造成的断齿。

（3）齿轮的性能要求

1）高的弯曲疲劳强度，特别是齿根处要有足够的强度。

2）高的接触疲劳强度和耐磨性，以提高齿面硬度和耐磨性。

3）较高的强度和冲击韧度，防止齿轮的过载断裂。

4）较好的热处理工艺性能，如热处理变形小等。

2. 齿轮类零件的选材

齿轮材料一般选用低、中碳钢或合金钢，经表面强化处理后，表面强度和硬度高，心部韧性好，工艺性能好，经济上也较合理。

常用齿轮材料主要有以下几种：

（1）锻钢 锻钢是齿轮的主要材料，通常重要用途的齿轮大多采用锻钢制造。对于低、中速和受力不大的中、小型传动齿轮，常采用的钢材有Q275、40钢、40Cr、45钢、40MnB等调质钢。由这些钢材制成的齿轮经调质或正火处理后再精加工，然后进行表面淬火和低温回火，热处理后这类齿轮的心部韧性较好，但表面硬度及心部强度不高，故不能承受大的冲击力。对于高速、耐强烈冲击的重载齿轮，常采用的钢材有20钢、20Cr、20CrMnTi、

20MnVB、18Cr2Ni4WA 等渗碳钢。由这些钢制成的齿轮经渗碳、淬火与低温回火处理后，齿面具有很高的硬度和耐磨性，心部具有足够的韧性和强度，其齿面接触疲劳强度、齿根抗弯强度和心部抗冲击能力均比表面淬火的齿轮高。

（2）铸钢　铸钢齿轮的力学性能比锻钢要差，故较少使用。但对于某些尺寸较大（$\phi > 400 \sim 600 \text{mm}$）、形状复杂的齿轮，可采用铸钢制造。常用的铸钢牌号有 ZG270-500、ZG310-570、ZG40Cr 等。铸钢齿轮在切削加工前应进行正火处理，以消除铸造应力，改善晶粒粗大等缺陷，并改善切削加工性能。切削加工后一般进行表面淬火和低温回火处理，但对性能要求不高、转速较低的铸钢齿轮，也可在调质甚至正火状态下使用。

（3）铸铁　灰铸铁齿轮具有优良的减摩性、减振性，工艺性能好且成本低，其主要缺点是强韧性差，故多用于制造一些低速、轻载、不受冲击的非重要齿轮，常采用的铸铁牌号有 HT200、HT250、HT350 等。铸铁齿轮一般在铸造后进行去应力退火、正火或切削加工后进行表面淬火。灰铸铁齿轮多用于开式传动，近年来在闭式传动中，由于球墨铸铁的强韧性较好，故采用 QT600-3、QT500-7 代替部分铸钢制造齿轮的趋势越来越明显。

（4）非铁金属　在仪器仪表及某些腐蚀性介质中工作的轻载齿轮，常采用耐蚀、耐磨的非铁金属材料制造，其中最主要的是铜合金，如黄铜（H62）、铝青铜（QAl9-4）、锡青铜（QSn6.5-0.1）、硅青铜（QSi3-1）等。

综上所述，开式传动齿轮，低速、轻载、不受冲击或冲击较小的齿轮宜选用相对廉价的材料，如铸铁、碳钢等；闭式传动齿轮，或中高速、中重载、承受一定甚至较大冲击的齿轮则宜选用相对较好的材料，如优质碳素结构钢或合金结构钢，还必须进行表面强化处理。在齿轮副选材时，为使两齿轮的寿命相近并防止咬合现象，大、小齿轮宜选用不同的材料，且两者硬度要求也应有所差异，通常小齿轮应选相对好的材料，其硬度要求也较高一些。

3. 典型齿轮的选材及工艺分析

（1）机床齿轮

1）机床齿轮的工作条件。机床齿轮运行平稳、无强烈冲击、承受的载荷不大、转速中等，其工作条件和矿山机械、动力机械中的齿轮相比，属于工作条件好的齿轮。

2）机床齿轮的材料及热处理。对表面耐磨性和心部韧性要求不太高的齿轮，如主轴箱齿轮、溜板箱齿轮等，通常选用 40 钢、45 钢制造，经正火或调质处理后再进行表面淬火加低温回火，其齿面硬度可达 50HRC，齿心硬度为 220~250HBW，完全可满足性能要求。对于部分性能要求较高的齿轮，如铣床工作台变速箱齿轮等，也可选用 40Cr、40MnB、40MnVB 等中碳合金钢制造，经热处理后其齿面硬度可提高到 58 HRC 左右，心部强韧性也有所改善；对于少数高速、高精度、重载齿轮，如精密机床主轴的传动齿轮、高速箱的高速齿轮等，还可选用 20Cr、20CrMnTi、20Mn2B 等低碳合金钢，进行渗碳、淬火及低温回火处理。

3）机床齿轮的加工路线。对于中碳钢或中碳合金结构钢齿轮常采用的加工路线为：下料→锻造→正火→粗加工→调质→精加工→感应加热表面淬火及低温回火（或渗氮）→精磨。

（2）汽车及拖拉机齿轮　汽车及拖拉机等动力车辆的齿轮主要分装在变速器和差速器中。图 13-3 所示为汽车变速齿轮。

1）汽车及拖拉机齿轮的工作条件。在变速器中，通过齿轮来传递转矩，改变发动机曲轴和主轴齿轮的转速；在差速器中，通过齿轮来增加扭转力矩，且调节左右两车轮的转速，并将发动机动力传递给主动轮，推动汽车及拖拉机运行。所以，汽车及拖拉机齿轮在工作中要承受很大的交变弯曲应力，在换挡、起动或啮合不均匀时，齿部冲击频繁，受到的冲击力及摩擦力都很大，其工作条件要比机床齿轮恶劣繁重得多。因此，汽车及拖拉机齿轮的耐磨性、疲劳强度、心部强度和韧性等方面比机床齿轮都有更高要求。

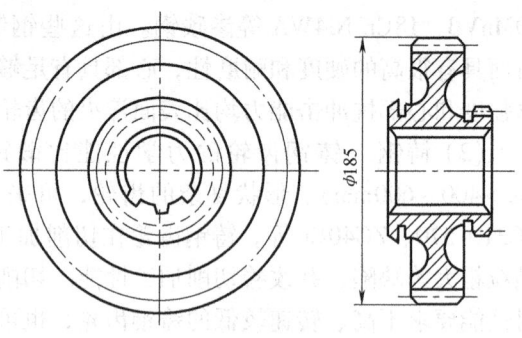

图 13-3 汽车变速齿轮

2) 汽车及拖拉机齿轮的选材及热处理。我国应用最多的汽车及拖拉机齿轮的用材是合金渗碳钢，经渗碳（或碳氮共渗）、淬火及低温回火后使用。常用的合金渗碳钢为 20Cr、20CrMo、20CrMnTi、20CrMnMo 等，这类钢的淬透性较高，通过渗碳、淬火及低温回火后，表面含碳量大大提高，保证淬火后得到高硬度，齿面硬度为 58～63HRC，并具有较高的疲劳强度和耐磨性，心部硬度为 33～45HRC，具有较高的强度及韧性。为了进一步提高齿轮的耐用性，渗碳、淬火并低温回火后，还可采用喷丸处理，增大表面应压力，有利于提高疲劳强度，并可清除氧化皮。大批量生产时，齿轮坯宜采用模锻生产，既节约金属，又可提高齿轮的力学性能。齿轮坯常采用正火处理，齿轮常用渗碳温度为 920～930℃，渗碳层深一般为 (0.2～0.3)M（M 为齿轮模数），表层含碳量 $w_C = 0.7\% \sim 1.0\%$，表层组织应为细针状马氏体和少量残留奥氏体以及均匀弥散分布的细小碳化物。

3) 汽车及拖拉机齿轮的加工路线。汽车及拖拉机齿轮的加工路线为：下料→锻造→正火→切削加工→渗碳、淬火及低温回火→喷丸→磨削加工→最终检验。

三、箱座类零件

1. 箱座类零件的工作条件、失效形式及对材料的性能要求

（1）工作条件 箱座类零件是整台机器或部件装配的基础，其结构一般都比较复杂，工作条件相差很大。例如，机座类零件的机身、支架、底座等主要起支承作用，保证其各个零件的正确位置，因机器的全部质量和载荷通过它们传至基础上，一般承受拉、压及弯曲应力，甚至还承受冲击力作用；箱体类零件如主轴箱、变速箱、进给箱、阀体等主要起容纳、定位及密封等作用，保证其内部各个零件的正确位置，使各零件运动协调平稳，通常受力不大，要求具有较高的刚度和密封性。

（2）主要失效形式 箱座类零件在使用中产生的主要失效形式有以下几种：

1) 变形失效。变形失效多是由于箱座类零件的铸造或热处理工艺不当而造成的尺寸及形状精度达不到设计要求，以及由于承载力不够而产生的过量弹塑性变形。

2) 断裂失效。由于箱座类零件的结构设计不合理或铸造工艺不当，造成内应力过大而导致某些薄弱部位开裂。

3) 磨损失效。主要是由于箱座类零件中某些支承部位的硬度不够而造成耐磨性不足，工作部位磨损较快而影响了工作性能。

（3）性能要求 根据箱座类零件的工作条件及产生的主要失效形式可知，箱座类零件对材料的主要性能要求如下：

1）具有一定的硬度和抗压强度，以便有足够的支承力，承托起其他结构和载荷。

2）具有高的尺寸精度及形状精度，才能起到定位准确、密封可靠的作用。

3）具备较高的刚度及较好的稳定性，使箱座类零件在长期使用过程中产生尽可能小的畸变，满足工作性能要求。

4）应具有良好的成形工艺性，即铸造工艺性能。

5）还应具有较小的热处理变形量。

2. 箱座类零件的常用材料及热处理

箱座类零件具有形状复杂、体积较大、壁薄的特点，一般选用铸造毛坯。而对于单件的箱体，多采用焊接结构。

（1）铸铁　对于工作平稳和中等载荷的机座或箱体，如要求减振性好的机床床身，一般选用灰铸铁，如 HT150、HT200、HT300 等。

（2）铸造铝合金　要求质量轻、散热良好的箱座，如飞机发动机气缸体等，多采用铝合金铸造。

（3）铸钢　对于载荷较大、承受冲击的机座或箱体，如果在强度方面有特别的要求，如轧钢机机架、汽轮机机座等，可采用铸钢材料，常用牌号为 ZG230-450、ZG270-500 等。

（4）焊接结构　对于单件生产的机座或箱体，为了制造简便，缩短生产周期，可采用焊接结构，如用 Q235、Q345 等钢制造；对于有些机器，如挖掘机底座、支架及船用柴油机底座等，为了减轻质量，也都采用焊接结构。

采用灰铸铁生产的箱体，常用去应力退火来消除其铸造内应力，以减少变形，防止开裂。有时还可采用消除铸件白口组织，改善切削加工性的退火，对于箱体中某些要求耐磨的部位，还可进行表面淬火。采用球墨铸铁生产的箱体，一般应用去应力退火来消除其较大的内应力，还可采用正火或淬火来提高其强度和耐磨性；而采用铸钢生产的箱体，需去应力退火来消除比铸铁件更大的内应力，再通过调质来提高箱体的综合力学性能。

3. 典型箱座类零件的选材

（1）普通卧式车床床身　现以普通卧式车床床身为例，分析其选材和热处理工艺。

1）工作条件。该床身主要用来支持和安装车床的各个部件，如主轴箱、进给箱、溜板箱、滑板、尾座等。床身上面有精确的导轨，滑板和尾座可沿着导轨移动。

2）选材及热处理。根据对该床身的工作条件分析，制造该床身可选择 HT200。HT200 具有以下优良性能：①较高的抗压强度，能承受其他部件安装所给予的载荷；②优良的铸造性能，能获得形状和尺寸准确的优质床身铸件，保证主轴箱、尾座等各部件的正确安装；③良好的减振性能，适宜制作承受压力和振动的机床床身；④较好的切削加工性，方便对床身上某些部位作进一步机械加工。

该床身的热处理工艺为：①采用铸造方法生产出床身毛坯件后应进行去应力退火（缓慢加热至 500~560℃，保温 2~3h，然后随炉缓冷至 150~200℃后出炉空冷），以消除铸造生产中的内应力；②在床身粗加工前，可进行消除白口组织的退火（加热到 800~900℃，保温 2~5h，然后随炉缓冷到 400~500℃时再出炉空冷），以消除铸件的白口组织，改善切削加工性；③粗加工后床身应进行稳定化处理，将铸造应力和粗加工后形成的切削应力一同消除并均匀化，以保证床身的尺寸形状精度和稳定性；④半精加工后床身上面的导轨应进行表面淬火（常采用感应加热或电接触加热方式），得到的组织应为隐针马氏体和片状石墨，硬度达60~64HRC，表面不得有裂纹、烧伤，从而达到提高导轨硬度和耐磨性的目的，然后再对导轨进行磨削精加工；⑤为了保证导轨及整个床身的精度和稳定性，应再进行一次稳定化处理，即可达到性能要求。

（2）汽车发动机气缸体　汽车发动机气缸体的结构如图13-4所示。

1）工作条件。气缸体是发动机各个机构和系统的装配基体，并由它来保持发动机各运动件相互之间的准确位置关系。气缸体在工作时承受很大的机械负荷和复杂的热负荷，它的变形会破坏各运动件之间的准确位置关系，导致发动机的技术状况变坏和寿命降低。

2）选材及热处理。根据气缸体的结构特点和使用要求，通常以铸造件作为毛坯，且以铸造性能良好、价格低廉，并有良好的耐压、耐磨及减磨性的灰铸铁为主，如制造

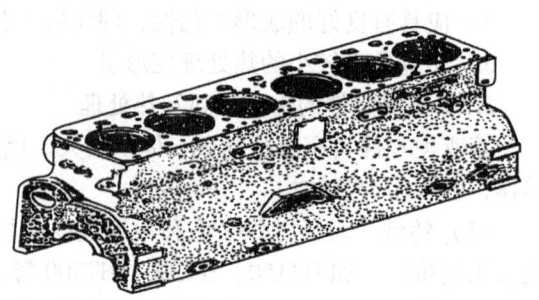

图13-4　汽车发动机气缸体

质量要求不严的一般内燃机的气缸盖、气缸体。受力复杂或受冲击载荷的零件采用铸钢、可锻铸铁、球墨铸铁制造，如汽车的驱动桥壳。受力不大，要求质量轻、导热性良好时，则采用铝合金铸造，如风冷发动机及小轿车发动机的气缸体。

对铸铁件应进行去应力退火或时效处理；对铝合金铸件应根据成分不同，进行退火或淬火加时效处理。

四、弹簧

弹簧是一种重要的机械零件，它的基本作用是利用材料的弹性和弹簧本身的结构特点，在载荷作用下产生变形时，把机械功或动能转变为形变能；在恢复变形时，把形变能转变为动能或机械功。弹簧的种类有很多，可按形状分为螺旋弹簧（压缩、拉伸及扭转弹簧）、蜗卷弹簧、碟形弹簧、板弹簧等，如图13-5所示。

弹簧的主要用途有：缓冲或减振（如汽车、火车的悬挂弹簧）、定位（如机床的定位销弹簧）、复原（如发动机的气门弹簧）、储存和释放能量（如钟表的发条）、测力（如弹簧秤、测力计弹簧）。

1. 弹簧的工作条件、失效形式及对材料的性能要求

（1）弹簧的工作条件

1）弹簧在外力作用下压缩、拉伸、扭转时，材料将承受弯曲应力或扭转应力。

2）缓冲、减振或复原用的弹簧承受交变应力和冲击载荷的作用。

3）某些弹簧受到腐蚀介质和高温的作用。

（2）弹簧的失效形式

1）塑性变形。外载荷去掉后，弹簧不能恢复到原始尺寸和形状。

2）疲劳断裂。在交变应力作用下，弹簧表面缺陷（裂纹、折叠、刻痕、夹杂物）处产生疲劳源，裂纹扩展后造成断裂失效。

3）快速脆性断裂。某些弹簧存在材料缺陷（如粗大夹杂物、过多脆性相等）、加工缺

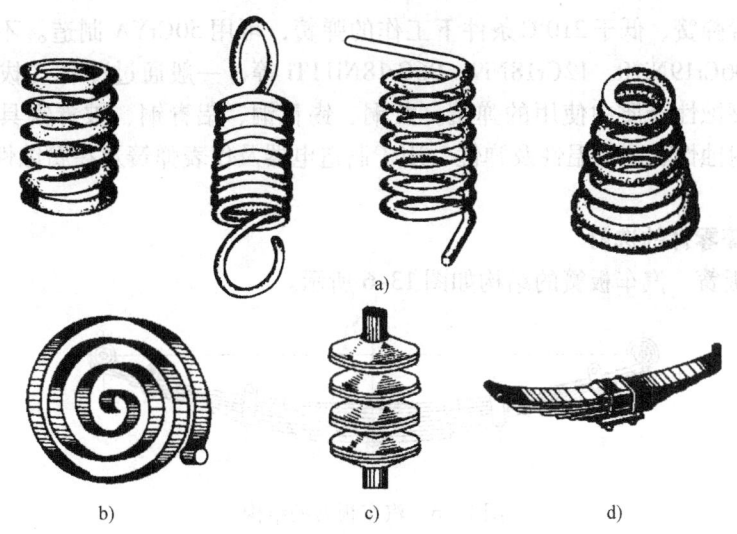

图 13-5 常见的弹簧
a) 螺旋弹簧 b) 蜗卷弹簧 c) 碟形弹簧 d) 板弹簧

陷（如折叠、划痕）、热处理缺陷（淬火温度过高导致晶粒粗大，回火温度不足使材料韧性不够）等，当受到过大的冲击载荷时，会发生突然脆性断裂。

4）腐蚀断裂失效。在腐蚀性介质中使用的弹簧易产生应力腐蚀断裂失效。

5）高温失效。高温使弹簧材料的弹性模量和承载能力下降，高温下使用的弹簧易出现蠕变和应力松弛，产生永久变形。

(3) 弹簧的性能要求

1）高的弹性极限和高的屈强比。弹性极限越大，屈强比越高，弹簧可承受的应力越高。

2）高的疲劳强度。弯曲疲劳强度和扭转疲劳强度越大，则弹簧的抗疲劳性能越好。

3）足够的塑性、韧性。脆性大的材料对缺口十分敏感，会显著降低疲劳强度。

4）好的材质和表面质量。夹杂物含量少，晶粒细小，表面质量好，缺陷少，对于提高弹簧的疲劳寿命和抗脆性断裂十分重要。

5）某些弹簧需要材料具有良好的耐蚀性和耐热性，以保证在腐蚀性介质和高温条件下的使用性能。

6）特殊条件下工作的弹簧还应具有某些特殊性能，如耐热性、耐蚀性等。

2. 弹簧的选材及热处理

弹簧的种类有很多，承受的载荷大小相差悬殊，使用条件和环境各不相同。制造弹簧的材料也有很多，金属材料、非金属材料（如塑料、橡胶）都可用来制造弹簧。

测力弹簧、柱塞弹簧、一般机器上的螺旋弹簧、小型机械的弹簧可选用 65 钢、70 钢等碳素弹簧钢制造。各种小尺寸扁、圆弹簧、座垫弹簧、弹簧发条、离合器簧片、制动弹簧等用合金弹簧钢 65Mn 制造。汽车、拖拉机、机车上的减振板簧和螺旋弹簧、气缸安全弹簧、转向架弹簧、轧钢设备以及要求承受较高应力的弹簧、低于 230℃ 条件下使用的弹簧，可用 65Mn、60Si2Mn、50CrMn 等合金弹簧钢制造。气门弹簧、喷油器弹簧、气缸涨圈、安全阀弹簧、密封装置弹簧、低于210℃条件下工作的弹簧，可用50CrVA制造。不锈钢也可用来制造弹簧，如06Cr19Ni10、12Cr18Ni9、06Cr18Ni11Ti等，一般通过冷轧（拔）加工成带或丝材，制造在腐蚀性介质中使用的弹簧。黄铜、锡青铜、铝青铜、铍青铜具有良好的导电性、非磁性、耐蚀性、耐低温性及弹性，用于制造电器及仪表弹簧及在腐蚀性介质中工作的弹性元件。

3. 典型弹簧零件的选材

（1）汽车板簧　汽车板簧的结构如图13-6所示。

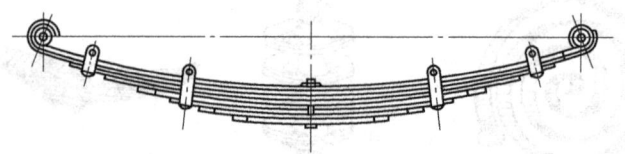

图13-6　汽车板簧的结构

1）工作条件及失效形式。汽车板簧用于缓冲和吸振，承受很大的交变应力和冲击载荷，其主要失效形式为刚度不足引起的过度变形或疲劳断裂。因此，对汽车板簧材料的要求是要有较高的屈服强度和疲劳强度。

2）选材及热处理。汽车板簧一般选用弹性高的合金弹簧钢来制造，如65Mn、65Si2Mn等。中型或重型汽车的板簧还可采用50CrMn、55SiMnVB制造；重型载货汽车用的大截面板簧则采用55SiMnMoV、55SiMnMoVNb制造。

3）加工路线。汽车板簧的加工路线一般为：热轧钢板冲裁下料→压力成形→淬火加中温回火→喷丸强化。喷丸强化也是表面强化的手段，目的是为了提高零件的疲劳强度。

（2）气门弹簧　内燃机气门弹簧是一种压缩螺旋弹簧，其用途是在凸轮、摇臂或挺杆的联合作用下，使气门打开和关闭，承受的应力不是很大，可采用淬透性比较好、晶粒细小、有一定耐热性的50CrVA制造，其加工路线如下：冷拔→退火→校直冷卷成形→淬火加中温回火→喷丸强化→两端磨平。

将冷拔退火后的盘条校直后用自动卷簧机卷制成螺旋状，切断后两端并紧，经850～860℃加热后油淬，再经520℃回火，组织为回火托氏体，喷丸后两端磨平。这种弹簧的弹性好，屈服强度和疲劳强度高，且具有一定的耐热性。

气门弹簧也可用冷拔后经油淬及回火后的钢丝制造，绕制后经300～350℃加热，以消除冷卷簧时产生的内应力。

五、常用刀具

切削加工使用的车刀、铣刀、钻头、锯条、丝锥、板牙等工具统称为刀具。

1. 刀具的工作条件、失效形式及对材料的性能要求

（1）刀具的工作条件

1）刀具在切削材料时，受到被切削材料的强烈挤压，刃部受到很大的弯曲应力。某些刀具（如钻头、铰刀）还会受到较大的扭转应力作用。

2）刀具刃部与被切削材料产生强烈摩擦时，其刃部温度可升到500～600℃。

3）机用刀具往往承受较大的冲击与振动。

(2) 刀具的失效形式

1) 磨损。磨损是刀具在使用中发生的最主要的失效形式，是指刀具在切削过程中，其前刀面、后刀面上的微粒材料被切屑或工件带走的现象。刀具磨损常表现为在后刀面上形成后角为零的棱带以及在前刀面上形成月牙形凹坑。造成刀具磨损的主要原因是切屑、工件与刀具间强烈的摩擦以及由于切削温度升高而产生的热效应引起的磨损加剧。

刀具磨损以后不但增加了切削抗力，降低切削零件的表面质量，也由于刃部形状发生变化，使被加工零件的形状和尺寸精度降低。

2) 断裂。刀具在冲击力及振动的作用下折断或崩刃。

3) 刃部软化。由于刃部温度升高，若刀具材料的热硬性低或高温性能不足，会使刃部硬度显著下降，丧失切削加工能力。

(3) 刀具材料的性能要求 根据刀具的工作条件和主要失效形式，要求刀具材料具备以下主要性能：

1) 高硬度。刀具材料的硬度必须高于被切削材料的硬度，否则切削难以进行。在常温下，一般要求刀具材料的硬度在 60 HRC 以上。

2) 高耐磨性。为了承受切削时的剧烈摩擦，刀具材料应具有较强的抵抗磨损的能力，以提高加工精度及使用寿命。

3) 高的热硬性。切削时由于金属的塑性变形、弹性变形和强烈摩擦，会产生大量的切削热，造成较高的切削温度，因此刀具材料必须具有高的热硬性，在高温下仍能保持高的硬度、耐磨性和足够的韧性。

4) 良好的强韧性。为了承受切削力、冲击和振动，刀具材料必须具备足够的强度和韧性才不致丧失工作能力。

5) 高的淬透性。高的淬透性可允许刀具采用较低的冷却速度淬火，以防止刀具变形和开裂。

刀具材料除了应具有以上优良性能外，一般还应具有良好的工艺性和经济性。

2. 刀具的选材及热处理

制造刀具的材料包括碳素工具钢、低合金工具钢、高速钢、硬质合金和陶瓷等，根据刀具的使用条件和性能要求不同进行选用。

1) 碳素工具钢刀具。碳素工具钢是一种高含碳量的优质钢，淬火加低温回火后硬度可达 60~65 HRC，可加工性好，价格低，刃口容易磨得锋利，适用于制造低速或手动刀具。常用牌号为 T7、T8、T9、T10、T11、T12、T13、T10A 等，各牌号的碳素工具钢淬火后硬度相近，但随着含碳量的增加，未溶碳化物增多，钢的耐磨性增加，而韧性降低。

T7、T8 适用于制造承受一定冲击而韧性要求较高的刀具，如木工用斧头、钳工用錾子等；T9、T10、T11 适用于制造冲击较小而要求高硬度与耐磨的刀具，如手用锯条、丝锥等；T12、T13 的硬度及耐磨性最高，而韧性最差，用于制造不承受冲击的刀具，如锉刀、刮刀等。牌号后带 "A" 的高级优质碳素工具钢比相应的优质碳素工具钢韧性要好，且淬火变形及开裂倾向小，适于制造形状复杂的刀具。

2) 低合金工具钢刀具。在低合金工具钢中含有少量的合金元素 Cr、W、Mn 等，与碳素工具钢相比，具有较高的热硬性和耐磨性，且淬透性好，热处理变形小，韧性也有所改善，可在低于 300℃ 的温度下使用。这类钢主要用于制造各种手用刀具和低速机用切削刀具，如手铰刀、丝锥、板牙、拉刀等，常用牌号有9SiCr、CrWMn等。

3）高速钢刀具。常见高速切削刀具包括车刀、铣刀、钻头、齿轮滚刀等，它们的切削速度高，受力大，摩擦剧烈，温度高且冲击性大。高速切削刀具应选用高速钢（W18Cr4V、W6Mo5Cr4V2等）制造。高速钢具有高硬度、高耐磨性、高热硬性、好的强韧性和高的淬透性等特点，因此在刀具制造中广泛应用。高速钢的硬度为62~68HRC，切削温度可达500~550℃，但价格较贵。

4）硬质合金刀具。硬质合金的硬度很高（89~94HRA），耐磨性及耐热性好，使用温度可达1000℃，它的切削速度比高速钢要高几倍。用硬质合金制造刀具的工艺性比高速钢差，一般制成形状简单的刀头，采用钎焊方法将刀头焊接在用碳素钢制造的刀杆或刀盘上。硬质合金刀具用于高速强力切削和难加工材料的切削，其抗弯强度较低，冲击韧度较差，价格也高。

5）陶瓷刀具。由于陶瓷的硬度极高、耐磨性好、热硬性极高，也可用来制造刀具。热压氮化硅（Si_3N_4）陶瓷的显微硬度为5000HV，耐热温度可达1400℃；立方氮化硼陶瓷的显微硬度可达8000~9000HV，允许的工作温度达1400~1500℃。陶瓷刀具一般制成正方形或等边三角形的形状，装夹在夹具中使用，用于各种淬火钢及冷硬铸铁等高硬度难加工材料的精加工和半精加工。陶瓷刀具的抗冲击能力较低，易崩刃。

3. 典型刀具选材举例

丝锥和板牙是分别用来加工内、外螺纹的切削刀具，要求具有高的硬度（59~64HRC）和耐磨性，为了防止它们在使用过程中的扭断（折断）或崩刃，还必须具有足够的强度和韧性。丝锥和板牙的失效形式主要是磨损和扭断。

丝锥和板牙包括手用和机用两种，手用丝锥和板牙的切削速度较低，故热硬性要求不高，一般可用高级优质碳素工具钢T10A、T12A制造（硬度59~62HRC），并经淬火加低温回火处理；尺寸稍大的较重要的丝锥和板牙则宜采用低合金工具钢9SiCr和CrWMn制造（硬度60~63HRC）；机用丝锥和板牙因切削速度较高（8~10m/min），有热硬性要求，故应选用高速钢W18Cr4V、W6Mo5Cr4V2制造，并经适当的热处理。

T12钢可用来制造M12手用丝锥，其加工路线为：下料→锻造→球化退火→切削加工（大量生产时采用滚压法加工螺纹）→淬火加低温回火→柄部高温回火（浸入600℃硝盐炉中快速回火）→防锈处理（发蓝处理）。柄部高温快速回火是为了降低硬度，提高韧性。大型丝锥有时可采用45钢制造柄部，经调质后与刃部焊接。

模块小结

本模块主要介绍了零件毛坯的选择，并以机械制造业中典型的轴类零件、齿轮类零件、箱座类零件、弹簧类零件及刀具为例，从零件的工作条件、失效形式、性能要求及加工路线的安排这几个方面，说明了零件选材及热处理工序安排的过程。

1）零件毛坯的类型主要有铸件、锻件、型材、冲压件及焊接件。

2）轴类零件的材料主要采用优质中碳钢或中碳合金调质钢；对精度要求极高的轴要采用专用氮化钢制造；当轴受到强烈冲击载荷作用时，宜用低碳钢渗碳制造；当轴所受冲击作用较小而相对运动部位要求更高的耐磨性时，则宜用高碳钢制造；形状极复杂、尺寸较大的轴可采用铸钢来制造。

3) 齿轮材料主要采用锻钢；低、中速和受力不大的中、小型传动齿轮常采用调质钢制造；高速且耐强烈冲击的重载齿轮常采用渗碳钢制造；某些尺寸较大、形状复杂的齿轮可采用铸钢制造。一些低速、轻载、不受冲击的非重要齿轮常采用铸铁制造；仪器仪表及某些在腐蚀性介质中工作的轻载齿轮常采用耐蚀、耐磨的铜合金制造。

4) 箱座类零件一般选用铸造毛坯。工作平稳和承受中等载荷的机座或箱体一般选用灰铸铁制造；要求质量轻、散热良好的箱座，如飞机发动机的气缸体多采用铝合金铸造；如果在强度方面有特别的要求，承受载荷较大并承受冲击的机座或箱体，如轧钢机机架、汽轮机机座等可采用铸钢材料。

5) 弹簧可选用碳素弹簧钢或合金弹簧钢制造，汽车、拖拉机及机车上使用的弹簧采用合金弹簧钢制造。

6) 简单、低速的手用刀具可用碳素工具钢制造；低速切削、形状较复杂的刀具可用低合金工具钢制造；高速切削刀具选用高速钢或者硬质合金制造。

思考与练习

1. 常用的毛坯有哪些类型？
2. C6132 车床主轴的加工路线如何安排？
3. 简述齿轮的主要失效形式及性能要求。
4. 汽车及拖拉机齿轮的材料和热处理方法如何选择？
5. 箱座类零件的主要失效形式有哪些？
6. 简述汽车发动机气缸体的选材及热处理。
7. 简述弹簧的工作条件及性能要求。
8. 汽车板簧一般选用哪些材料？
9. 简述刀具材料的性能要求。
10. 简述丝锥和板牙的选材及热处理特点。

参 考 文 献

[1] 黄武全，符旭. 汽车材料 [M]. 北京：机械工业出版社，2011.
[2] 朱张校，姚可夫. 工程材料 [M]. 5版. 北京：清华大学出版社，2011.
[3] 张文烁，赵振学. 工程材料基础 [M]. 北京：机械工业出版社，2010.
[4] 张念准，盛艳君. 工程材料与热加工技术 [M]. 北京：北京理工大学出版社，2009.
[5] 陈文凤. 机械工程材料 [M]. 2版. 北京：北京理工大学出版社，2009.
[6] 陈志毅. 金属材料与热处理 [M]. 5版. 北京：中国劳动社会保障出版社，2007.
[7] 郑明新. 工程材料 [M]. 北京：中央广播电视大学出版社，2001.
[8] 徐从清，肖龙. 机械制造基础 [M]. 北京：北京大学出版社，2008.